Simon Auer
Herbert Rauch

Entspannte Radtouren durch Oberbayern

33 Routen für Genießer

zwischen Rosenheimer Land und Pfaffenwinkel

Bassermann

INHALT

Der „Midgardhaus Augustiner" in Tutzing direkt am See

Die Baggerseen bei Högling, direkt an der Route von Tour 18

ANHANG

VORWORT

Was verstehen Sie unter Oberbayern? Geografisch ist das ein großes Stück Bayern, das weit über Donau und Inn hinausreicht. Hier im Buch beschränken wir uns auf den Süden des Landes. Genauer gesagt auf das „Oberland", also die Gegend um die beliebten bayerischen Seen, um Miesbach, Bad Tölz, Weilheim und Murnau. Auch haben wir einige Anläufe in München aufgenommen. Dabei haben Sie meist die Bergkulisse vor Augen.

Was wäre eine Radtour ohne Einkehr? Was ein Biergarten ist, weiß auch jeder Nicht-Bayer: ein Wirtsgarten in einer schönen Gegend, wo es bayerische Schmankerln gibt. Darum haben wir unsere hier vorgeschlagenen Radtouren so angelegt, dass wir möglichst viele dieser Einkehrmöglichkeiten streifen. Egal, ob uns das Bier unterwegs oder am Ende der Tour am besten schmeckt, für jeden Wunsch haben wir Vorschläge erarbeitet. Ob bedient wird oder eine Theke die Auswahl feilbietet, ist nicht unbedingt ausschlaggebend; leider darf man die Brotzeit meist nicht selber mitbringen. Aber das macht uns nichts aus, denn unterwegs wollen wir uns eh nicht mit viel Gepäck plagen. Und der Wohlfühlfaktor für das Sitzen im Freien ist doch viel höher zu bewerten – denn davon können Sie die ganze Arbeitswoche zehren. Und das Radl haben Sie dabei auch immer im Auge. Viele Gaststätten, Biergärten und Freisitze sind im Buch namentlich genannt. Meist ist auch noch der Ruhetag angegeben (bei denen, die durchgehend geöffnet haben, haben wir ihn weggelassen). Bitte nehmen Sie es uns nicht übel, wenn wir nur selten eine Wertung abgeben – die überlassen wir Ihnen! Und klar ist auch, dass ein Biergarten nur bei schönem Wetter geöffnet ist.

Beginn der ersten Touren ist wie schon erwähnt München – Sie brauchen sich nur aufs Rad zu setzen und loszufahren, und ab und zu gibt es auch eine Verlängerung der Tour gleich im Anschluss. Vielfach sind die Zubringertouren auch mit anderen Runden im Buch zu verbinden. Im Anschluss folgen die 5 Touren der Straße **„Schwarzes Gold in Oberbayern"**, die auf den Spuren der Glanzkohleförderung vom 16. – 20. Jh. im bayerischen Oberland verläuft, und die hier als Radweg angeboten wird. Sie führt durch die schönsten Ecken unserer Heimat – durch Bilderbuchbayern mit Bergen und Seen! Sie ist also nicht nur etwas für Fans der Bergwerke. (Manchmal ist eine Rückfahrt zum Auto nur über München möglich. Da empfiehlt es sich, einen weiteren Tag anzuhängen. Oder einer „opfert sich" und holt noch das Auto, keine Mehrkosten dank Bayernticket!) – Die übrigen 18 Touren führen der Reihe nach von Ost nach West zu den zahlreichen Natur- und Kulturhighlights im Oberland.

Die Touren sind also so konzipiert, dass Sie viele Touren miteinander verbinden können. Wer genügend Zeit mitbringt, kann damit einen kleinen Radurlaub gestalten. Deshalb haben wir auch am Ende jeder Tour Übernachtungsmöglichkeiten angegeben.

Zu den Touren finden Sie nicht nur Übersichtskarten, sondern auch Hinweise auf Sehenswertes, Kurioses, Außergewöhnliches. Und natürlich auch die Anfahrt auf Straße und Schiene. Auch wenn das Bahnfahren mit dem Rad nicht immer das Gelbe vom Ei ist, es schont Natur und Geldbeutel und ist oft die beste Verbindung. Und daher beginnen und enden alle Touren an einem Bahnhof.

Leider haben wir oft gar nicht die Muße, alles anzusehen, was hier im Buch angeboten ist. Das ist aber nur ein Grund, nochmal hinzufahren. Und natürlich ist „alles im Fluss“, also der Änderung unterworfen, und wir sind dankbar für alle Meldungen, die beim Verlag eingehen. Verständlicherweise können wir als Autoren ebenso wie der Verlag keine Haftung übernehmen für irgendwelche Ausfälle, Sperrungen oder miserable Wege, die ohnehin selten vorkommen. Wir wünschen Ihnen jedenfalls allezeit das ideale Wetter und eine Riesenfreude beim Radeln und Einkehren.

Herzlichst

Ihre Begleiter

Simon Auer und Herbert Rauch

Die Tourenkarten können Sie herunterladen und ausdrucken unter:
www.bassermann-verlag.de/Radtouren

NÜTZLICHE TIPPS FÜR RADLER

Allgemeine Worte

Das in diesem Radwanderbuch beschriebene Gebiet erstreckt sich zwischen München und dem Alpenvorland. Es wurde in der letzten Eiszeit geformt, als die Gletscher bis weit ins Flachland hinausdrängten. Bei ihrem Rückzug entstanden zahllose größere und kleinere Seen sowie Moränen, die sich im Laufe der folgenden Tausenden von Jahren zu einem teils bewaldeten, teils grasigem hügeligem Gelände formten, das wir heute so sehr schätzen.

Rast am Tegernsee mit großartigem Bergpanorama

Für die Radler bedeutet das, dass wir zwar über weite Strecken durch ebenes Gelände fahren können, zuweilen aber auch saftige Anstiege bewältigen müssen (wozu natürlich auch die beschwingte Abfahrt dazugehört). Unsere Radtouren verlaufen über geteerte Wege, Sandstraßen und Feldwege sowie angelegte Radwege. Dafür ist ein stabiles Tourenfahrrad ausreichend. Und sie sollen Genuss versprechen, und das tun sie auch.
Für all die Einkehrmöglichkeiten am Weg sind die Öffnungszeiten für die übliche Radsaison von April/Mai – September angegeben. Wenn Sie Ihre Runden früher oder später drehen, erkundigen Sie sich bitte vorher, ob und wann die Gasthäuser geöffnet haben.

E-Bikes (bzw. Pedelecs)

Der Trend zu Fahrrädern mit Elektromotorunterstützung ist ungebrochen. Und besonders im hügeligen Alpenvorland ist deren Einsatz auch nicht zu verachten. So kommt man auch ohne starkes Schwitzen entspannt ans Ziel und muss nicht bei jedem Biergarten die Kleidung wechseln. Doch Vorsicht, besonders bei der Abfahrt: Die erzielten Geschwindigkeiten sind beachtlich – und man sollte daher vor allem bei nicht geteerten Wegen äußerste Achtsamkeit walten lassen.
Damit „unsere" Radfahrer bei Bedarf auch den Akku aufladen können, haben wir die bereits vorhandenen und uns bekannten Ladestationen im Infoteil angegeben.

Fahrkarten für die Bahnan- und -rückreise von München aus

Grundsätzliches

Fahrkarten gelten immer nur für den Tag, an dem sie gelöst werden, und noch bis 3 Uhr Früh des Folgetages. Beachten Sie bitte nicht nur die Anfahrt. Gegebenenfalls kommen Sie mit dem Bayern-Ticket günstiger weg, wenn Sie auch die Rückfahrt rechnen. Das gilt sowohl für Fahrten im MVV-Bereich als auch in der ganzen Region.

Die Radkarte Bayern gilt für ganz Bayern, auch bei Anfahrten im MVV-Bereich (in U-Bahn und S-Bahn). Passt Ihr Rad zusammengeklappt und verpackt in die Gepäckablagen am Sitzplatz, können Sie es als kostenloses Handgepäck mitnehmen. Fahrräder bis 20“ Reifengröße sind ebenfalls kostenfrei.
Was auch zu beachten ist: Fahrräder werden Mo–Fr erst ab 9.00 Uhr befördert, und auch von 16–18 Uhr gilt die Sperrzeit. Kontrolleure sind hier durchaus pingelig! Die Nachmittagssperrzeit entfällt in den bayerischen Schulferien, ebenso an Wochenenden und an Feiertagen.
Da alle Fahrpreise jährlich angepasst werden, können hier keine Preise genannt werden. Wenn Sie Ihre Fahrkarte am Automaten lösen, sparen Sie evtl. eine „Beratungsgebühr“.
Die alten Bezeichnungen BOB (Bayerische Oberlandbahn) und Meridian fallen sukzessive weg, und alle drei privaten Bahnunternehmen treten künftig unter BRB (Bayerische Regiobahn) auf. Alle Züge gehören der französischen Transdev Gruppe an, die weltweit tätig und in Deutschland der größte private Betreiber von Bus- und Bahnverkehren ist (Busse nehmen gewöhnlich keine Räder mit). Es spielt auch keine Rolle, welches Ziel Sie ansteuern – der Fahrpreis richtet sich immer nach dem Tarif der DB (Deutsche Bahn).

Touren innerhalb des MVV-Gebiets (Touren 1, 6, 16, 17, 19, 22)

Hier ist zu prüfen, ob die Tageskarten des MVV günstiger sind als der Normalpreis bzw. die Streifenkarten. Die Radkarte MVV ist für jedes Rad zu lösen und nicht mit Streifenkarten zahlbar.

Touren innerhalb und außerhalb des MVV-Gebiets, ganz gleich welche Tour Sie in diesem Buch planen

Hier ist das Bayern-Ticket die erste Wahl. Dafür gibt es einen Grundpreis, der Fahrpreis für 1 Person ist, und Zuschläge für jeden zusätzlichen Mitfahrer. Das Bayern-Ticket gilt Mo–Fr erst ab 9 Uhr. Dazu brauchen Sie noch für jedes Rad die Fahrradkarte Bayern, die auch im MVV-Gebiet in S- und U-Bahnen gilt. Die Fahrradabteile befinden sich meist am Zuganfang und am -ende.

An zahlreichen Einkehrstellen gibt es bereits „Tankstellen“ für E-Bikes, wie hier beim Gasthof Kreuzmair (Tour 21).

Abkürzungsverzeichnis:

A 8	Autobahn mit Nr.
AB	Autobahn
B 2	Bundesstraße mit Nr.
Bf/Hbf	Bahnhof/Hauptbahnhof
BRB	Bayerische Regiobahn
Ghf./Ghs.	Gasthof/Gasthaus
Hp	Haltepunkt
LSG	Landschaftsschutzgebiet
LDBV	Landesamt für Vermessung
MB 20	Kreisstraße im Lkr. Miesbach mit Nr.
Mo–So/Fei	Wochentage/Feiertage
NSG	Naturschutzgebiet
OT	Ortsteil
P	Parkplatz
RB/RE	Regionalbahn/-express
RW	Radweg
St 2063	Staatsstraße mit Nr.
TI	Tourist-Information
WW	Wegweiser

Die Kirche in der Ortsmitte
von Aying

DIE ZUBRINGER-TOUREN INS OBERLAND

Die Tour 1 beginnt in Pasing und bringt Sie an den Starnberger See. Sie können Ihre Tour auf der einen oder anderen Seeseite fortsetzen und dann entscheiden, ob Sie den Bergen noch näherkommen wollen – Bad Tölz oder Murnau sind die Ziele der Touren 4 und 5. Der Isar-Radweg bringt Sie ebenfalls von München nach Bad Tölz und darüber hinaus. Oder Sie dringen weiter östlich ins Land vor auf dem Mangfall-Radweg von München aus oder auf dem Sempt-Mangfall-Radweg, der in Ebersberg oder Grafing Bahnhof beginnt.

Doch das ist erst der Anfang. Von allen diesen Endpunkten haben Sie die Möglichkeit, weitere Touren anzuhängen. Vernetzen Sie Ihre Fahrten! Dazu dienen die vielen übrigen Touren in diesem Buch.

1 INS OBERE WÜRMTAL UND NACH STARNBERG

Das obere Würmtal, ist das nicht viel zu dicht bebaut – Pasing, Lochham, Gräfelfing, Planegg, Stockdorf, Gauting? Mitnichten! Die Fahrt geht immer dicht am Wasser entlang, mit Parks, Biergärten, Mühlrädern und viel Grün. Und ab Gauting fahren wir durch das Alpenvorland mit den Bergen in der Ferne. Highlights sind auch dort zu bewundern: der Würmdurchbruch beim Mühlthal, das altehrwürdige Schloss Leutstetten mit seinem adeligen Biergarten, das Wildmoos mit seinen Moorseen, eine Villa Rustica und dann der Starnberger See ...

Die beschauliche Würm zwischen Gauting und Leutstetten

Wir queren den Pasinger Bahnhofplatz und wenden uns ein paar Meter nach rechts zum Irmonherplatz. Dort geht es halblinks in die gleichnamige Straße. Nach gut 100 m biegen wir links in den Manzingerweg ein, um gleich rechts in den Park zu rollen. Wir überqueren den Nymphenburger Kanal und die Würm, treten links an der Würm entlang und bei der Kapelle unter der Bodenseestraße durch. An der Institutsstraße biegen wir links über die Würm und gleich wieder rechts in den Weg „Am Wasserschloß" und damit in den Pasinger Stadtpark ein. Wir überqueren eine Brücke und folgen dem Radweg im Park. Hinter einem kleinen Teich geht es rechts ab, gleich darauf nach links zur anderen Seite der Wiese und an der Gabelung rechts. Nach der Brücke fahren wir links in den Paul-Diehl-Park hinein, der schon zu **Lochham** gehört.

Zuerst haben wir wieder die Würm zur Linken, dann geht's einen Anstieg hinauf zur Brücke über die Lindauer Autobahn. Auf der Lochhamer Straße passieren wir die Kirche und ein Wasserrad. Bei einer Wohnsiedlung können wir links an der Würm ein Bienenhotel und einige Info-Tafeln anschauen. Der Weg mündet in die Würmstraße, dort geht es nach links immer am Fluss entlang. Bei der Stefanuskirche und dem Maibaum in **Gräfelfing** landen wir an der Bahnhofstraße. Wir fahren geradeaus auf der Stefanusstraße, am Ende links auf der Steinkirchner Straße und weiter auf der Georgenstraße – links auf einer Würminsel steht die St.-Georg-Kirche. Wir sind nun in **Planegg**. Die Georgenstraße endet an der Germeringer Straße. Dort wieder links und an der Bräuhausstraße gleich wieder rechts, direkt auf den weiß-blau gestreiften Kirchturm zu und zur Bahnhofstraße. Es geht weiter geradeaus, etwas versetzt nach links. Links ist das Planegger Schloss zu sehen. Wir sind nun in **Krailling** (Abstecher zum Forsthaus Kasten möglich). An der Margarethenkirche vorbei treffen wir wieder auf die Würm. Nach der Kraillinger Brauerei biegen wir links ein in den Mitterweg; dieser endet am Harmsplatz in **Stockdorf**.

Geradeaus weiter, die Zugspitzstraße dreht mit uns eine Rechtskurve, dann biegen wir links in die Waldstraße ein, kommen an der St.-Vitus-Kirche vorbei, und schon geht es wieder ins Grüne hinaus. Mitten im Wald an einer Kreuzung halten wir uns links nach **Grubmühl**, vor der Würm auf dem Teerweg rechts, am Ende des Wegs auf die Grubmühlerfeldstraße, und nun sind wir in **Gauting**. Unsere Straße endet am Hauptplatz. Wir biegen links ein und überqueren die Würm. Nach der Brücke geht es nach rechts in die Leutstettener Straße. Vorbei an Turnhalle und Tennisplatz radeln wir zwischen der bewaldeten Leite links und dem Fluss rechts dahin. Der Weg bringt uns in den Wald hinein. Wir bleiben in Ufernähe (Rastplatz an der Würm) und passieren eine der schönsten Flussstrecken Oberbayerns. In **Mühlthal** landen wir an der St 2063. Links über uns befindet sich die Ruine Karlsburg, eine merowingische Anlage, deren Steine zum Bau des Schlosses Leutstetten verwendet wurden. Im Vorgängerbau soll Karl der Große geboren worden sein.

Gegenüber führt uns ein Weg weiter zu einer Seitenstraße. Dort wechseln wir über die Würm und biegen links in einen Waldweg ein (Info-Tafel). Schon nach 800 m landen wir an der Staatsstraße, nehmen die Würmbrücke links mit und können dann rechts in die Altostraße einbiegen (Info-Tafel), die uns nach **Leutstetten** bringt. Links lädt die St.-Alto-Kirche zum Vorbeischauen ein. Auf einem Bild sind die drei heilkundigen Jungfrauen Ainpet, Gherped und Firped zu sehen. Berühmt ist der Pfingstaltar und Werke von E. Grasser. Rechts liegt der Schlosspark mit dem Schloss von 1595, das 1875 von den Wittelsbachern übernommen wurde und Alterssitz des Kronprinzen Rupprecht war. Leider sind Schloss und Park nicht zugänglich.

An der Wangener Straße biegen wir rechts ein und durchqueren **Einbettl** geradeaus bis zum Feldkreuz. Dort wenden wir uns halbrechts in die Wiesen hinaus. Nach einigen Kurven treffen wir auf die Villa Rustica, einen konservierten römischen Gutshof. Dort knickt der Weg nach links und führt uns in den Wald hinein. An der Kreuzung biegen wir rechts ab und verfolgen den Rundweg

Im Biergarten der Schlossgaststätte Leutstetten

STARNBERG

Kreisstadt am Nordufer des Sees. Kulturspaziergang 4,5 km, Führungen jeden 1. und 3. Sonntag um 11 Uhr, Treffpunkt S-Bf Starnberg-See, Dauer 1½ Std.

INFORMATION: Tourismusverband Starnberger Fünf-Seen-Land, Tel. 081 51/906 00, www.starnbergersee.info

Erste urkundliche Erwähnung 1226, Besiedlung schon vor 600. Die Festung auf dem Schlossberg bauten die Wittelsbacher im 15./16. Jh. zu einem wohnlichen vierflügeligen Schloss um. 1851 zu Beginn der Dampfschifffahrt gelangte Starnberg wieder in den Brennpunkt; 1854 wurde die Bahn eröffnet, 1912 Starnberg zur Stadt erhoben.

SEHENSWERT: Seepromenade mit Blick über den See in die Berge • St.-Josefs-Kirche am Schlossgarten mit Ignaz-Günther-Altar • Museum Starnberger See, Possenhofener Str. 5, vielfache Nutzung des Sees im Lauf der Jh., mit Cafeteria und Museumsladen, geöffnet Di–So 10–17 Uhr

FREIZEIT: Schifffahrt von Ostersonntag bis Ende Oktober. Näheres unter Tel. 081 51/80 61; Seebad Starnberg: Hallenbad, Strandbad, Wasserrutsche und Wellness

KARTENHINWEIS UK 50-41 Ammersee – Starnberger See 1:50 000 oder TK25 010 Starnberg und 011 München-Süd 1:25 000 (LDBV)

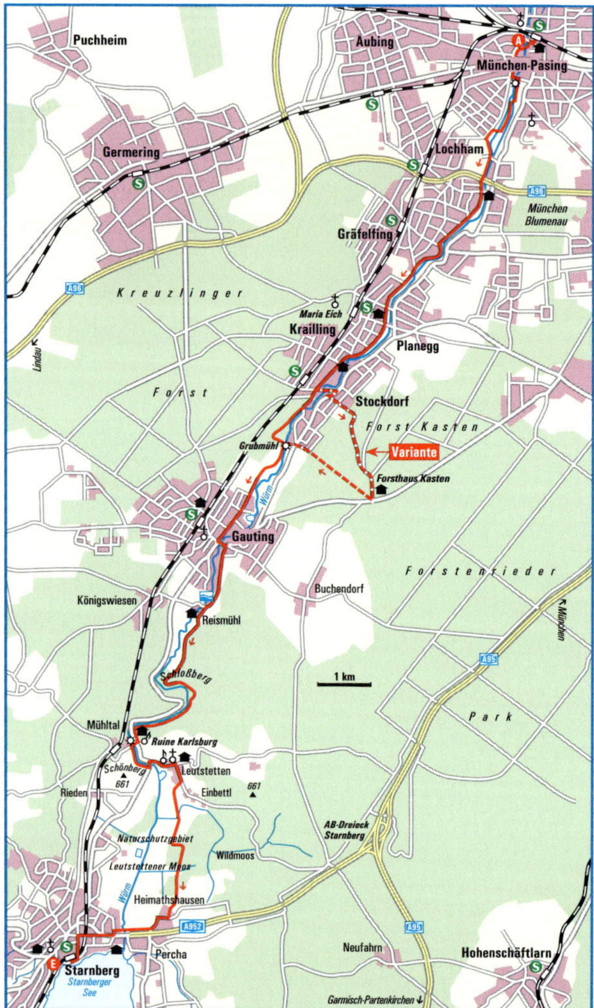

um das Leutstettener Moos von den instruktiven Info-Tafeln 10 bis zu ihrem Beginn in **Starnberg**. Vor der AB-Auffahrt fahren wir rechts auf den Radweg, am Minigolfplatz rechts herum und an der AB entlang über die aus dem Starnberger See ausfließende Würm. An der ersten Ampel wechseln wir die Straßenseite und rollen auf dem Radweg zur Perchastraße.

Wir biegen dann in den Schilfhüttenweg nach links ein, der zieht rechts herum, überquert den Bach und bringt uns als Nepomukweg zur engen Bahnunterführung. Weiter folgen wir der Ludwigstraße. Am Stoppschild drehen wir nach links und rollen über den Kirchplatz zum Bahnhof.

START: M-Pasing Bf

ZIEL: Starnberg See-Bf

ANFAHRT MIT BAHN: S-Bahn

ANFAHRT MIT AUTO: Parkplätze ausreichend vorhanden

RÜCKFAHRT: S-Bahn

STRECKE: 28 km

SCHWIERIGKEIT: leicht, aber ein Aufstieg im Würmtal ist auch dabei.

CHARAKTER: durch Vororte und Parks, immer an der Würm entlang zum Starnberger See

WEGWEISER: keine einheitliche Markierung

E-BIKE-LADESTATIONEN: *München:* Sparda-Bank, Arnulfstr. 13; Stadtwerke, Seeriederstr. 29; Stadtwerke, Blumenstr. 19; Stadtwerke, Kloster-/Ligsalzstr.; in *Stockdorf:* Neuried, Hainbuchenring 6 (ALDI, 4 km östlich); in *Gauting:* Öko und Fair Umweltzentrum, Berengariestr. 5 (OT Reismühl); Forsthaus Kasten (3 km östlich); in *Starnberg:* am P S-Bf Starnberg-Nord; Hotel Vier Jahreszeiten, Münchener Str. 17; Wirelane, Ludwigstr. 6

EINKEHREN: *Lochham:* Lochhamer Biergarten – der ideale Platz für den Frühschoppen; *Planegg:* Bräustüberl mit schattigem Biergarten direkt an der Würm; *Krailling:* Kraillinger Brauerei mit geräumigem, schattigem Biergarten; *Leutstetten:* Schlossgaststätte und Königlich Bayerischer Biergarten, mit Spielplatz (Di Ruhetag); *Starnberg:* Ghf. in der Au mit Biergarten (Di/Mi Ruhetag), Wirtshaus im Tutzinger Hof mit Biergarten

ÜBERNACHTEN: Tutzinger Hof, Landgasthaus zum Brückenwirt, Ghs. in der Au

2 STARNBERGER SEE – OSTUFER

Was haben der Opernsänger Leoni, der Dichter Oskar Maria Graf, König Ludwig II., Fürst Bismarck, der Maler Rottmann, Graf Pocci und Waldemar Bonsels gemeinsam? Sie alle hat der Starnberger See in den Bann gezogen, und sie sind dort durch Denkmäler verewigt. Auf dem Ostufer begegnet man auf Schritt und (Pedal-)Tritt der Geschichte Bayerns. Und auch die herrliche Landschaft am Seehang ist eine ausgiebige Betrachtung wert. Lassen wir mal das Rad am See stehen und steigen die Rottmannshöhe hinauf oder erwandern den Bismarckturm – auch von hier oben sieht die Welt prächtig aus!

Wir schieben unser Rad aus dem Bahnhof zur Stadtseite hinaus und wenden uns nach rechts. Vorbei an den Parkplätzen, bis die Straße nach links umknickt, dann entfleuchen wir durch das Schlupfloch rechts unter den Gleisen. Drüben radeln wir geradeaus in den Nepomukweg. Vor dem Wasserpark knickt der Weg nach links um, dahinter rechts biegen wir an der Wassersportsiedlung ein und landen am Beginn der A 952 nach München. An der Mauer fahren wir rechts und überqueren die Würm. Unsere Straße endet an der Würmstraße, dort rechts, und links herum in den Schiffbauerweg in **Percha**. Wir bleiben unmittelbar am See unten. So gelangen wir ins Erholungsgebiet **Kempfenhausen** mit Badestrand. Der Weg führt anschließend über zwei kleine Treppen und zwischen den Grundstücken durch. Schließlich kommen wir an die Seestraße und folgen ihr weiter nach Süden zur Dampferstation in **Berg**. Bald danach geht es links bergan zum Schloss.

Das Schloss des Kasperl-Grafen Pocci am Ostufer des Starnberger Sees

Auf halber Höhe zweigt rechts der Weg Am Hofgarten ab, in den wir einbiegen. Wir durchradeln einen herrlichen Buchenwald und gelangen zur **Votivkapelle**. Danach bringt uns der Weg nach **Leoni**, das früher Assenbuch hieß und nach dem italienischen Opernsänger Giuseppe Leoni benannt wurde. Der Seeweg hat uns nun wieder. Auch hier gibt es ein öffentliches Bad und eine Dampferstation. Wenn Sie hier einen „Seilbahnweg“ sehen: Diese gab es tatsächlich Anfang des 20. Jh. hinauf auf die Rottmannshöhe, die nach dem Maler Carl Rottmann benannt ist.

Wir radeln im Naturschutzgebiet weiter nach **Ammerland** (Dampferstation). Dort steht das Schloss des Grafen Pocci mit seinen Zwiebeltürmchen, wo er viele seiner Märchen und Kasperlspiele erfand. Die geteerte Strandstraße bringt uns nach **Seeheim** und **Ambach** (Dampferstation). Eine Kastanienallee führt hinauf zum Schlossgut Oberambach aus dem 15. Jh., in dem heute ein ökologisches Hotel untergebracht ist. Das markante „ungarische Tor“ in Ambach ist das Portal zur ehemaligen Villa des Schriftstellers Waldemar Bonsels, der die Biene Maja zum Leben erweckte.

Für Segler öffnet sich die Nepomuk-Brücke am Ausfluss der Würm bei Starnberg.

BERG

Traurige Berühmtheit erlangte der Ort 1886, als König Ludwig II. und sein Arzt aus dem See tot geborgen wurden. Ein Kreuz an der Fundstelle im See erinnert daran. Dahinter wurde die Votivkapelle mit ihrer herrlichen Kuppel erbaut. Das barocke Schloss lässt heute nur noch schwach erahnen, welche rauschenden Feste hier gefeiert wurden. Im Zweiten Weltkrieg wurden große Teile zerstört. Der weitläufige Park ist zum Teil öffentlich; von dort hat man herrliche Aussichten auf den See und die Sonnenuntergänge. – Ein weiterer berühmter Sohn des Ortes ist der urbayerische Schriftsteller Oskar Maria Graf. Am Oskar-Maria-Graf-Platz steht sein Elternhaus mit einem historischen Bierstüberl, eine Erinnerungsstätte an den Schriftsteller mit vielen Fotos an den Wänden (Terrasse vor dem Haus, Di geschlossen). Eine Statue des Dichters ist in Aufkirchen – 1,5 km oberhalb – zu sehen. Dort finden Sie auch die Wallfahrtskirche Maria Himmelfahrt, die erstmals im 10. Jh. erwähnt wurde.

SEESHAUPT

INFORMATION: Gemeinde Seeshaupt, Weilheimer Str. 1–3, 82402 Seeshaupt, Tel. 088 01/907 10, www.seeshaupt.de

740 wurde Seeshaupt als „Seshoibit“ erstmals erwähnt. Von den großen geschichtlichen Ereignissen waren die Seeshaupter nur indirekt betroffen. Bis zur Säkularisation waren sie meist Abhängige der umliegenden Klöster. Die Mehrzahl verdiente sich ihren Unterhalt als Fischer. 1815 brach ein Brand aus, der zwei Drittel der Häuser zerstörte. 1850 begann das Dampfschiffzeitalter, 1865 kam die Bahn. Viele Künstler zog es um die Jahrhundertwende an den See, die ihre Sommerhäuser dort bauten.

SEHENSWERT: Katholische Pfarrkirche St. Michael von 1485 • Sogenannte Seegerichtssäule von 1522 am Dampfersteg • Mehrere alte Anwesen: Seeresidenz Alte Post, Alter Postplatz 1; Dörflerhaus mit Lüftlmalerei Hauptstraße; Seeschlösschen, St.-Heinricher-Str. 10; Pettenkoferhaus, St.-Heinricher-Str. 45 • Staudenschaugarten 2500 qm, Bahnhofstraße, täglich geöffnet • Lehrpfad für Garten- und Blumenfreunde

FREIZEIT: Schifffahrt von Ostersonntag bis Ende Oktober. Näheres im Fahrplan oder unter Tel. 081 51/80 61; Fischerlehrpfad am Campingplatz

Unsere Straße biegt rechts zum See hin ab und führt durch einen ausgedehnten Badestrand im Ambacher Erholungsgebiet zum Campinggelände nach **Buchscharn**. Dort geht es rechts am See entlang. Wir folgen schließlich der St 2065 auf einem Radweg, dann kommt der Zugang zu den Badefreiflächen von **St. Heinrich** und schließlich das Dorf selbst. Wir bleiben am Uferweg, überqueren den Marzenbach, dann den Singerbach auf einer sehr holperigen Brücke und erreichen auf der Staatsstraße **Seeshaupt**.

KARTENHINWEIS UK 50-41 Ammersee – Starnberger See 1:50 000 (LDBV)

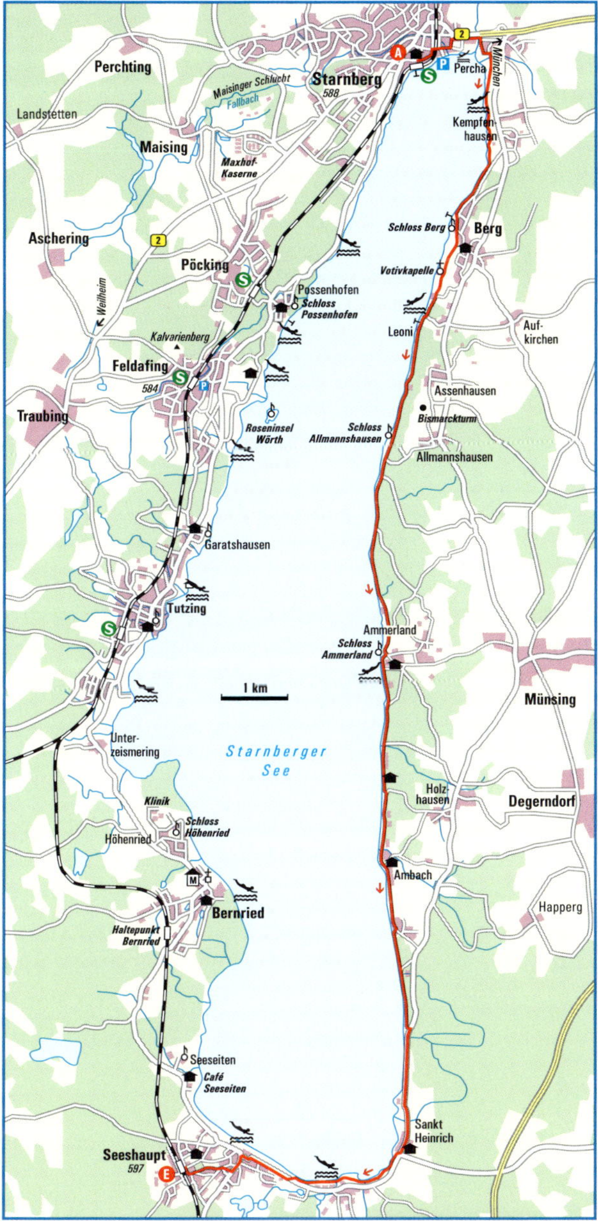

Im Zentrum des Orts biegen wir links ab in die Penzberger Straße, bald rechts in die Bahnhofstraße und gelangen am Schaugarten vorbei zur Seeseitener Straße, die uns nach rechts in 100 m zum Bahnhof bringt.

Entweder Sie nehmen nun die Bahn zurück nach München oder umrunden den See am Westufer (Tour 3), oder Sie radeln gleich weiter nach Weilheim und Murnau (Tour 5) oder Bad Tölz (Tour 4).

START: Bf Starnberg-See

ZIEL: Bf Seeshaupt

ANFAHRT MIT BAHN: S-Bahn

ANFAHRT MIT AUTO: A 95, dann A 952 bis Starnberg, weiter auf der B 2 bis ins Zentrum, dort halblinks in die Wittelsbacher Straße und zum Bf

RÜCKFAHRT ZUM AUTO: RB, ggf. in Tutzing auf S-Bahn umsteigen

STRECKE: 29 km

SCHWIERIGKEIT: leicht

CHARAKTER: meist am See entlang, nur um Berg etwas hügeliger

WEGWEISER: rund um den Fürstensee, ab Ambach Ring der Regionen

E-BIKE-LADESTATIONEN: *Starnberg:* am P S-Bf Starnberg-Nord; Hotel Vier Jahreszeiten, Münchener Str. 17; Wirelane, Ludwigstr. 6; *Berg:* Aufkirchner Str. 3, Perchastr. 3a

EINKEHREN: *Percha:* Seestub'n mit Biergarten, Kiosk und Badestrand (Mo Ruhetag, Di–So ab 12.30 geöffnet); *Ammerland:* Fischerei Sebald mit Brotzeitgarten (Mo Ruhetag); Landhotel Huber am See *zwischen Seeheim und Ambach:* Terrasse mit traumhaftem Ausblick, regionale Produkte – Fisch!; *Ambach:* Fischerei Strobl, Kiosk und Tische, Zum Fischmeister mit Biergarten (Mo/Di Ruhetag); *Buchscharn:* Seewirt, altes Bauernhaus mit Seeblick – Sonnenuntergänge!; *Seeshaupt:* Würmseestüberl und Biergarten Lidl mit Liegewiese, Café SainerZeit (Fr Ruhetag)

ÜBERNACHTEN: The Starnbergsee Hideaway, Seeresidenz Alte Post, Landgasthof Zur Quelle

3 STARNBERGER SEE – WESTUFER

Das Westufer des Starnberger Sees ist ein bayerisches Geschichtsbuch erster Güte! Gleich nach Starnberg durchmessen wir nicht nur den Badestrand Nr. 1 der Münchner, den Schlosspark von Possenhofen. Dazu kommt noch die Erinnerung an Kaiserin Sisi, die hier ihre Kindheit verbrachte. Das Museum im Bahnhof ist eine Würdigung an sie. Die Roseninsel, die ebenfalls an sie erinnert, können wir vom Feldafinger Park aus auf einer Zillenfahrt erreichen. Nach dem Schloss Garatshausen kommen wir nach Tutzing mit der evangelischen Akademie und kurz darauf vor Bernried an das Buchheim-Museum der Phantasie. Den Schlusspunkt bilden der weitläufige englische Schlosspark mit seinem historischen Café und Seeshaupt am Ende des Starnberger Sees.

Historische, seltene Rosen auf der Roseninsel im Starnberger See

Wir schieben unsere Räder auf der Seeseite aus dem Bahnhof, wenden uns nach rechts und genießen das Panorama. Achten Sie bitte auf die Fußgänger. Nach 300 m unterqueren wir die Bahn (WW Museum), fahren auf der Possenhofener Straße (St 2063) 100 m geradeaus, diese biegt dann links um und steigt etwas an. Nach etwa 500 m fahren wir halbrechts in die Wilhelmshöhenstraße. Sie bringt uns zu den Villen hinauf. Wenn der Obere Seeweg kreuzt, biegen wir links ein und bewegen uns wieder ein Stück hinunter. Wir überqueren die Bahn und drehen in den Moritz-von-Schwind-Weg rechts ein. 500 m nachdem wir in den Possenhofener Wald eingetaucht sind, biegen wir links ab und holpern zur St 2063 hinunter. Geradeaus geht es im Park weiter, immer den WW nach kommen wir zum Ufer vor Schloss Possenhofen, dem Jugendwohnsitz Sisis, das leider nicht besichtigt werden kann. Teilweise ist noch die alte Schlossmauer zu sehen. An dieser entlang kommen wir auf die Straße im Dorf **Possenhofen**; dort fahren wir links.

> **TIPP: Kaiserin Elisabeth Museum**
> Im „Königssalon" des historischen Bahnhofs Possenhofen, Tel. 081 57/92 59 32, geöffnet Fr/Sa/So/Fei 12–18 Uhr, www.kaiserin-elisabeth-museum-ev.de

Am Yachthafen vorbei führt uns der Weg durch den Wald zu einer Häusergruppe, die zu **Feldafing** gehört. Hier müssen wir kurz nach rechts und dann links wieder an den See zurück zum Forsthaus am See und weiter zum Strandbad Feldafing. Hier nimmt uns der herrliche Lenné-Park mit seinen mächtigen alten Bäumen auf und bringt uns zur Landestelle der Roseninsel.

FELDAFING – DIE „PERLE AM SEE"

INFORMATION: Gde. Feldafing, Bahnhofsplatz 1, 82340 Feldafing, Tel. 081 57/931 10, www.feldafing.de

1116 wurde Feldafing erstmals erwähnt. Ab Mitte des 13. Jh. gehörten Ort und Insel den Wittelsbachern. Anfang des 15. Jh. Bau der Pfarrkirche St. Michael; an ihrer Stelle steht heute die alte Pfarrkirche St. Peter und Paul. 1864 wurde die Bahn eröffnet und Feldafing entwickelte sich zum Fremdenverkehrsort.

SEHENSWERT: Alte Pfarrkirche St. Peter und Paul, neugotisch umgestaltet • Hotel „Kaiserin Elisabeth", 25 Jahre lang Absteige der österreichischen Kaiserin; ursprünglich erhalten ist noch der Speisesaal, die Veranda, die Kutschenremise und der Pferdestall • Verschiedene Villen aus dem 19. und beginnenden 20. Jh., z. B. die Villa Waldberta • Wolfsschlucht des Starzenbachs zwischen Possenhofen und Feldafing, Wald- und Naturlehrpfad mit acht Info-Tafeln, 1,5 km, Teil des „Elisabethwegs" • Schloss Garatshausen, teilw. aus dem 16. Jh., im Besitz der Fam. Thurn und Taxis, heute z. T. Altenheim

TIPP: Roseninsel
Die Insel Wörth, nur 170 m vom Ufer entfernt, war schon 2000 v. Chr. besiedelt. Im 12. Jh. wurde eine romanische Kirche erbaut, von ihr existieren nur noch Ruinenreste. 1850 kaufte das bayerische Königshaus die Insel. Der Hofgartenarchitekt Lenné und der Ingenieur Kreuter legten einen Park mit Rosarium an, darin eine 5 m hohe weiß-blaue Glassäule und ein pompejanisches Casino. Die Insel kann vom Lennépark unterhalb Feldafings aus mit einer Zille erreicht werden. Infos zu Überfahrt und Führungen siehe www.foerderkreis-roseninsel.de

TIPP: Der **„Elisabethweg"**, ein rund 6 km langer Spazierweg mit Höhenunterschied, der in Possenhofen beginnt, zum Schloss hinunterführt und uns am Dampferanlegesteg, dem Strandbad in Feldafing und der Roseninsel vorbei durch den Lenné-Park und über die Wolfsschlucht zum Ausgangspunkt zurückbringt.

Wir bleiben unmittelbar am Ufer und erreichen einen guten Kilometer später wieder einen Badeplatz. Dann kommen wir zum Ort **Garatshausen**. Der Radweg führt rechts vom See weg an der Mauer entlang nach oben. Am Schloss vorbei gelangen wir auf dem Hans-Albers-Weg allmählich wieder zum See und zum Nordbad von **Tutzing**. Hier beginnt die Brahmspromenade, die durch die Parks am Wasser entlangführt.

Vom Schiffsanleger geht es auf die Schloßstraße, dann links in die Monsignore-Schmid-Straße und rechts in die Graf-Vieregg-Straße. So gelangen wir wieder an die Hauptstraße, die St 2063. Dort biegen wir links ein. Aber schon nach 500 m, am Abzweig nach Diemendorf, verlassen wir sie wieder nach links (WW Park- und Seeweg). Rechts von uns baut sich der Johannishügel auf, ein leicht zu erreichender Aussichtspunkt. Wir bleiben auf dem Georg-Roth-Weg, der zur Lindenallee wird. Mitten in der Allee nehmen wir den Weg nach links (Höhenrieder Weg). Ab dem Sportboothafen wird es sehr eng!

Der Ort **Unterzeismering** liegt rechts von uns. Schließlich kommen wir an die Bernrieder Straße, die St 2063, zurück. Auf einem Radweg, der links von der Straße wegzieht, geht es zuerst flach durch das NSG, dann allmählich in einer Lindenallee bergauf, links der Karpfenwinkel, dann die Halbinsel Horn mit dem Kurpark der Klinik Höhenried, an deren Zaun wir entlangfahren. Wenn wir zur St 2063 zurückkommen, bietet sich uns ein Radweg an der linken Seite an.

TIPP: Buchheim Museum der Phantasie
mit expressionistischen Werken und Kunst aus aller Welt, geöffnet Di–So/Fei 10–18 Uhr; auch Museumsladen und Restaurant, www.buchheimmuseum.de

Rast für Radler im Augustiner in Tutzing

TUTZING

INFORMATION: Gde. Tutzing, Kirchenstr. 9, 82327 Tutzing, Tel. 081 58/250 20, www.tutzing.de

Seit der Steinzeit ist der Platz bewohnt, im 6. Jh. durch die Familie Tuzzo, die erste urkundliche Erwähnung findet sich 742. Nach dem Untergang der Familie Tuzzo fiel der Ort an die Wittelsbacher. Bis ins 19. Jh. blieb Tutzing ein Fischerdorf. Im 17. Jh. wurde ein Schloss mit Barockfassade gebaut, heute Sitz der Evangelischen Akademie.

SEHENSWERT: Doppeltürmige St.-Josephs-Kirche (neubarock) mit gewaltigem Geläut • Midgardhaus am Ufer von Graf Theodor von Vieregg 1843 erbaut, mit Belvedereturm und zwei mächtigen Löwen vor dem Ufer. Heute Augustiner am See mit herrlichem Biergarten. Das Restaurant gehört zur gehobenen Gastronomie. Der angrenzende Biergarten bietet bayerische Schmankerl zu günstigen Preisen Ausgeschenkt wird Münchner Augustiner Bier.

Wir folgen links dem Abzweig zum Kloster und nach dem Klostergut gleich nochmal links, dann geht's rechts durch eine prachtvolle Lindenallee zum Kloster in **Bernried**.

BERNRIED

Dorf mit geschlossenem Ortsbild und vielen geschichtsträchtigen Bauten.

INFORMATION: Gemeindeverwaltung Bernried, Dorfstr. 26, 82347 Bernried, Tel. 081 58/90 76 70, www.bernried.de

Vermutlich wurde die Gegend bereits im 8. Jh. besiedelt. 1120 wurde durch Graf Otto von Valley und seiner Ehefrau Adelheid das Augustinerchorherrenstift gegründet. 1580 erste Erwähnung einer Schiffsanlegestelle. 1803 wurde das Kloster aufgelöst, ein Graf Arco erwarb den Besitz. Später wurde das Stiftsgebäude in ein Schloss umgestaltet und ein Park angelegt. 1914 erwarben Konsul Scharrer und seine Gattin Wilhelmina, geb. Busch, das ehemalige Klostergut. Heute befindet sich hier eine kirchliche Bildungseinrichtung.

SEHENSWERT: Hofgut mit Freskomalereien und Kunstschmiedearbeiten • Ehemaliges Schloss und Kloster (Spätrenaissance)-Klosterhof mit mächtigen alten Platanen • St.-Martins-Kirche mit imposantem Turm, Chorschrankenplatte aus der Karolingerzeit, gotischem Flügelaltar und Rokokoausstattung • Hofmarkskirche Mariä Himmelfahrt von 1362 und Gruftkapelle, mit Stuckkanzel und gotischer „Muttergottes" • Malerischer Ortskern: (G)Stupperhaus, Haus Dengg, beide 17. Jh., und andere alte Häuser, die liebevoll restauriert wurden; Villa Willroider, Anfang 20. Jh. • Bernrieder Park (80 ha) der Wilhelmina-Busch-Stiftung, angelegt 1855 von C. Effner mit Blick auf den See und die Berge und 600–800 Jahre alten Eichen und Buchen • Bernrieder Filz, 70 ha Naturschutzgebiet, gehört zu den noch gut erhaltenen Hochmooren mit einem großen Bestand an Zwergbirken; Moorsee Schwarze Lache mit Zwerglibellen, Flachmoore mit Enzianen und Orchideen

KARTENHINWEIS UK 50-41 Ammersee – Starnberger See 1:50 000 (LDBV)

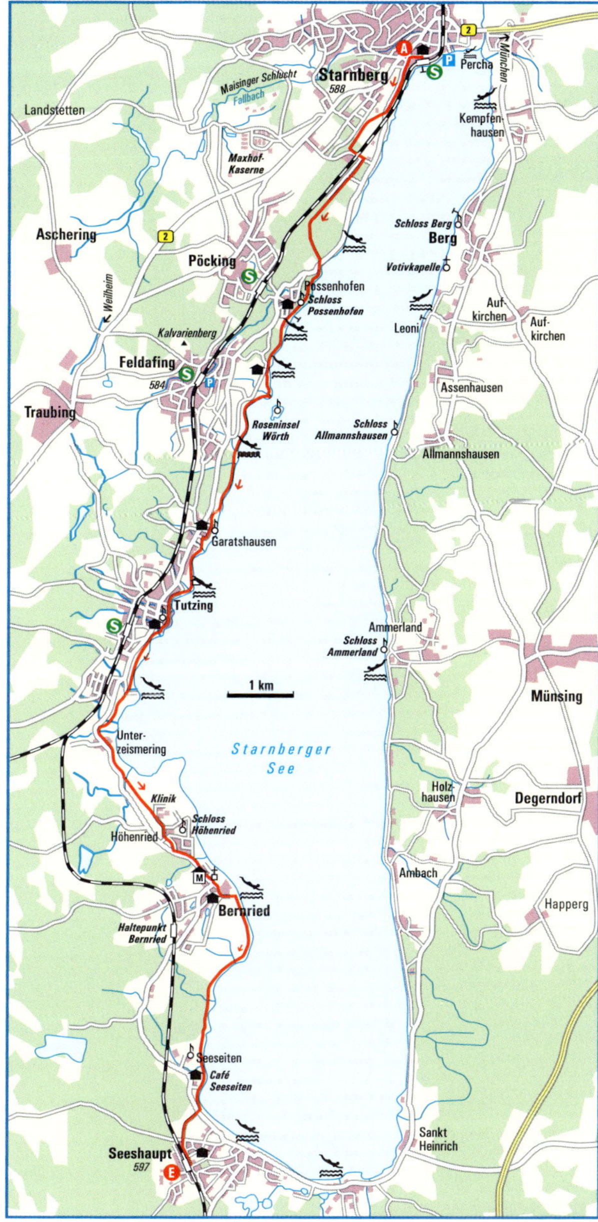

Vom Kloster bewegen wir uns hinunter zum Dampfersteg und radeln rechts entlang. Der untere Seeweg geht in den Bernrieder Schlosspark über. Nach gut 2 km kommen wir an eine Einmündung, dort links. Sie bringt uns am Teehaus vorbei, das sich in privaten Händen befindet. Schließlich erreichen wir die St 2063, dort biegen wir links ein. 500 m später führt eine Straße rechts ab zum Bf Seeshaupt. Sie können aber auch die Seerunde vollenden (Tour 2).

START: Starnberg Bf

ZIEL: Seeshaupt Bf

ANFAHRT MIT BAHN: S-Bahn

ANFAHRT MIT AUTO: A 95, dann A 952 bis Starnberg; weiter auf der B 2 bis ins Zentrum; dort halblinks in die Wittelsbacher Straße und zum Bf

RÜCKFAHRT: RB und ggf. S-Bahn (umsteigen in Tutzing)

STRECKE: 27 km

SCHWIERIGKEIT: leicht, aber ein paar kleine Anstiege

CHARAKTER: historischer Boden, immer in Sichtweite des Starnberger Sees

WEGWEISER: rund um den Fürstensee, ab Tutzing Ring der Regionen

E-BIKE-LADESTATIONEN: *Starnberg:* am P S-Bf Starnberg-Nord; Hotel Vier Jahreszeiten, Münchener Str. 17; Wirelane, Ludwigstr. 6; *Tutzing*: Oskar-Schüler-Str. 3; *Bernried*: Buchheim Museum

EINKEHREN: *Possenhofen*: Kiosk im Park mit Biergarten, Schiffsglocke mit Kiosk und Garten; *Feldafing*: Sisi- und Ludwigstüberl im Hotel Kaiserin Elisabeth; *Garatshausen*: Café im Schlosspark; *Tutzing*: Nordbad mit kleinem Ghs.; Hotel am See mit schöner Terrasse (Fisch!); Tutzinger Hof mit Biergarten (Di Ruhetag); Museumsschiff Tutzing (ausgemustert 1995) als Café und Bistro (Di/Mi Ruhetag); *Bernried*: Seeblick mit Terrasse; Landgasthof Drei Rosen mit Biergarten; Ghs. März mit Biergarten; *vor Seeshaupt*: Gasthaus-Café Seeseiten mit Biergarten (Di Ruhetag); *Seeshaupt*: Alte Post mit Seeterrasse; Würmseestüberl mit Biergarten Lidl und Liegewiese; Restaurant-Café am See mit Terrasse (Do Ruhetag); Rizzo's Ristorante mit Terrasse (Mo Ruhetag)

ÜBERNACHTEN: The Starnbergsee Hideaway, Seeresidenz Alte Post, Landgasthof Zur Quelle

4 VON SEESHAUPT NACH BAD TÖLZ

Vom Starnberger See weg geht es nach St. Heinrich, und dann durch den quellenreichen Nonnenwald aufwärts. Immer mehr tritt das Panorama der bayerischen Berge in unser Blickfeld. Wir treffen auf die Loisach, dann nimmt uns der Euracher Filz ein, ein fast unbekanntes Eckerl in unserer belebten Voralpenwelt, dessen Stille man genießen sollte. Und schließlich kommen wir an die Isar und in die Kurstadt Bad Tölz, die alle Bedürfnisse stillt, kulinarische, physische, landschaftliche und kulturelle.

Ruhepause auf der Wiese vor dem Gasthof zur Post in Seeshaupt

Wir radeln am Bahnhofsvorplatz rechts zur Kreuzung, dort links in die Bahnhofstraße. Am Schaugarten und Sportplatz vorbei kommen wir zur Penzberger Straße, dort rollen wir links ins Zentrum. Rechts fahren wir weiter auf der St.-Heinricher-Straße; dort können wir bald den Bürgersteig als RW benutzen. In Ufernähe zieht er weg und überquert den Singerbach auf einer sehr holperigen Brücke. Kurz darauf haben wir Sicht nach rechts zur St 2064. Hier biegt eine Straße nach rechts ab, der wir folgen (WW Schechen). Am Waldrand fahren wir geradeaus; der Kiesweg führt uns in den feuchten Nonnenwald. Trotzdem folgt jetzt eine gewaltige Durststrecke, denn das nächste Wirtshaus ist erst fast am Ende der Tour zu finden!

Wir bleiben auf dem Hauptweg, zuerst ein Stück am Bach entlang, immer wieder sanft ansteigend. Allmählich hören wir die A 95, dann überqueren wir sie bei einem Funkmast mit Blick auf Benediktenwand, Jochberg und das Karwendel. Nochmal etwas bergauf zu einer alten Eiche, und das Panorama weitet sich aus auf Estergebirge, Wetterstein mit Zugspitze und die Ammergauer Alpen. Dann erreichen wir **Faistenberg**. Dort geht's rechts herum wieder auf Teer. Unsere Straße zeigt deutlich abwärts und führt an **Winkl** mit seinen alten Eichen vorbei zur St 2370 hinunter. Dort wenden wir uns links Richtung Beuerberg. Nach einem kurzen Kilometer fahren wir wieder rechts nach **Bierbichl** und über die Loisach zum **Gut Boschhof.**

Wir rollen auf Kies im Euracher Filz in tiefer Stille, weitab vom Trubel aller Welt, auf einer von Birken gesäumten Straße nach **Mooseurach**. An der Ortstafel geht es rechts. Nach 2 km sehen wir den ersten Rad-Wegweiser nach Bad Tölz (12 km) und wir folgen ihm nach links. Der Kiesweg bringt uns nach **Schönrain** an der B 11. Wir unterqueren sie und folgen der Kreisstraße geradeaus nach **Schwaighofen** und weiter zur St 2064, rechts liegt der idyllische Buchner Weiher.

KARTENHINWEIS UK 50-41 Ammersee – Starnberger See 1:50 000 (LDBV)

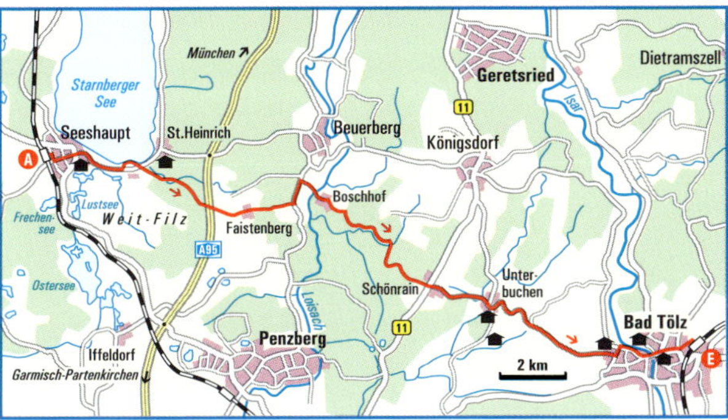

Auf die Staatsstraße biegen wir rechts ein, durchfahren **Unterbuchen** und **Spiegel**, vor uns der bewaldete Buchberg. Nach gut 3 km kommen wir über die Buchener Straße in **Bad Tölz** an (Info S. 60). An der Wilhelm-Dusch-Straße zieht es uns links hinunter an den Isar-Radweg. Wir queren die Königsdorfer Straße und landen direkt am Wasser, an der Bürgermeister-Stollreither-Promenade, die auch RW ist. Wir fahren rechts Richtung Altstadt und Bahnhof. Am Isarsteg radeln wir vorbei und treffen auf die große Brücke in der Stadtmitte. Wir lenken rechts um ein Haus herum hinauf und treten hinüber zum herrlich bemalten ehemaligen Marienstift und zur einzigartigen Marktstraße mit den vielen bemalten Häusern.

Reizvolle Häuser mit schönen Fassadenmalereien in der Marktstraße von Bad Tölz

Hier gibt es auch etliche „Eisquellen“ und schöne Wirtshäuser mit Innenhöfen und lauschigen Biergärten. Oben kommen wir durch den Turm in die Salzstraße, und an der Vorfahrtstraße radeln wir halbrechts auf der Bahnhofstraße zum Bahnhof.

START: Seeshaupt Bf

ZIEL: Bad Tölz Bf

ANFAHRT MIT BAHN: S-Bahn oder RE bis Tutzing; evtl. umsteigen Richtung Kochel

ANFAHRT MIT AUTO: A 95 bis Seeshaupt (7), weiter rechts auf der St 2064 nach St. Heinrich, dann links weiter nach Seeshaupt. Im Zentrum links in die Penzberger Straße und kurz darauf in die Bahnhofstraße rechts bis zur Vorfahrtstraße; dort rechts zum Bf

RÜCKFAHRT ZUM AUTO IST KOMPLIZIERT: mit BRB nach München Hbf, von dort mit RB nach Tutzing und weiter Richtung Kochel (RB 961)

STRECKE: 29 km

SCHWIERIGKEIT: mittel, da einige Steigungen

CHARAKTER: Anstieg zu einer herrlichen Aussicht bei Faistenbach, dann wenig befahrene Straßen mit Auf und Ab bis Bad Tölz. Zum Bf ist nochmal ein Aufstieg fällig.

WEGWEISER: nur lokale Radwege

E-BIKE-LADESTATIONEN: *Bad Tölz*: Bahnhofplatz

EINKEHREN: *Unterbuchen*: Ghf. mit Tischen im schattigen Garten (nur Sa/So geöffnet); *Bad Tölz*: Zum Alten Fährhaus mit malerischem Biergarten (Mi–So ab 18.30 geöffnet), Ratskeller mit Bürgergarten, Das Schlössl mit Biergarten, Ghs. Zantl mit Biergarten (Fr und Mo ab 17 Uhr, Sa/So auch mittags geöffnet)

ÜBERNACHTEN: Schlössl, Posthotel Kolberbräu, Hotel Milano

5 SEESHAUPT – WEILHEIM – MURNAU

Traumhafte 45 km! Zuerst ein Stück Richtung Bernried, dann hinauf zu den Bilderbuchdörfern Jenhausen und Bauerbach, die am Rande der Drumlinlandschaft liegen. Das sind vom Gletscher geformte stromlinienförmige Hügel, die meist mit Bäumen bewachsen sind. Die Hardtwiesen sind unser nächster landschaftlicher Höhepunkt mit ihren ausgedehnten Blumenteppichen. Dann nimmt uns das 1000-jährige Weilheim mit seiner aus vielen Stilen bestehenden Bausubstanz auf. Bald danach gelangen wir nach Polling mit der alten Klosterkirche. Parallel zur Bahn radeln wir weiter zum Staffelsee mit seinen Inseln und auf Murnau zu, das nicht nur durch die Malerei berühmt wurde, sondern auch als zentraler Ort viele weitere Radwanderungen ermöglicht.

Wohnhaus von Gabriele Münter und Wassily Kandinsky bei Murnau

Vom Bahnhofvorplatz zieht es uns nach links auf die Seeseitener Straße, die uns zur St 2064 hinabführt. Die bringt uns links am Ghf. Seeseiten vorbei in den Wald. Kontinuierlich steigt die Straße leicht an, wie fahren unter der Bahn durch, und nach 200 m geht es links und an der Gabelung rechts auf Kies immer noch aufwärts. An der T-Kreuzung links wieder auf Teer zum **Nußberger Weiher**, dahinter liegt der Bernrieder Filz. Wir bleiben auf der Teerstraße und durchfahren eine Parklandschaft mit mächtigen alten Eichen.

An Schmitten vorbei kommen wir zur St 2064, dort nach rechts. Nach knapp 1,5 km biegen wir rechts nach **Jenhausen** ein. Bemerkenswert ist am Ortseingang die Kirche Mariä Himmelfahrt in beherrschender Lage (bei schönem Wetter geöffnet). Die Straße macht im Dorf eine Doppelkurve und verläuft über eine Anhöhe nach **Bauerbach**, einem Dorf mit Kirche, Wirtshaus, Maibaum und Dorfbrunnen. Kurz vor der Kreisstraße WM 28 biegen wir links ab. Unsere Straße verläuft zuerst hinunter ins Tal des Grünbachs, danach aufwärts zur **Hardtkapelle**, die inmitten des „Magnetsrieder Hardts", einem NSG liegt, das besonders für seine Blumenwiesen berühmt ist.

Von dort geht es weiter durch die Drumlins nach **Hardthof** und dann hinunter nach **Weilheim.** Nach der Querung des Narbonner Rings gelangen wir zur Römerstraße, dort links und „Am Betberg" rechts, links um den Friedhof herum zur Krumpperstraße und halblinks zur B2. Versetzt links fahren wir in den Mittleren Graben und biegen links in die Vötterl-, dann Eisenkramer- und Buxbaumgasse ab zum Marienplatz.

Vom Marienplatz (Westseite) radeln wir südwärts zur Ledererstraße, dort links über den Kirchplatz zur Hofstraße, dann rechts, zur Stadtmauer hinaus und geradeaus in den Prälatenweg. An der Realschule vorbei kreuzen wir eine Handvoll Straßen und sind nun wieder in der Flur. In **Polling** lenken wir halbrechts zur Weilheimer Straße.

WEILHEIM

INFORMATION: Tourist-Information, Admiral-Hipper-Str. 20, 82362 Weilheim, Tel. 08 81/682 53 00, www.weilheim.de/touristinfo

1010 erste urkundliche Erwähnung des Ortes, das erste Rathaus wurde 1435 errichtet, das zweite am Marienplatz 1538. 1866 mit Anschluss an die Bahn nach München setzte ein Aufschwung ein, der erst durch den 1. Weltkrieg zum Erliegen kam, ein Luftangriff am Ende des 2. Weltkriegs tat sein Übriges. Leistungsfähige Gewerbebetriebe führten zu einer neuen Blüte.

SEHENSWERT: Der Kernbereich innerhalb der Altstadt mit seinen Häusern aus Spätmittelalter und Barockzeit • Ehemaliges Schloss, heute Finanzamt, um 1200 als Burg erbaut, Neubau 1909 an der Stadtmauer – Rosengarten • Ehemalige Fronveste, 1520–1994 Justizvollzugsanstalt, heute Musikschule • Gattingerhaus, Pöltnerstr., ehemaliges Brauereianwesen, mit Lüftlmalerei • Stadtpfarrkirche, heutiger Bau von 1624 (Frühbarock) nach Plänen von H. Krumpper mit Wessobrunner Stuck von J. Greither • Stadtmuseum am Marienplatz von 1538, wertvolle Exponate der Weilheimer Künstler des 16.–18 Jh., Präsentation des Handwerks und religiösen Brauchtums, Tel. 08 81/68 20; Mo Ruhetag • Marienplatz, mit Mariensäule und Stadtbrunnen • Straßenzug „Obere Stadt“ mit Stadtbach in der Mitte • Spitalkirche zur hl. Dreifaltigkeit (klassizistisch)

Dort links, dann rechts herum zum ehemaligen Kloster. Wir rollen vom Kirchplatz geradeaus in die Weilheimer Straße nach Süden. Vor der Brücke fahren wir halblinks weg in die Jörg-Ganghofer-Straße bis zur „Alten Molkerei“, dort rechts in die Hofmarkstraße, dann rechts (WW Murnau) über den Bach. An der T-Kreuzung links, an der

KARTENHINWEIS UK 50-49 Pfaffenwinkel – Ammergauer Alpen Nord 1:50 000 (LDBV)

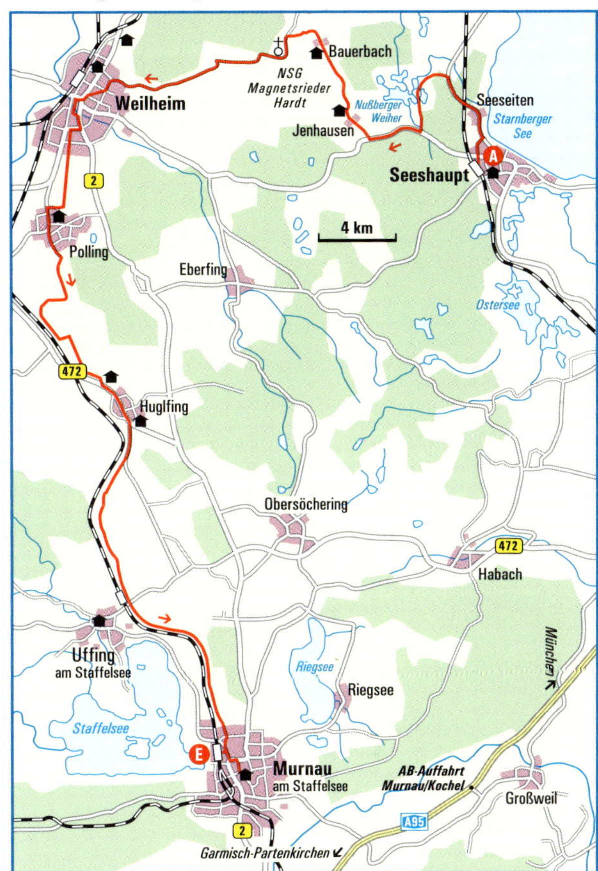

Gabelung am Waldrand halbrechts, dann rechts herum. An der Vorfahrtstraße nicht über die Bahn fahren, sondern links etwas aufwärts. Am halben Berg rechts hinunter an den Bahndamm und an der Kreuzung geradeaus. In **Huglfing** an der Vorfahrtstraße geht's geradeaus, am Gasthaus Moosmühle rechts ab, an der Kreuzung weiter geradeaus in die Hauptstraße. Diese führt uns am Hungerbach entlang.

Wir queren die B 472 und bewegen uns auf der Weidenstraße (WW Murnau) weiter. Am Ortsende beglückt uns ein Radweg. Er mausert sich zu einem geteerten Sträßchen, dem wir geradeaus und dann leicht bergauf folgen. Schließlich senkt sich die Straße zum Bf **Uffing am Staffelsee**. Wir queren die Eglfinger Straße und bleiben auf einem Kiesweg an der Bahn, der auf eine breitere Kiesstraße führt und eine Brücke überquert. In **Riedhausen** vor dem Umspannwerk links und gleich wieder auf die Römerstraße rechts. An der Mauritiusstraße rechts und über die Seehauser Straße zum Bahnhof.

Ins Zentrum von **Murnau** gelangen wir über die Seehauser Straße. Dieser bis zur Ampel folgen, dort rechts und gleich wieder links in die Bahnhofstraße, etwas bergab und an der Griesbräustraße links bis zum Obermarkt.

POLLING

INFORMATION: Gemeindeverwaltung Polling, Kirchplatz 11, 82398 Polling, Tel. 08 81/939 00, www.polling.de

Kloster Polling

Ein ehemaliges Benediktiner- und später Augustinerchorherrenstift, das der Legende nach von Herzog Tassilo von Bayern um 750 gegründet wurde. Anfang des 15. Jh. brannte die Kirche ab und wurde in gotischem Stil neu errichtet. Aus der Zeit um 1526 stammt die Leinberger-Madonna am Triumphbogen. In der Mitte des Hochaltars von B. Steinle prangt das Tassilokreuz aus dem 8. Jh. Der Propst Franz Töpsl ließ im 18. Jh. den Bibliothekssaal ausbauen und die Kirche im Rokokostil umgestalten. 1803 wurde im Zuge der Säkularisation die Bibliothek nach München und Ingolstadt verschleppt, die Gebäude des Klosters wurden weitgehend abgerissen.

SEHENSWERT: Die spätgotische Klosterkirche mit dem einzigartigen, trutzigen Kirchturm aus heimischem Tuff, mit prächtigen Stuckarbeiten • Heimatmuseum mit Gemäldesammlung Pollinger Maler und ihrer Freunde in Amerika • Kelten und Römer Ausstellungen im Fischerbau • Molkereimuseum, Jörg-Ganghofer-Str. 8, Tel. 08 81/939 00 • STOA 169, Künstlersäulenhalle, Tel. 088 02/901 80 91, stoa169.com

START: Seeshaupt Bf

ZIEL: Murnau Bf

ANFAHRT MIT BAHN: RB, evtl. umsteigen in Tutzing

ANFAHRT MIT AUTO: A 95 bis Seeshaupt (7), weiter rechts auf der St 2064 nach St. Heinrich und links weiter nach Seeshaupt. Im Zentrum links in die Penzberger Straße und kurz darauf in die Bahnhofstraße rechts bis zur Vorfahrtstraße; dort rechts zum Bf

RÜCKFAHRT: RB, in Tutzing umsteigen

STRECKE: 45 km

SCHWIERIGKEIT: mittel

CHARAKTER: durch das Drumlingebiet, dann ins Blaue Land – immer die Berge vor Augen

WEGWEISER: um Weilheim herum mit Ammer-Amper-Radweg und Prälatenweg gleichlaufend

E-BIKE-LADESTATIONEN: keine

EINKEHREN: *Jenhausen*: Ghf. Reßl (Mi ab 19 Uhr, So 9.30–12.30 Uhr geöffnet); *Bauerbach*: Ghf. Steidl mit Biergarten mitten im kleinen Ort (Mo Ruhetag, Do ab 16 Uhr geöffnet); *Weilheim*: Waldgaststätte Gögerl mit Biergarten (Mo Ruhetag); Ghf. Holzwurm mit Biergarten in Bf-Nähe (Sa Ruhetag); *Polling:* Alte Klosterwirtschaft mit herrlichem Biergarten (Fr–So ab 12 Uhr); *Huglfing:* Zum Alten Wirth – Tuffsteinhaus mit Terrasse; *Uffing am Staffelsee:* Bistro-Café Hopfi mit Biergarten; *Murnau*: Griesbräu mit Biergarten (eigenes Bier), Schlossgarten im Schloss mit Biergarten (Mo Ruhetag); Restaurant Ludwig am Seidlpark mit Biergarten; Zum Beinhofer (Do/Fr ab 17 Uhr, Sa/So/Fei ab 11 Uhr geöffnet)

ÜBERNACHTEN: Angerbräu, La Strada, Haus am Gries

6 ISAR-RADWEG I: Von München nach Wolfratshausen

Vom Zentrum Münchens radeln wir immer am Fluss entlang, nahezu ohne Verkehr und Kreuzungen. Vorbei am Flaucher und am Tierpark erreichen wir das Grünwalder Schloss auf dem Hochufer. Durch den Grünwalder Forst fallen wir wieder an die Isar hinunter zum Mühlthal mit der berühmten Floßgasse. Beim Bruckenfischer könnten wir rechts hinüber zum Kloster Schäftlarn mit seinem Biergarten abschwenken. Die Tour führt aber weiter an der Isar entlang zur Aumühle und durch die sonnendurchflutete Pupplinger Au zur Brücke, die uns rechts hinüber nach Wolfratshausen bringt. Alternativ können wir von der Frundsberger Höhe über Groß- und Kleindingharting zum Deininger Weiher hinunterrollen und dann über Deining mit seinen alten Bauernhöfen zur Aumühle fahren.

Vom S-Bahnhof Isartor aus gesehen überqueren wir die beiden Isararme, und wenden uns gleich nach der Brücke rechts auf einen Radweg neben der Zeppelinstraße. Dieser führt bald unter den Isarbrücken hindurch am Fluss entlang.

DIE ISAR

Die Isar ist spätestens seit der Renaturierung auch im Stadtgebiet Münchens ein wertvolles Biotop mit einer zunehmenden Fülle an Tier- und Pflanzenarten. Die Fischartenfauna ist überregional beachtenswert. Auch andere Lebewesen wie Tagfalter, Heuschrecken und Insekten aller Art haben sich in den Weichholzauen, Kiesbänken und Hochwasserdämmen breit gemacht. Und in den Wäldern auf der Ostseite, die teilweise sehr steil ansteigen, sind Buchen, Ulmen und Eschen zu finden. Weiter draußen, in der Pupplinger Au und in den Naturschutzgebieten des Landkreises Bad Tölz/Wolfratshausen, gibt es noch mehr zu entdecken.

Wir treffen auf die Reichenbachbrücke und die Wittelsbacher Brücke, dann radeln wir direkt auf Uferniveau. Bleiben Sie auf dem ausgewiesenen Radweg – der Dammweg gehört den Spaziergängern. Der Radweg führt uns unter der Braunauer

Abstecher vom Isar-Radweg: der Biergarten von Kloster Schäftlarn

GRÜNWALD

INFORMATION: Gemeinde Grünwald, Rathausstr. 3, 82031 Grünwald, Tel. 089/64 16 20, www.gemeinde-gruenwald.de

Fundstücke aus der Bronzezeit beweisen eine Besiedlung bereits in dieser Epoche (Ausstellung in der Rathaushalle und im Burgmuseum). Die frühe Geschichte Grünwalds ist eng mit der Römerstraße Augsburg – Salzburg verbunden. Die „Römerschanze", deren Wälle noch zu sehen sind, zeugen von einer Siedlung im 3./4. Jh. Der Zoll für den Isarübergang hat in der Geschichte des Ortes eine bedeutende Rolle gespielt. Derbolfingen ist erstmals 1048 in Urkunden des Klosters Tegernsee erwähnt. Die Bewohner waren Dienstmannen der Grafen von Andechs. Als Hofmark Groinwalde ging der Ort an die Wittelsbacher über. Die zinnenbewehrte Grünwalder Burg ist ein Jagdschloss der bayerischen Herzöge (heute ein Zweigmuseum der Prähistorischen Staatssammlung mit wechselnden Ausstellungen). Später verwahrloste die Burg, 1879 ersteigerte sie der Bildhauer Paul Zeiller. 1910 wurde die Straßenbahn aus München hinaus gebaut, was die Entwicklung des Dorfes stark beeinflusste.

SEHENSWERT: Museum Burg Grünwald: Turm mit Ausstellung zur Geschichte, im Westflügel ist die Römerzeit untergebracht mit Küche, Warmluftheizung und Lapidarium, geöffnet Mi–So 10–17 Uhr • Bavaria Filmstadt in Geiselgasteig mit Originalkulissen; www.bavariafilm.de • Grünwalder Freizeitpark (120 000 qm), ein großer Park mit alten Bäumen, Schwimmbad und Sauna, Kulturpark, großer Spielplatz, Kletterturm • Schwarzwildgatter „Sauschütt" im Grünwalder Forst mit Walderlebniszentrum

Eisenbahnbrücke durch, rechts drüben der Flaucher, dann die Thalkirchner Brücke, der Tierpark links – direkt am Zaun entlang – und die Marienklausenbrücke. Ab hier am Damm auf Kies, mal unten, mal am Hang. Vorsicht Querrinnen! Inzwischen ist auch das Hochufer der Isar links und rechts deutlich zu erkennen, und hier ist es nicht mehr ganz eben. 3 km nach der Großhesseloher Brücke an einer Kreuzung im Hang macht unser Weg einen Links-Rechts-Knick – es geht hinauf aufs Hochufer. Dort landen wir auf der Zeillerstraße in Grünwald und radeln oben rechts.

Die Zeillerstraße führt zum Schloss. Dort links (WW Straßenbahn), an der Wendeschleife rechts herum zur Südlichen Münchner Straße, nochmal rechts zum Marktplatz und über die Kreuzung an der Fußgängerampel. Drüben links weiter auf dem Radweg in die Oberhachinger Straße. Nach 200 Metern zieht rechts die Nibelungenstraße weg und wir mit. Rechts geht dort gleich die Hirtenstraße ab, die „An den Römerhügeln" endet. Hier rechts zur Tölzer Straße. Wir überqueren sie und radeln auf dem Radweg links. Nach dem Parkplatz des Waldfriedhofs führt halbrechts eine Forstschneise in den Wald, der Mühlweg. Diesem folgen wir zur **Frundsberger Höhe**, einer Siedlung, die zu Straßlach gehört. Wir radeln hinter den Häusern am Isarhochufer entlang.

Von der Frundsberger Höhe geht es weiter südwärts, und der Weg biegt rechts in den Wald hinein und senkt sich. Nach einer Haarnadelkurve läuft er rechts weiter, macht dann eine starke Linkskurve, senkt sich erneut und landet in **Mühlthal** unten am Isarkanal. Dort befindet sich die längste Floßgasse Europas (345 m lang, 18 m Höhenunterschied; ein Floß wiegt etwa 20 t).

TIPP: An Sonn- und Feiertagen ist es nicht nur ein köstliches Spektakel, auf einem Floß zu sitzen, sondern auch die Flöße mit Mann und Maus abfahren zu sehen. Der Biergarten nebenan bietet das nötige Labsal.

TIPP: Wirtshaus **Zur Mühle** an der Floßrutschn mit gemütlichem Biergarten, eine der ältesten altbayerischen Wirtschaften südlich von München. Die erste urkundliche Erwähnung geht auf das Jahr 1007 zurück, die Flößerei auf das 12. Jh. Mehr dazu unter www.gasthausmuehle.de. Die original bayerische Küche serviert die üblichen Schmankerln, aber auch frischen Saibling in Butter gebraten und die berühmten Fleischpflanzerl mit Kartoffelsalat (beides hausgemacht). Ruhetag ist Montag (außer an Feiertagen).

Wir wenden uns südwärts, am Kanal entlang. Etwas bergauf finden wir eine der ältesten Kirchen der Region aus dem 8./9. Jh. Gut 2 km weiter kommen wir nach **Dürnstein** zum **Gasthaus Bruckenfischer**.

Von hier aus können wir, wenn wir wollen, nach rechts einen Abstecher über die Isar unternehmen. 1 km später treffen wir dort auf das **Kloster Schäftlarn**.

KLOSTER SCHÄFTLARN

Benediktinerabtei im Isartal. Offizieller Name ist „Abtei zu den heiligen Dionysius und Juliana".

INFORMATION: 82067 Kloster Schäftlarn, Tel. 081 78/790, www.abtei-schaeftlarn.de

762 wurde das Kloster von Waltrich, einem fränkischen Adeligen, als Benediktinerabtei gegründet, 1140 ging es auf den Prämonstratenserorden über. Nach der Säkularisation gab König Ludwig II. den Besitz den Benediktinern zurück. Daraufhin wurden Kloster und Gymnasium eingerichtet. Die Kirche zeigt Fresken, Werke von J. B. Zimmermann und Altäre aus der Werkstatt von J. B. Straub. Heute betreiben die Mönche außer Gymnasium und Internat Forstwirtschaft, Imkerei und Brennerei. Die Erzeugnisse werden im Klosterladen feilgeboten (geöffnet Mi–Sa 14–17, So/Fei 11–17 Uhr).

Die Isar am Georgenstein

KARTENHINWEIS **UK 50-41 Ammersee – Starnberger See 1:50 000 (LDBV)**

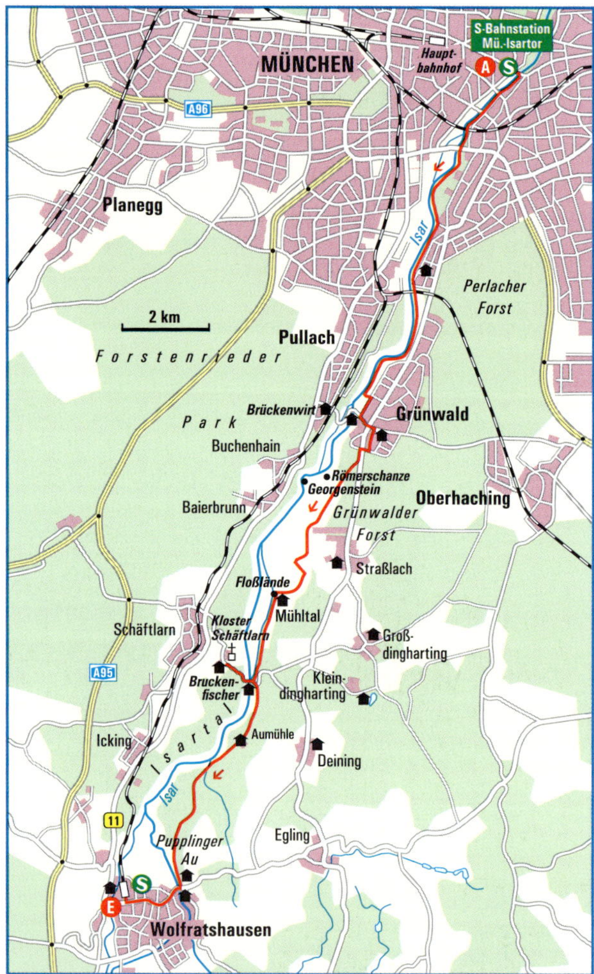

Zurück zum Bruckenfischer und über den Kanal zum Isar-Radweg, wo wir uns wieder Richtung Süden wenden. Der nächste Ort ist **Aumühle**. An der Isar breitet sich das NSG Pupplinger Au aus. Wir radeln durch die Klosterau und kommen zum Kraftwerk Icking; drüben ist der Stausee zu sehen. Nun dreht unsere Straße weg von der Isar durch die typische Auvegetation. Bei den Häusern von **Puppling** landen wir an der Vorfahrtstraße, die uns rechts zur Marienbrücke über die Isar bringt. Wir rollen auf der Äußeren Sauerlacher Straße, dann auf der Sauerlacher Straße Richtung Stadtzentrum, zum größten Teil auf Radweg. Schließlich treffen wir auf die Bahnhofstraße und radeln rechts zum Bahnhof oder geradeaus direkt in die Stadtmitte zum Obermarkt von **Wolfratshausen**.

START: München, S-Bf Isartor

ZIEL: Wolfratshausen Bf

ANFAHRT MIT BAHN: S-Bahn

ANFAHRT MIT AUTO: ungünstig

RÜCKFAHRT: S-Bahn

STRECKE: 35 km

SCHWIERIGKEIT: leicht, nur eine Steigung nach Grünwald hinauf

CHARAKTER: vergnügliche Ausfahrt aus der Stadt, bei Föhn mit näher rückendem Alpenpanorama

WEGWEISER: Isar-Radweg

E-BIKE-LADESTATIONEN: *München*: Sparda-Bank, Arnulfstr. 13; SWM, Seeriederstr. 29; SWM, Blumenstr. 19; SWM, Kloster-/Ligsalzstr.; *Wolfratshausen*: Fahrrad P an der Stadtbibliothek, Hammerschmiedweg 3; Oswald Bikes, Bahnhofstr. 10

EINKEHREN: *München*: Ghf. Menterschwaige mit geräumigem Münchner Biergarten; *Grünwald*: Schlosshotel/Ristorante mit Biergarten an der Burg mit Blick ins Isartal; *Straßlach*: Zum Wildpark mit wunderschönem Biergarten; *Gleißental*: Waldhaus am Deininger Weiher mit herrlich ruhigem Biergarten; *Kloster Schäftlarn:* Klosterbräustüberl mit beliebtem Biergarten; *Aumühle:* Forellengasthof Zur Aumühle mit Biergarten (So/Mo Ruhetag); *Wolfratshausen*: Ghf. Frühlingsgarten mit Biergarten; Ghf. Flößerei mit eigenwilliger Architektur und Biergarten an der Loisachhalle; historischer Ghf. Humplbräu am Obermarkt

INFOS ZU FLOSSFAHRTEN:
www.isar-floss-event.de

ÜBERNACHTEN: Humplbräu, Isartaler Hof, Landhaus Hotel

7 ISAR-RADWEG II: Von Wolfratshausen über Bad Tölz nach Lenggries

Wolfratshausens Vororte lassen uns ein paar Kilometer im Wald am rechten Ufer der Isar entlangfahren. Der Malerwinkel oberhalb eines Isarbogens begeistert auch ruhige Gemüter. Die Orte Schuß und Aug lassen wir hinter uns und landen am Isar-Stausee und im Kurort Bad Tölz direkt unter den Bergen. In Arzbach wechseln wir die Isarseite und gelangen in das malerische Lenggries. Links die Berge, die zum Tegernsee hinüber liegen, rechts die Benediktenwand mit ihren Vorbergen.

GERETSRIED

INFORMATION: Stadt Geretsried, Karl-Lederer-Platz 1, 82538 Geretsried, Tel. 081 71/629 80, www.geretsried.de

1083 wurde der Weiler Geretsried erstmals erwähnt. Die Höfe und die Kapelle lagen an der Poststraße München–Innsbruck–Italien (der heutigen B 11). 1937 wurden dort zwei Rüstungsbetriebe im Wald versteckt, die 1945 von den Amerikanern entdeckt und besetzt wurden. 1946 wurden in den Baracken von Buchberg und Stein Heimatvertriebene angesiedelt – Sudetendeutsche, Schlesier, Siebenbürger, auch Polen. Die Flüchtlinge machten es sich, so gut es ging, in den Baracken häuslich, bis 1949 Wohnungen gebaut wurden. 1950 entstand die Gemeinde Geretsried, die immer mehr Flüchtlinge aufnahm. Mit der Zeit siedelten sich auch Industrie und Handel an. 1970 wurde Geretsried zur Stadt erhoben. Heute hat sie über 25 000 Einwohner (Stand 2020) und ist die größte Gemeinde im Landkreis.

SEHENSWERT: Museum der Stadt im Rathaus, mit Abteilungen zur Kultur der Flüchtlingsgruppen, 2. Weltkrieg, Flucht und Lagerleben, schlesische Bergbauimpressionen, Trachten und Geschirr, geöffnet Di–Mi 14–16, Do 17–19, So 14–16 Uhr

Freier Blick auf das Brauneck von der Isar aus

Vom Bahnhof Wolfratshausen links zur Sauerlacher Straße, dann links über das Bahngleis einbiegen. Der Radweg zieht links der Straße dahin. Ebenfalls auf der linken Seite mitten in einem Friedhof steht die barocke Kirche St. Nantwein. Wir radeln weiter Richtung Marienbrücke. 200 m vorher biegen wir links in den Lagerplatz der Flößerei ein und unterqueren unsere Straße, dann rechts und links auf einen Waldweg bis zur Mündung und weiter zur Brücke über den Isar-Loisach-Kanal. Wir radeln über die Brücke und geradeaus weiter zum Sportplatz, immer am Rand der Siedlung **Waldram** entlang, dann ein Stück durch den Wald (NSG). Die Isar macht einen Bogen, und wir radeln in den Wald hinein und weiter an den Ortsrand von **Geretsried**. Hier gelangen wir auf den „Isardamm".

An der Elbestraße geht es wieder nach links, weiter auf dem Isardamm. Rechts von uns liegt der Ortsteil **Gartenberg**, links das NSG Geretsrieder Au. An der Alpenstraße radeln wir geradeaus. Der Isardamm geht in den „Fuchsgraben" über, dann in einen Radweg; an der Radweg-Kreuzung geradeaus, im NSG auf Sand. Schließlich landen wir an der St 2369. Wir überqueren sie und verschwinden gleich anschließend links im Wald. Unser Weg führt im Zickzack Richtung Isar zur Jeschkenstraße, hier geradeaus. Mitten im Wald radeln wir rechts und 500 m später links ins Holz hinein, auf alten Panzerwegen, nach 400 m wieder rechts und noch zwei Mal rechts. Nun geht es vor den ersten Häusern links ab. Unser Weg führt stetig aufwärts, und wir kommen hoch über der Isar an eine schöne Aussicht auf das NSG, den „Malerwinkel", und weiter nach **Schuß**. Hier verabschieden wir uns kurzzeitig von der Isar.

Nun geht es abwärts. Vor zwei alten Eichen biegen wir links in einen Waldweg ein, der uns zur Straße von Königsdorf zur Rothmühle führt, dort links zum Jugenddorf Hochland bei **Rothmühle** und weiter zu einer Kiesgrube und einer Teerstraße. Dort rechts, am Weiler **Aug** vorbei. Dahinter fahren wir links weiter nach **Rothenrain** und **Nodern**. Danach geht's ein Stück bergauf, bis wir links einbiegen und an die Kreisstraße nach Bad Tölz kommen. Hier fahren wir rechts (Radweg) nach **Oberfischbach.** Wenn wir an den Rand von **Bad Tölz** kommen, weichen wir abwärts an das Isarufer aus. Die Straße führt unter der Brücke durch und endet an der Bockschützstraße (St 2072), später Arzbacher Straße. Gleich nach der Unterführung zieht unser Weg links an die Isar in die Au.

TIPP: Auf der Höhe von Wackersberg bei einer Ansammlung von WW des Heilklimatischen Wanderwegs beim Fluss-km 205,4 geht's links ans Ufer mit den Steinmanderln und Pyramiden – eine richtige Kieselsteinstadt. Bitte gehen Sie liebevoll damit um – da steckt viel Arbeit dahinter; und nach jedem Hochwasser wird die „Stadt" wieder aufgebaut. Mit etwas Geduld können Sie hier an der Isar auch Gänsesäger, Eisvögel und Fischadler beobachten.

LENGGRIES

INFORMATION: Tourist Information Lenggries, Rathausplatz 2, 83661 Lenggries, Tel. 080 42/500 88 00, www.lenggries.de

Ehemaliges Waldhufendorf mit typischer Heckenlandschaft; neben der Waldwirtschaft wurde die Flößerei seit dem 15. Jh. die wichtigste Erwerbsquelle.
Der Name Lenggries (langes Gries, die Kiesbänke in der Isar) tauchte schon 1257 in einem Schriftstück des Kellermeisters des Schlosses Hohenburg auf. Die Hohenburg war seit je die wichtigste Burg in der Gegend. 1707 brannte sie ab, und der Graf ließ das neue Schloss mit einem sehenswerten Barockgarten errichten, von dem heute nur noch Baumbestand erhalten ist. Die Großherzöge von Luxemburg waren die letzten Adligen, die dort wohnten. Sie verkauften den Besitz an den Ursulinenorden, der darin ein Mädchenschulzentrum einrichtete. 1905 kam die Kraftpostverbindung mit Bad Tölz, 1924 der Bahnanschluss, was zwar die Flößerei zum Erliegen brachte, jedoch den Fremdenverkehr kräftig ankurbelte.

SEHENSWERT: Stattliche Bauernhöfe mit Fassadenmalerei, reich verziertem Holz und Blumenschmuck, teilweise über 400 Jahre alt • Viele große alte Bäume im Ort als Naturdenkmäler • Pfarrkirche St. Jakobus von 1721 mit Medaillonfresken in der Decke und Szenen aus der Legende des hl. Jakobus im Altarraum • Heimatmuseum am Rathausplatz mit Abteilungen Geschichte, Flora und Fauna, Jagd und Extra-Ausstellung Flößerei; geöffnet Mo–Fr 9–12 und 14–17 Uhr • Kalvarienberg von 1694 mit Heilig-Kreuz-Kapelle von 1726; die heilige Stiege im Innern ist eine Nachbildung der Scala Santa in Rom; interessante Votivbildersammlung • Der letzte Kalkofen, jenseits der Isar gleich rechts, geöffnet täglich 9–17 Uhr, mit Info-Tafeln

KARTENHINWEIS UK 50-41 Ammersee – Starnberger See 1:50 000 (LDBV)

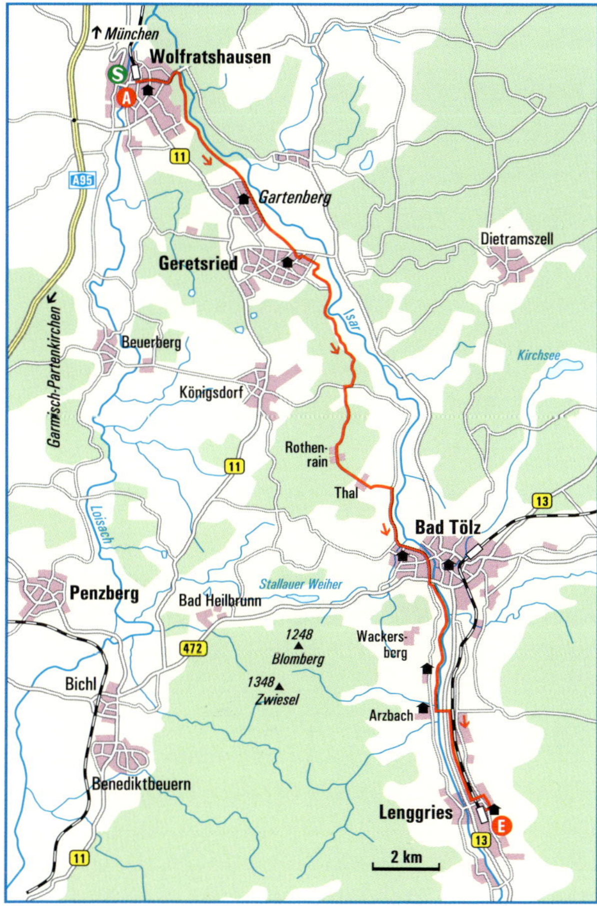

Den Steinbach überqueren wir, am Rande von **Arzbach** auch den Aubach und den Lainbach, und kommen an den Isarsteg. Wir wechseln hinüber nach **Obergries**. Direkt am Ufer, also vor der B 13, wenden wir uns wieder rechts zur Isar. Wir bewegen uns weiter durch den Auwald nach Süden bis nach der Brücke in Lenggries. (Wenn Ihnen danach ist, können Sie hier neben der Bundesstraße weiter bis zum Sylvensteinsee radeln – siehe Tour 24). Wir schieben unsere Räder auf einer Schiene hinauf zur Brücke und überqueren die B 13. Geradeaus geht's ins Dorf hinein und nach der Bahn rechts zum Bahnhof.

> **TIPP: Dorfschänke** gleich neben Kirche und Maibaum. Uriges, gemütliches Stüberl mit Biergarten. Spezialität: Grillfleisch vom offenen Kaminfeuer, dazu unfiltriertes Kellerbier. Mi/Do Ruhetag.

START: Wolfratshausen Bf

ZIEL: Lenggries Bf

ANFAHRT MIT BAHN: S-Bahn

ANFAHRT MIT AUTO: A 95 bis Wolfratshausen (6), dann links nach Wolfratshausen. An der Kreuzung mit der Beuerberger Straße zweimal rechts in die Stadt hinein. Vor dem Zentrum rechts (WW Sauerlach) und nach 800 m links in die Bahnhofstraße und zum Bf.

RÜCKFAHRT ZUM AUTO: BRB, in München-Donnersberger Brücke umsteigen auf die S-Bahn

STRECKE: 29 km

SCHWIERIGKEIT: zunächst leicht, im Mittelteil hügelig und zum Teil schlechte Kiesstrecke (mittel)

CHARAKTER: Isar, Bad Tölz und die Berge vor uns – Bayern pur!

WEGWEISER: Isar-Radweg

E-BIKE-LADESTATIONEN: *Wolfratshausen*: Fahrrad P an der Stadtbibliothek, Hammerschmiedweg 3; Oswald Bikes, Bahnhofstr. 10; *Bad Tölz*: Bahnhofplatz; *Lenggries:* Hotel Altwirt

EINKEHREN: *Wolfratshausen*: Ghf. Frühlingsgarten mit Biergarten; Ghf. Flößerei mit eigenwilliger Architektur und Biergarten an der Loisachhalle; historischer Ghf. Humplbräu am Obermarkt; *Bad Tölz*: Zum Alten Fährhaus mit malerischem Biergarten (über den Isarsteg, Michelin* , Mo/Di Ruhetag, Mi–So ab 18.30 Uhr geöffnet); *Lenggries*: Altwirt mit Biergarten (Mo Ruhetag); Dorfschänke mit Biergarten (Mi Ruhetag); Ratsstub'n mit Biergarten; Floßwirt mit Biergarten am Bf (Mo Ruhetag)

ÜBERNACHTEN: Arabella Brauneck Hotel, Altwirt, Lenggrieser Hof

8 MANGFALL-RADWEG I: Von München nach Bruckmühl

Vom Zentrum in München geht es über die Isar zum Ostbahnhof und Michaelibad, und schon sind wir im Grünen! Vom Ostpark zum Hachinger Bach und weiter über Neuperlach nach Ottobrunn und Höhenkirchen. Durch den Wald erreichen wir das Bierdorf Aying und haben einen herrlichen Panoramablick in die Berge. Unterwegs treffen wir auf die Marterkapelle des hl. Emmeram und danach auf den BergTierPark Blindham, ein Kinderparadies, das auch vom Aussterben bedrohte Haustiere zeigt. Kurz danach, in Aschbach, haben wir einen ersten Ausblick in die Inntalberge und die Chiemgauer Alpen. Dann fällt das Gelände in zwei Stufen hinunter ins Mangfalltal. In Feldkirchen-Westerham können wir die Bergwelt um Tegernsee und Schliersee ins Visier nehmen und flach nach Bruckmühl weiterradeln.

Wir rollen vom Isartor auf der Zweibrückenstraße zur Isar und über die Ludwigsbrücke. Weiter „Am Gasteig“, links vorbei am Carl-Orff-Saal, dann rechts in die Preysingstraße. An der Wörthstraße fahren wir den Trambahngleisen entlang zum Orleansplatz. Am Rondell rechts herum, über die Orleansstraße und vor den Bushaltestellen auf den Radweg links, am Ostbahnhof vorbei. 100 m später schieben wir rechts durch die Unterführung und tauchen in der Friedensstraße wieder auf. Nun ein paar Meter rechts, dann links in die Grafinger Straße (Radweg). Wir kreuzen die Aschheimer/Ampfingstraße und gelangen an den Innsbrucker Ring. Diesen überqueren wir an der Ampel und radeln 100 m rechts. Dann links in den Joseph-Hörwick-Weg, der uns zur Echardinger Straße und weiter auf der Bad-Kreuther-Straße zur St.-Michael-Straße bringt. Wir fahren hier rechts zum Michaelibad, und weiter nach links auf dem gegenüberliegenden Radweg an der Heinrich-Wieland-Straße.

Aber gleich nach der Brücke über den Hachinger Bach drehen wir rechts ein in den Ostpark (WW Aying) und radeln am Bach entlang. Bitte achten Sie an jeder Abzweigung auf die Beschilderung – diese steht oft so, dass Sie aus unserer Richtung nicht zu lesen ist! Der erste breite Weg bringt uns links zum Ostparksee, davor wieder rechts, und wir landen an der Staudingerstraße. Dort ein paar Meter nach rechts und links in den Adolf-Bayer-Damm, wieder am Hachinger Bach entlang. Am Ende links über die Brücke und rechts – wir unterqueren die Ständlerstraße und kommen zum Krehlebogen; dort geradeaus weiter. An der Holzwiesenstraße rechts, an der Hofmarkstraße links herum wieder zum Hachinger Bach und am Pfanzeltplatz in **München-Perlach** zum Brunnen.

Dort geht es über die Ampel, dann wenden wir uns in die Neubiberger Straße (Radweg), 500 m später links in die Wolframstraße, die zur Hans-Schweikart-Straße wird. Sie mündet in den Park, zuerst halbrechts, dann halblinks. Rechts ab rollen wir in den Max-Reinhardt-Weg, der die Bahn unterquert. Am Sportzentrum vorbei kommen wir zur Rudolf-Zorn-Straße, dort links und an der Therese-Giese-Allee rechts zum Stadtteilzentrum **Neuperlach-Süd**. An der Carl-Wery-Straße biegen wir wieder rechts ein (Radweg). Vor der Unterführung geht rechts ein Radweg hinauf auf den Landschaftspark und landet in **Neubiberg** an der Alten Landstraße. Dort überqueren wir die Straße und fahren auf der anderen Seite entlang. Später heißt sie Rosenheimer Landstraße (St 2078) und bietet einen Radweg, der uns durch ganz **Ottobrunn** führt. Nach einem Kreisverkehr verlassen wir den Ort und tauchen in den Wald ein. Wir kreuzen die B 471, die Straße wird mehrspurig und unterquert die A 99. Wir landen auf einer Anliegerstraße; vor der AB-Unterführung links ein Radweg, der uns dann drüben in **Neukirchstockach** wieder an eine Anliegerstraße bringt. Später wird wieder ein Radweg draus. Kurze Zeit

Das Herrenhaus (links) und gleichnamiger Gasthof (rechts) im Zentrum von Aying

darauf biegt links eine Straße nach Höhenkirchen ab. Das Gelände senkt sich und wir nehmen die Unterführung unter der Rosenheimer Straße und kommen drüben auf einen Radweg, der uns nach **Höhenkirchen** bringt.

Vor der Kirche Maria Geburt drehen wir nach rechts. So bleiben wir weiter auf der Rosenheimer Landstraße und tauchen am Ortsende wieder in den Wald ein (Radweg links); die St 2078 kommt von rechts, links von uns das S-Bahn-Gleis. Ein paar Kilometer lang nimmt uns der Wald auf, dann kommen wir in **Dürrnhaar** auf einem Bürgersteig an. Gleich an der ersten Straße (Brunnweg) links zum Gleis und davor rechts. An der Egmatinger Straße fahren wir links, queren das Gleis und biegen rechts auf einen Fahrweg (Furter Feld) ein. Zunächst noch auf Teerweg, dann auf Kies durch den Wald nach **Aying**, wo wir „Am Sportplatz“ ankommen. Und plötzlich tauchen vor uns die Tegernseer und Schlierseer Berge auf. An der Vorfahrtstraße geht es rechts und vor dem Gleis links zum Bahnhof. Von hier zieht die Bahnhofstraße links hinauf ins Ortszentrum zur Kirche und zu weiteren Bierstätten.

AYING

INFORMATION: Gemeinde Aying, Kirchgasse 4, 85653 Aying, Tel. 080 95/909 50, www.aying.de. Brauereiführungen nur nach Voranmeldung (Di 11, Do 18 und Sa 10 Uhr) per E-Mail (brauerlebnis@ayinger.de) oder unter Tel. 080 95/88 90

SEHENSWERT: Kirche St. Andreas, heutiger Bau von 1655 • Heimathaus Sixthof, renoviert und nach historischem Vorbild komplett möbliert, Besichtigung für Gruppen Tel. 080 95/880 • Herrenhaus der Brauerei • Mehrere alte Bauernhäuser

Mitten im Dorf schräg gegenüber vom Brauereigasthof Aying finden Sie das Ayinger Bräustüberl und einen Biergarten mit 500 Plätzen. Sie erhalten hier auch das Ayinger Bier. Die Spezialitäten sind Bierbratl, halbe Schweinshaxn und Spareribs.

Am Bahnhof geht es links. Die Straße „Am Bahnhof" wendet sich am Ende östlich und heißt nun Schreinerweg, dieser bringt uns zur Peißer Straße, dort rechts und gleich wieder links in die Kaltenbrunner Straße. Ab hier geht es bucklig weiter. Hier bewegen wir uns auch auf dem Radweg der Via Julia, der die alte Römerstraße von Augsburg nach Salzburg begleitet. An der T-Kreuzung nach dem Wald links, vor dem Ort **Kaltenbrunn** rechts. Dann an der Straße, die links von Göggenhofen kommt, rechts, und vor dem Ort **Großhelfendorf** links. Unser Weg überquert die Glonner Straße und bringt uns nach **Kleinhelfendorf**, wo wir rechts einbiegen und an der St.-Emmeram-Kapelle wieder auf die Fahrstraße kommen.

ST.-EMMERAM-KAPELLE UND KIRCHE

Der hl. Emmeram soll in Kleinhelfendorf 652 ermordet worden sein. Die heutige Marterkapelle (Rokoko) stammt von 1752 und enthält schönen Stuck und ein Deckenfresko sowie große Holzplastiken, die eindringlich die Marter des Heiligen darstellen. Die Pfarrkirche ist ein Bau des 12. Jh., der aber 1668 teilweise mit schönen Stuckornamenten neu errichtet wurde; Stuck und Altäre von C. Bader, der hl. Emmeram am Hochaltar stammt von E. Grasser (15. Jh.).

Kurz vor der St.-Emmeram-Kapelle

An der Kapelle biegen wir links ein und radeln an der Kirche vorbei, am Ortsende drehen wir nach Süden (WW Blindham). Sobald wir den Wald verlassen, sehen wir vor uns den Tierpark.

BERGTIERPARK BLINDHAM

Auf 250 000 qm entstand 2004 der Berg-TierPark. Mufflons, Damwild, Rotwild und Wildschweine in ihrer natürlichen Umgebung sind ebenso zu sehen wie vom Aussterben bedrohte Nutztierrassen (Braunes Bergschaf, Schwäbisch Hällisches Landschwein, Walliser Schwarzhalsziege). Auch ein Streichelgehege gibt es dort. Zudem führt ein 2,2 km langer Rundweg u. a. auch zu einem Feuchtbiotop im Wald und zu einem Moorsteg. Eine Falknerei bietet Greifvogelvorführungen. Das Bungee-Trampolin ist sehr beliebt, ebenso die SB-Gastronomie. Der Park ist im Sommer von 9–20 Uhr geöffnet.

Der Mangfall-Radweg führt uns unmittelbar daran vorbei. Nach gut 1 km kommen wir an die St 2078 zurück. Wir queren sie (Radweg) und biegen gleich anschließend nach **Aschbach** hinein. Gleich an der Gabelung fahren wir rechts in Richtung **Altenburg** weiter. Das Schloss mit Türmchen wurde zu einem Seniorenheim („Haus der Stille") umgestaltet. Unsere Seitenstraße führt uns auf dem Mangfall-Radweg und auf der Nebenroute der Römerstraße weiter nach **Oberreit** und danach fast an die Landstraße zurück. An der Kapelle dreht unser Radweg aber gleich wieder rechts weg von ihr. Er bringt uns zum Waldrand und dann an der IHK-Akademie vorbei hinunter nach **Feldkirchen**.

Unten landen wir auf der Von-Andrian-Straße und überqueren die Westerhamer Straße geradeaus. Nach dem Tennisplatz rechts zur Bahn, davor links. Unser Weg bringt uns nach **Feldolling** – an der Gabelung links über die Brücke und nach unten. Dort links und unter der Bahn durch auf

Die „Marter"-Kapelle in Kleinhelfendorf

die Vagener Straße. Auf ihr südlich, dann links ab in die Breitensteinstraße, die uns an das Mangfallufer bringt. Daran halten wir nun großenteils fest. Nach ein paar Kilometern kommen wir an einen alten Eisensteg für Fußgänger und Radler, früher eine Bahnbrücke für das Kraftwerk.

LEITZACH-KRAFTWERK

Im Pumpspeicherkraftwerk Leitzach in Vagen dient der Seehamer See als Oberwasserspeicher. Seine Ufer- und Moorbereiche stehen seit 1960 unter Landschaftsschutz. Der Seehamer See wird von Leitzach, Mangfall und Schlierach sowie vom Pumpwasser gespeist. Zur Stromgewinnung fließt das Wasser aus dem Oberwasserspeicher mit einem Gefälle von 125 m in Rohren auf die Turbinen und wird in drei Unterbecken aufgefangen. In diesen Rohren wird zu Zeiten mit weniger Strombedarf auch aus den Unterbecken das Wasser hochgepumpt. Da das Leitzach-Kraftwerk nur 90 Sekunden zum Starten benötigt, kann es kurzfristig einen erhöhten Strombedarf decken. Sie sehen nicht nur zwei der Ausgleichsbecken, sondern am Hang auch die Rohre des Kraftwerks.

Wir kehren zurück auf die Nordseite der Mangfall und radeln weiter in Ostrichtung. Unsere Route heißt nun Otto-von-Steinbeis-Straße, die nach einem Pionier der Papierherstellung benannt ist. Die Fabrik gehört heute zum amerikanischen Konzern Neenah Paper. Zur Linken haben wir nun nicht nur die Bahn, sondern auch den Triftbach oder -kanal. So erreichen wir **Bruckmühl**. Wir biegen links in die Bahnhofstraße ein, überqueren das Gleis und rollen geradeaus zum Bf.

BRUCKMÜHL

INFORMATION: Markt Bruckmühl, Rathausplatz 4, 83052 Bruckmühl, Tel. 080 62/590, www.bruckmuehl.de

Ehemals bedeutender Industrieort im Mangfalltal.
Die Mühle zu Bruck existierte bereits lange vor der ersten urkundlichen Erwähnung im Jahr 1325. Bis in die Mitte des 19. Jh. bestand Bruckmühl nur aus drei Häusern. Erst der Bahnanschluss 1857 führte zu Wachstum. Die Wolldeckenfabrik (Betrieb eingestellt) und die Fa. Salus sowie die Papierfabrik brachten Arbeitsplätze in den Ort. Heute erinnert nur noch ein symbolisches Mühlrad an die frühere Bedeutung der Mühle zu Bruck.

SEHENSWERT: Tierkundemuseum, das Lebenswerk von A. Peschke mit einigen hundert Tierpräparaten; Ausstellung im neuen Pavillon (Stiftung des Salus-Hauses – z. Zt. geschlossen). Der Besuch des Museums stimmt auf das angrenzende 27 000 qm große Auwaldbiotop der Fa. Salus-Haus ein, in dem fast alle in Bayern vorkommenden Sträucher und Bäume zu sehen sind und das viele heimische Säugetiere, Reptilien, Vögel, Amphibien und Insekten beherbergt. Kontakt: VHS Bruckmühl, www.naturerlebnisbruckmuehl.de • Böhmerhaus, ehemals königlich-bayerische Gendarmeriestation, und andere vom Architekten Missoni erstellte Gebäude

KARTENHINWEIS UK 50-41 Ammersee – Starnberger See 1:50 000 oder TK25 O11 München-Süd, O12 Vaterstetten und P12 Holzkirchen jeweils 1:25 000 (LDBV)

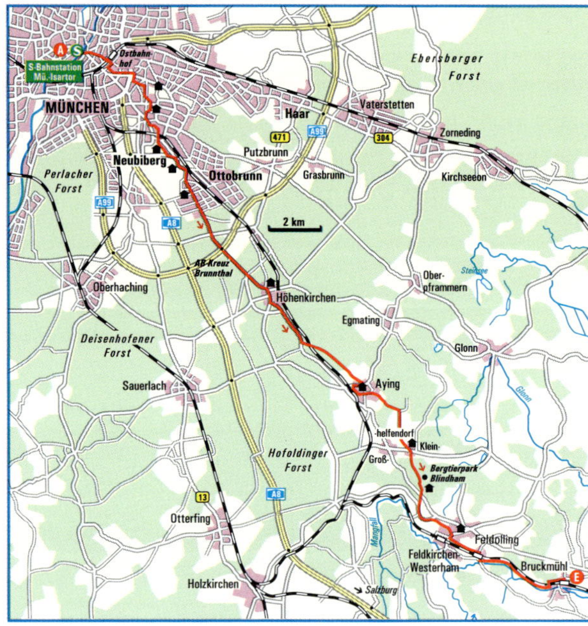

An der Mangfall endet die lange Tour aus dem Zentrum von München über Höhenkirchen und Aying.

START: München, S-Bf Isartor

ZIEL: Bruckmühl Bf

ANFAHRT MIT BAHN: S-Bahn

ANFAHRT MIT AUTO: kaum Parkplätze vorhanden; Parkhäuser sind in München teuer.

RÜCKFAHRT: BRB von Bruckmühl nach Rosenheim, von dort mit BRB zum Münchner Ost-Bf oder Hbf; oder mit BRB nach Holzkirchen und evtl. ohne umsteigen weiter nach München Hbf

STRECKE: 45 km; die Tour 9 lässt sich anhängen.

SCHWIERIGKEIT: leicht; die Tour lässt sich an jedem Bf beenden.

CHARAKTER: im ersten Teil vielfach auf Radweg neben der Straße, später durch leicht hügeliges Gelände, bei Feldkirchen eine Abfahrt

WEGWEISER: Mangfall-Radweg; z. T. auch die WW „Salz“ und „Via Julia“

E-BIKE-LADESTATIONEN: *München*: Spardabank, Arnulfstr. 13; SWM, Seeriederstr. 29; SWM, Blumenstr. 19; SWM, Kloster-/Ligsalzstr.; *M-Neuperlach*: Aldi, Max-Kolbe-Allee 1; *Feldkirchen-Westerham*: Rathaus, Ollingerstr. 10.

EINKEHREN: *M-Ostpark*: Michaeligarten am See; *Neubiberg*: Ghf. El Greco mit Biergarten; *Siegertsbrunn (1 km östlich von Höhenkirchen)*: Alter Wirt mit Biergarten unter alten Bäumen (nachmittags geschlossen); *Aying:* siehe S. 35 und Kastaniengarten am Bf mit Biergarten (Mo Ruhetag); *Feldkirchen-Westerham*: Restaurant Olympia (Mo Ruhetag); *Bruckmühl*: Brückenwirt mit Biergarten

ÜBERNACHTEN: Ghf. Großer Wirt (an der Staatsstraße in Kirchdorf, 1 km nördlich), Lukashof am Bach (Kirchdorf, 1 km nördlich), Hotel garni Demmel, Waldschlössl, Pension Demmel

9 MANGFALL-RADWEG II: Von Bruckmühl nach Rosenheim

Die Mangfall, die wir nun direkt begleiten, ist zum einen ein ungestümer Wildfluss, der aus den Bergen kommt und Hochwasser mitbringt. Zum anderen betreibt ihr Wasser auch die Leitzach-Kraftwerke. Die Strecke entlang diese Flusses bietet eine grandiose Aussicht auf die Berge, und die Chiemgauer Bergwelt mit den markanten Gipfeln der Hochries und der Kampenwand sind von Kilometer zu Kilometer immer schöner auszumachen. Rechts der Wendelstein und halbrechts am Inn Heuberg und Kranzhorn, dahinter die Kaisergebirge (zahm und wild) treten immer besser hervor. Wir starten im Markt Bruckmühl, passieren dann die Badestadt Bad Aibling und gelangen über Kolbermoor, das durch die Baumwollspinnerei bekannt war, nach Rosenheim, der alten Salzstadt.

Vor dem Bahnhof radeln wir links in die Bahnhofstraße, über das Gleis und den Kanal, anschließend links in die Kanalstraße und gleich darauf halbrechts auf den Dammweg. Gut 3 km liegt rechts von uns die von Stromschnellen gebremste Mangfall, links der Ort und vor uns die Inntaler Berge. Bei der Siedlung **Hinrichssegen** kommen wir an eine Brücke, an der der Sempt-Mangfall-Radweg endet (Wenn wir hier links einbiegen, gelangen wir in knapp 3 km zur doppeltürmigen Wallfahrtskirche Weihenlinden, geweiht 1657; siehe Tour 10) und zur 1000-jährigen Linde in Högling. Dieser Weg führt weiter über Grafing und Ebersberg in das Sempttal nach Erding.

Links liegt die Siedlung Waldheim, dahinter ein Wäldchen. Nach weiteren 2 km kommen wir an eine Brücke, die nach Westerham (ein zweiter Ort heute mit diesem Namen!) hinüberführt. Hier wechseln wir auf die rechte Flussseite hinüber. Zehn Minuten später unterqueren wir die St 2078 und erreichen in **Bad Aibling** die ehemalige Bahntrasse Bad Aibling–Bad Feilnbach, heute ein beliebter Radweg (siehe Tour 15).

Wir bleiben am Südufer. Rechts breitet sich die Willinger Au aus. Links drüben mündet der Triftbach, der stellenweise ein Werkskanal ist, in die Mangfall, dann die Glonn. Wir unterqueren die St 2089. Nun ist der Blick frei auf Kampenwand, Hochgern und Hochfelln.

Die alte Spinnerei in Kolbermoor – ein beliebter Radlertreffpunkt

Links ist Wald zu sehen, rechts kommen wir in die Siedlungen und am Schwimmbad von **Kolbermoor** vorbei. In Kolbermoor ist der wieder zum Leben erweckte Industriekomplex „Alte Spinnerei“ zu sehen. Wir radeln weiter auf der Südseite der Oberen Mangfallstraße (Radweg). An der Carl-Jordan-Straße wechseln wir wieder hinüber, müssen auch den Kanal queren. An diesem Kanal bleiben wir nun, überqueren die Äußere Münchener

Reizvolle Häuser und die Pfarrkirche St. Laurentius im Ortsteil Feldkirchen

Straße (St 2078) in die **Endorfer Au** und kommen auf die Oberwöhrstraße, die an der Hochgernstraße in **Rosenheim** endet. Dort rechts über den Kanal und gleich wieder links.

An der nächsten Brücke geradeaus; links liegt die alte Kunstmühle. Dort knickt der Weg rechts um und wir sehen den Fluss wieder. Dann umrunden wir einen Sportplatz und radeln über eine Straße. Der Uferweg macht mit dem Fluss eine Linkskurve, wir fahren unter der Bahn, später unter der Rathausstraße und der Innstraße durch. Am Steg über die Mangfall endet der Mangfall-Radweg am Inn-Radweg. Hier mündet die Mangfall in den Inn. Der Spitz ist zum Park umgestaltet worden. Mit dem Inn-Radweg haben wir die Möglichkeit, Richtung Donau oder Richtung Innsbruck und Schweiz weiterzuradeln.

ROSENHEIM

INFORMATION: Stadt Rosenheim, Touristinformation im Parkhaus P 1, Am Hammerweg 1, Tel. 080 31/365 90 61, www.rosenheim.de, Di–Fr 10–13 und 14–17 Uhr geöffnet, Sa 10–14 Uhr

Vom 1.–5. Jh. gab es eine Militärstation „Pons Aeni“ (= Innbrücke) der Römer, etwa 5 km nördlich von Rosenheim. Die erste urkundliche Erwähnung des Ortes Rosenheim datiert ins Jahr 1232. Schon 1328 erhielt der Ort das Marktrecht. Das Recht auf einen „Scheibenpfennig“, die Salzsteuer, wurde Rosenheim 1516 zugestanden. 1809 wurde die Saline erbaut, 1864 entstand die Bahnverbindung mit München. 1864 wurde der Ort durch König Ludwig II. zur Stadt erhoben.

SEHENSWERT: Max-Joseph-Platz umgeben von prächtigen Bürgerhäusern im Inn-Salzach-Stil mit Arkaden und Laubengängen • Mittertor mit Glöckchen • Stadtpfarrkirche St. Nikolaus mit Schutzmantelmadonna und 65 m hohem Turm • Hl.-Geist-Kirche von 1449 mit dem Luccabild als Seccomalerei aus dem 15. Jh. • St. Josephs- oder Spitalkirche in der Innstraße mit Gemälden des Rosenheimer Malers J. A. Höttinger • Salinengarten mit Skulpturen • Holztechnisches Museum im Ellmaierhaus, Max-Joseph-Platz 4, www.htmverein.de/das-museum, geöffnet Di–Fr 10–17, Sa und jeden 2. und 4. So im Monat 13–17 Uhr • Innmuseum im Bruckbaustadel, Innstr. 4 an der Innbrücke, geöffnet Sa–So/Fei 10–16 Uhr • Städtisches Museum im Mittertor, Ludwigsplatz 27, lokale Geschichte, geöffnet Di–Sa 10–17, 1., 3., 5. So im Monat 13–17 Uhr • Klepper-Museum, Klepperstr. 18, Boote, Zelte, Mäntel, Firmengeschichte; www.kleppermuseum.de, geöffnet Fr 14–18, Sa 10–14 Uhr • Ausstellungszentrum „Lokschuppen“, Rathausstr. 24, geöffnet Mo–Fr 9–18, Sa/So/Fei 10–18 Uhr, www.lokschuppen.de

KARTENHINWEIS **UK 50-53 Mangfallgebirge 1:50 000 (LDBV)**

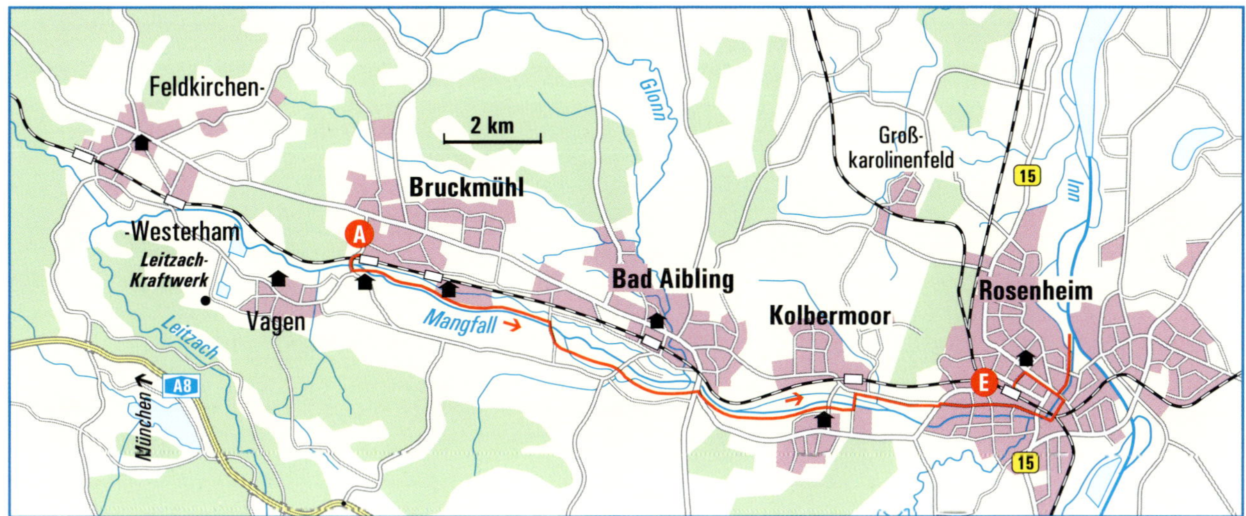

Nun haben wir die Wahl. Wollen wir in die Stadtmitte oder zum Bahnhof oder gar beides? Wir radeln auf jeden Fall zurück zur Innstraße. Dort biegen wir rechts ein zum Ludwigsplatz. Durch das Mittertor schieben wir links durch die Fußgängerzone auf den Max-Josefs-Platz im Zentrum Rosenheims. Wir überqueren die Rathausstraße/ Prinzregentenstraße geradeaus in die Münchener Straße (ebenfalls Fußgängerzone) und fahren danach auf ihr weiter, bis nach etwa 500 m halblinks die Bahnhofstraße abbiegt, die uns direkt zum Bahnhof bringt.

START: Bruckmühl Bf

ZIEL: Rosenheim Bf

ANFAHRT MIT BAHN: BRB nach Rosenheim, mit BRB nach Feldkirchen-Westerham, oder mit S-Bahn nach Holzkirchen oder Kreuzstraße und von dort mit BRB nach Bruckmühl

ANFAHRT MIT AUTO: A 8 bis Irschenberg (99), durch den Ort nach Götting (RO 13), an der Vorfahrtstraße links, in Bruckmühl über die Mangfall und den Kanal, nach der Rechtskurve geradeaus zum Bf

RÜCKFAHRT ZUM AUTO: BRB

STRECKE: 23 km; Sie können die Strecke zusammen mit der Tour 8 bewältigen, oder es bleibt genug Zeit für die Besichtigung Rosenheims.

SCHWIERIGKEIT: leicht, keine Steigungen

CHARAKTER: immer am Fluss entlang; rechts die Wendelsteingruppe, die beiden Kaiser und die Inntalberge

WEGWEISER: Mangfall-Radweg, z. T. WW „Salz“ und „Via Julia“, ab Bad Aibling Wasser-Radwege in Obb. (Salzschleife)

E-BIKE-LADESTATIONEN: *Kolbermoor*: Bayernwerk Kundencenter Geigelsteinstr. 2; *Rosenheim*: Stadtwerke Kundenzentrum, Bayerstr. 5; Fahrrad Kerscher, Nikolaistr. 12; Touristinformation, P1, Hammerweg; Rosenheim Bf, Fahrradparkhaus

EINKEHREN: *Bad Aibling:* Ghf. Kriechbaumer mit gemütlichem Biergarten (Mi/Do Ruhetag); *Kolbermoor:* Cafeteria an der Alten Spinnerei mit Garten (Mo Ruhetag); Brückenwirt mit Biergarten (Mo Ruhetag); *Rosenheim*: Flötzinger Löchl/Bräustüberl mit Biergarten im Zentrum, Samerstr. 17 (Mo Ruhetag); Zum Johann Auer mit Terrasse (So bis 15 Uhr geöffnet); mehrere Biergärten rund um den Max-Joseph-Platz – Tante Paula, Stockhammer u. a.

ÜBERNACHTEN: ein breites Angebot – lassen Sie sich in der TI beraten.

10 SEMPT-MANGFALL-RADWEG

Wo beginnt der eigentlich? Er zweigt vom Radweg „Durchs Erdinger Land“ bei Erding weit nördlich des Ebersberger Forstes ab und landet dann in Ebersberg auf dem Marienplatz. Wir verfolgen ihn ab dort mit einem herrlichen Bergblick nach Grafing hinunter und auf gemütlichen, beinahe verkehrsfreien Wegen durch das Moosach- und Braunautal ins Glonntal. Herrliche Aussichten in die Berge! Bei Stachöd überwinden wir eine Höhe und rollen zur Wallfahrtskirche Weihenlinden ins Mangfalltal hinüber. Von dort zu den Bahnhöfen der Mangfallbahn (Hinrichssegen oder Heufeldmühle) ist es dann nicht mehr weit. Oder wir touren auf dem Mangfall-Radweg abwärts weiter nach Rosenheim; oder aufwärts nach Kreuzstraße oder Aying zur S-Bahn.

Vom Bahnhof links Richtung München rollen wir etwa 400 m und in der Rechtskurve halblinks in die Dr.-Wintrich-Straße. Auf dieser geht es zunächst aufwärts, dann abwärts, an der Realschule vorbei, dahinter rechts in die Eichenallee und halblinks in die Wallbergstraße. Kurz darauf links in die Breitensteinstraße und wieder hinab, an deren Ende links in die Aßlkofener Straße.

Nun sind wir schon im Dorf **Aßlkofen**, das wir komplett – immer nach Süden – durchfahren. Dabei genießen wir den Blick in die Berge. Unser autofreies Sträßchen führt in Hör- und Sichtweite der S-Bahn langsam bergab. Wir unterqueren die B 304 und halten uns links, bis wir an eine Vorfahrtstraße (Wiesham–Nettelkofen) kommen. Gegenüber führt der Paul-Brandlmeier-Weg weiter, der an den Tennisplätzen vorbei zur Straße Grafing–München führt. Wir nehmen den Straßenübergang und den Bürgersteig gegenüber, dann werden wir nach rechts geführt.

In **Grafing** landen wir auf der Bernauer Straße. Am Spitz nehmen wir die linke Straße. Sie führt abwärts zur Bahnhofstraße. Hier gesellt sich der Panoramaweg Isar–Inn, der von Wasserburg kommt, zu uns, und wir biegen rechts ein.

Abstecher: Wer Grafing kennen lernen will, fährt hier links, überquert die S-Bahn (Bahnhof Grafing Stadt) und fährt auf der Bahnhofstraße im weiten Linksbogen zum Marktplatz.

EBERSBERG

INFORMATION: Touristinformation Stadt Ebersberg, Marienplatz 1, 85560 Ebersberg, Tel. 080 92/82 55 92, www.ebersberg.de

934 wurde von den Grafen von Sempt das Benediktinerkloster gegründet. 1595 wurde es durch den Papst aufgelöst; die Bauten erhielten die Jesuiten, im 18. Jh. die Malteser. Bei der Säkularisation 1808 gingen die Gebäude teilweise in Privatbesitz über. 1954 wurde Ebersberg zur Stadt erhoben. Seit 1972 ist sie Endpunkt der S-Bahn von München.

SEHENSWERT: Wallfahrtskirche St. Sebastian von 1230 (Westteil), enthält Stilelemente aus Romanik, Spätgotik und Barock; Stifterhochgrab aus rotem Marmor von Wolfgang Leb (ca. 1500); die gut stuckierte Sebastianskapelle über der Sakristei birgt die Reliquien • Das Rathaus in der alten Klostertaverne von 1529; sehenswert ist eine Holzdecke mit Flachschnitzereien • Klosterbauhof, ehemaliger Gutshof des Klosters, am Torbau das Jahr der Fertigstellung 1495 • Museum Wald und Umwelt mit Umweltzentrum und Freigelände im Norden • Gleich oberhalb auf der Ludwigshöhe ein 36 m hoher Aussichtsturm

GRAFING

INFORMATION: Stadt Grafing, Marktplatz 28, 85567 Grafing, Tel. 080 92/70 30, www.grafing.de

Die erste urkundliche Erwähnung des Ortsteils Öxing ist im Jahre 813 zu finden, von Grafing um 1408. Im 13. Jh. gewann Grafing durch Märkte und zwei herzogliche Mühlen an wirtschaftlicher Bedeutung. 1376 erhielt der Ort das Marktrecht, 1953 erfolgte die Stadterhebung.

SEHENSWERT: Leonhardikirche von 1300 (Gotik) mit Fresken von 1408; die Leonhardifahrt findet jedes Jahr am letzten Oktobersonntag statt • Marktkirche von 1672, ein kunstgeschichtliches Kleinod. Sie ist in die Häuserfront des nördlichen Marktplatzes eingefügt. Heiligenfiguren und Putten (1743–48) stammen von J. B. Straub, das Deckenfresko und der Stuck von J. B. Zimmermann • Pfarrkirche St. Ägidius, ursprünglich aus dem 9. Jh., die heutige Kirche stammt von 1692; Innenraum frisch renoviert • Rathaus von 1766 am Marktplatz mit barocken Elementen in der Front • Das Wildbräugebäude geht wahrscheinlich auf das Jahr 973 zurück. Herzog Heinrich II. soll es errichtet haben. Das Braurecht auf diesem Haus soll von 1499 stammen. 1745 wurde das Gebäude von Grund auf neu gebaut.

Marktplatz mit Marktkirche im weitgehend original erhaltenen Ortszentrum von Grafing

An der Bahnhofstraße radeln wir rechts den Goldberg hinauf, an **Gindlkofen** vorbei nach **Grafing Bahnhof**. Hier kreuzen wir die Vorfahrtstraße, drüben unterqueren wir die Bahnstrecke nach Rosenheim. Unsere St 2351 steigt zuerst an, dann fällt sie ab nach **Taglaching** mit der Tuffsteinkirche St. Georg aus dem 15. Jh., dann immer noch in derselben Richtung auf einer schmalen Teerstraße zum Abzweig bei **Baumhau**. Der Panoramaweg Isar–Inn biegt hier rechts nach München ab, unser Sempt-Mangfall-Radweg bleibt jedoch auf der Hauptstraße, fällt hinunter auf das Niveau der Moosach, und bei **Gutterstätt** verlassen wir die Staatsstraße und drehen nach links ein zur Moosachbrücke.

TIPP: Von Baumhau sind es noch 400 m nach rechts zur **Schlossgaststätte Falkenberg** und ihrem Kastanien-Biergarten mit dem herrlichen Talblick, dahinter die Berge (Ghf. nur Do–Sa ab 17, So/Fei ab 13 Uhr geöffnet, der Biergarten ist bei schönem Wetter täglich geöffnet). Das Wirtshaus besteht seit 1634 und ist seit 80 Jahren im Familienbesitz. Der Platz strahlt Ruhe aus, das Bier stammt vom Herzoglichen Brauhaus Tegernsee und vom Hopf. Am Wochenende wird der Grill eingeheizt.

Wir bewegen uns zuerst am Waldrand entlang, dann im Wald und steigen etwas an. Bald sehen wir das breite Moosachtal vor uns und den kleinen Ort **Bruck** in der Mitte. Wir rollen hinunter zur Kreisstraße und in das Dorf. Unser Wegweiser zeigt nach rechts. Auf den nächsten Kilometern werden

Blick auf die Bayerischen Alpen jenseits von Bruckmühl

wir einige Steigungen erleben. Wir kommen nach **Wildenholzen**, einem geschichtsträchtigen Ort, und an der Kapelle (rechts im Bauernhof) vorbei geht es zum ersten Mal richtig aufwärts. Man kann sich dafür entschädigen und oben das Café aufsuchen. Nach einem weiteren Aufstieg kommen wir an eine Vorfahrtstraße, die wir nach links nehmen. Dann radeln wir vorbei an glücklichen Schweinen, die einen grandiosen Auslauf haben! Vor uns liegt **Herrmannsdorf**, der Traum vom ökologischen Wirtschaften, den sich ein Unternehmer wahr gemacht hat. Sie können im Biergarten einkehren („Schweinsbräu“ mit eigenem Bier und Schmankerln aus der eigenen Produktion) und im Ökoladen einkaufen.

Dann geht es wieder hinaus und gleich links nach **Gailling** und bis zum Rechtsknick nach **Großrohrsdorf**; weiter zur St 2079, eine wunderbare Abfahrt! Die Staatsstraße queren wir, treten wieder hinauf nach **Berganger**, einem historischen Dorf. Wir biegen links ein in die Straße „Braunautal“, und genau dort wollen wir auch hin! Sie fällt alsbald ab ins Tal und wir kommen den bayerischen Bergen immer näher. Den Abzweig nach Antholing ignorieren wir, vor Weng geht's rechts ab nach **Söhl** und etwas aufwärts nach **Biberg**. Das Dorf durchqueren wir auf der Leonhardistraße, kommen oben an eine Vorfahrtstraße und steuern auf **Schönau** zu. Hier kommen wir auf der Lindenstraße herein und am Wirtshaus radeln wir halbrechts in die Angerstraße hinab.

Sie führt am Aussiedlerhof **Neuhäusler** vorbei, und über **Neureith** landen wir unten an der Straße nach Beyharting und an der Glonn. Beide werden überquert und wir treten nach **Bichl** hinauf mit schönen Rückblicken auf das Glonntal und die doppeltürmige Wallfahrtskirche in Tuntenhausen. Unser Weg biegt links ein ins Hochholz und bringt uns hinauf nach **Stachöd**. Hier geht's links und wieder hinab durch den Wald ins Mangfalltal. Von Weitem schon sehen wir die Wallfahrtskirche in **Weihenlinden** vor uns. Doch vorher queren wir noch den Moosbach und eine Straße.

WALLFAHRTSKIRCHE WEIHENLINDEN – ALTES BAUM- UND QUELLENHEILIGTUM

Im Dreißigjährigen Krieg, als auch die Pest noch wütete, gelobten die Höglinger den Bau einer Kapelle „zu Ehren der Heiligen Dreifaltigkeit“ bei der Martersäule und den Linden im Osten des Dorfs. Beim Graben fand sich ein goldener Ring, und eine Quelle entsprang an dieser Stelle. Daher wurde die Kapelle so rund wie der Ring gebaut, und von überall her kamen Pilger zum „Brünnlein“. Die Lindenallee ist so alt wie die Kirche. Schon sehr bald musste eine größere Kirche gebaut werden, eine dreischiffige Wallfahrtskirche mit zwei Zwiebeltürmen; das Innere ist barock und prächtig stuckiert (1657). Schöne Kanzel, zwei Arkadengänge mit Fresken. Die achteckige Brunnenkapelle ist ein selbstständiger Anbau auf der Nordseite. Hinter dem zweigeschoßigen Hauptaltar eine Gnadenkapelle von 1761.

Geradeaus geht's weiter über ein Gleis und zur Rosenheimer Landstraße (St 2078). Dort nehmen wir die Unterführung, und auf der Weihenlindener Straße laufen wir in **Heufeld** ein. Hier überqueren wir die Heufelder bzw. Bruckmühler

KARTENHINWEIS **UK 50-42 München Ost 1:50 000 (LDBV)**

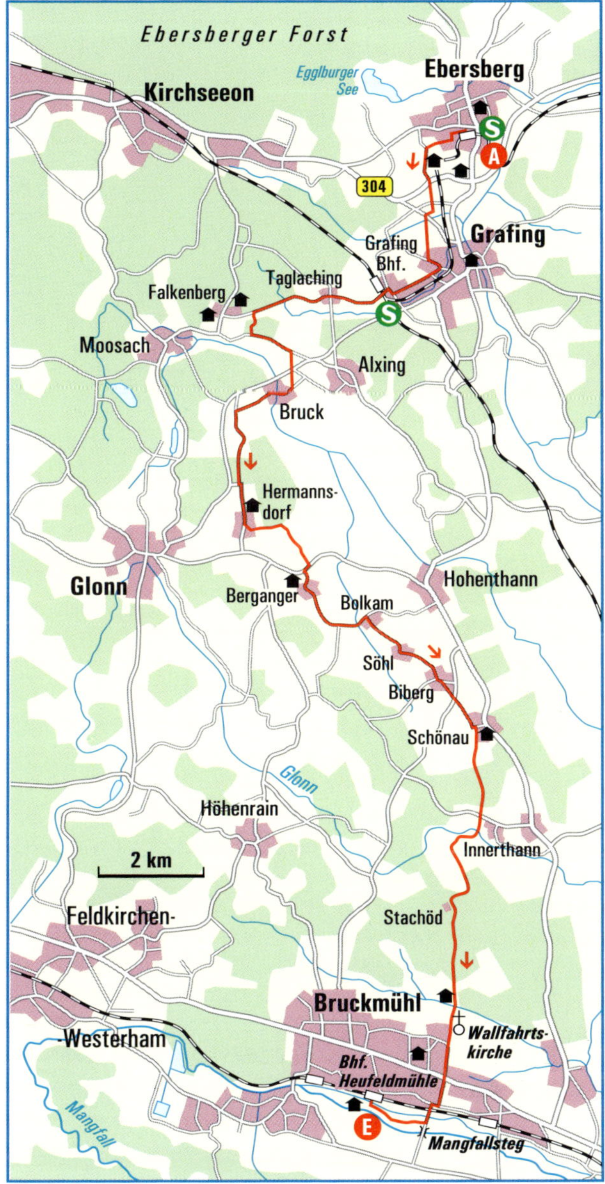

Straße und den Hp Hinrichssegen. Die Weihenlindener Straße macht einen Rechtsknick und endet an der Gottlob-Weiler-Straße. Hier queren wir links den Triftbach und biegen rechts in den Brückenweg ein, der nach links auf die **Mangfallbrücke** führt.

Zum Bahnhof müssen wir zurück zur Gottlob-Weiler-Straße in **Heufeldmühle**. Dort radeln wir halblinks bis zu ihrem Ende. Auf der Wernher-von-Braun-Straße geht's rechts zum Bahnhof.

START: Ebersberg Bf

ZIEL: Heufeldmühle Bf oder Hp Hinrichssegen

ANFAHRT MIT BAHN: S-Bahn

ANFAHRT MIT AUTO: auf der B 304 östlich über Haar und Kirchseeon bis zum Abzweig *Ebersberg*, dort links. In der Stadt dem WW Wasserburg weiter folgen bis zum Bf

RÜCKFAHRT ZUM AUTO: von Heufeldmühle mit BRB nach Rosenheim, dann weiter mit BRB nach Grafing Bhf; dort umsteigen auf die S-Bahn nach Ebersberg

STRECKE: ab Ebersberg 36 km, ab Grafing Bf 30 km

SCHWIERIGKEIT: leicht, eine längere Steigung bei Wildenholzen

CHARAKTER: durch ruhige Lande immer auf die Berge zu

WEGWEISER: Sempt-Mangfall-Radweg, Ring der Regionen bis Gutterstätt, Wasser-Radlwege Oberbayern (Salzschleife)

E-BIKE-LADESTATIONEN: *Grafing-Stadt* am Bahnhofsvorplatz, Glonner Str. 6/Hans-Eham-Platz, P Rotter Str. 8, Tiefgarage Rotter Str. 12, OT Aiblinger Anger, Pfarrer-Aigner-Str. 13, *Tuntenhausen:* Café Pronberger, Kirchplatz 8

EINKEHREN: *Ebersberg*: Antico Casale mit Biergarten (Mi Ruhetag); Akropolis mit Terrasse (Mo Ruhetag); Ghf. am Tor/Osteria al Portino mit Garten; *Aßlkofen*: Kugleralm mit Panoramabiergarten (Di/Mi Ruhetag); *Grafing*: Kastenwirt mit Biergarten (Mo Ruhetag); Heckerbräu (Mo–Sa ab 17, So ab 12 Uhr geöffnet); Café Hasi mit Terrasse; Heckerkeller mit Biergarten; *Grafing Bahnhof*: Taverna Orfeas mit Biergarten; *Taglaching*: Wirtshaus Taglaching mit Biergarten (geöffnet Fr/Sa/So); *Falkenberg*: Schlossgaststätte, Biergarten mit herrlichem Talblick (Ghf. nur Fr/Sa/So/Fei, Biergarten bei schönem Wetter täglich geöffnet); *Herrmannsdorf:* Schweinsbräu mit Biergarten (Bier und Speisen ökologisch, Mo/Di Ruhetag); *Berganger*: Berganger-zum-Griechen mit Biergarten (Di–Sa ab 17, So/Fei ab 11 Uhr geöffnet); *Weihenlinden*: Landhaus Weihenlinden mit Biergarten (Mo/Di Ruhetag); *Heufeldmühle*: Safran, indisches ayurvedisches Restaurant mit Biergarten

ÜBERNACHTEN: Hotel garni Demmel, Waldschlössl, Pension Demmel

Der Schliersee lässt sich zur Gänze
mit dem Fahrrad umrunden.

„SCHWARZES GOLD IN OBERBAYERN“

Bayerische Glanzkohle, auch Pechkohle genannt, wurde seit 1514 meist sehr mühselig in Handarbeit abgebaut. Im 19. Jh. begann die Industrialisierung auch im Bergwerk, und mechanische Förderanlagen vervielfachten die Produktion. Als jedoch Heizöl günstiger als Kohle zu beziehen war, wurde der Abbau unrentabel und musste eingestellt werden.

Die Radstrecke führt immer an den Alpen entlang und verbindet alle diese Bergwerksorte – Peiting, Hohenpeißenberg, Peißenberg, Großweil, Penzberg, Marienstein, Miesbach, Hausham, Hundham und Au. Sie bewegt sich zuerst auf dem Ammer-Amper-Radweg. Später zieht sie bis kurz vor Au mit dem Bodensee-Königssee-Radweg zum Teil gleich. Und dort endet auch die Bergwerksschau. Der Wilhelm-Leibl-Radweg führt dann zum nächsten Bahnhof in Bad Aibling.

Die (geplante) Tourismusstraße „Schwarzes Gold in Oberbayern“ ist nicht nur für ihre sichtbaren Andenken an die Bergwerkszeit in Oberbayern bekannt – sie ist auch eine Fremdenverkehrsroute ersten Ranges, weil sie durch die bayerische Bilderbuchlandschaft mit Bergen und Seen führt. Die Strecke ist 156 km lang und kaum an einem Tag zu bewältigen. Da die Route neu ist, ist sie auch noch nicht markiert. Bis auf ein paar Anstiege ist die Strecke leicht befahrbar.

11 VON PEITING NACH UFFING AM STAFFELSEE

Im tausendjährigen Peiting beginnt der „Schwarzes Gold“ Radweg, der alle bayerischen Produktionsstätten der Kohle aneinanderreiht. Museen und sogar Originalflöze und -stollen sind unterwegs zu besichtigen. Und überall kann man noch die Spuren der noch gar nicht lang zurückliegenden Kohleproduktion erkennen. In Peiting können wir ein Stollenmundloch besichtigen. Dann kommt gleich der „bayerische Rigi“, wie der Hohenpeißenberg genannt wird. Die Hinauffahrt ist eine Herausforderung! Im Ort Hohenpeißenberg entdeckte man 1580 die Kohle, die bis 1971 das Leben dort bestimmte. Das Bergwerksmuseum in Peißenberg ist auf jeden Fall ein Pflichttermin. Mit Landschaften wie gemalt touren wir weiter nach Uffing am Staffelsee.

Auf dem Hohen Peißenberg (988 m), dem „bayerischen Rigi“

Vom Peitinger Nordbahnhof lenken wir links hinaus auf die Münchner Straße und darüber weg in die Müllerstraße. Die bringt uns zum Hauptplatz. Dort wenden wir uns südlich weiter in die Ammergauer Straße, nach dem Ghf. Zum Dragoner links in die Azamstraße. Dort treffen wir auf die Bahnhofstraße, in die wir rechts einlenken. Sie bringt uns auf die Bühlachstraße, der wir weiter folgen. Kurz vor der B 472-Brücke drehen wir nach rechts zum Bühlachstollen (Geotop Peitinger Pechkohle), an dem noch kleine Kohlenflöze zu sehen sind. Nach Besichtigung des Stollenmundlochs kehren wir zum Ammer-Amper-Radweg zurück und wenden uns rechts. Er führt uns an der Bahn entlang und überquert einige Male die B 472 und auch die Bahn. Schließlich kommen wir auf den Kohlgrabenweg und weiter halblinks auf die Bahnhofstraße von **Hohenpeißenberg**. Von dort zweigt halbrechts die Ammerstraße ab. Hier müssen Sie sich entscheiden, ob Sie auf den Berg hinauffahren wollen oder nicht. Rauf und runter 7 km, Aufstieg 250 m (wenn Sie dem Radweg hinauffolgen sind es nochmal je 2 km mehr, aber weniger steil.)

Wir biegen von der Bahnhofstraße rechts in die Ammerstraße ein, die uns aus dem Ort hinausführt (wenn Sie vom Berg herunterkommen links). Nach dem Unterqueren der B 472 geht es nach einer mächtigen Eiche auf Kies weiter. Wir queren die Bahn, begleiten sie eine Zeitlang und fallen dann mit 20 % Gefälle in die Ammerschlucht hinab. Vor dem Fluss links und an der Ammer entlang. Bevor es in einer Linkskurve nach Hohenwart hinaufgeht, biegen wir rechts ein und bleiben im Tal. Wir überqueren den Eierbach vor seiner Mündung. Nun wird der Weg sehr schmal,

PEITING

Lebendiger Markt, dort „wo der Lech die Ammer küsst“

INFORMATION: Markt Peiting, Tourist-Information, Hauptplatz 4, 86971 Peiting, Tel. 088 61/599 61, www.peiting.de

Erste urkundliche Erwähnung war 1055: Errichtung einer neuen Burg durch die Welfen, die im 14. Jh. vor Ort ausstarben. Marktrecht wurde 1438 erteilt. Im 16. Jh. begann die Kohleförderung. Im 20. Jh. erfolgte eine schnelle Industrialisierung; es wurde ein Bergwerk eröffnet, das 1968 wieder geschlossen wurde.

SEHENSWERT: Rokoko-Wallfahrtskirche Maria unter Egg, 17. Jh., mit Stuckaturen von Schmuzer, bedeutende Votivtafeln (z. B. die Jakobsbrüdertafel) • Museum im Klösterle (Geschichte des Ortes, Sakrales, Bergbau, Skimuseum, Imkerei, Jagd und Fischerei), geöffnet Mi 14–17 Uhr, 2. Sa im Monat 14–17 Uhr • Am Barbarabrunnen vor dem Rathaus beginnt der „Peitinger Bergbauweg“, der an allen für die Bergbauepoche wichtigen Stellen vorbeiführt • Die ehemaligen Bergwerksgebäude sind von anderen Firmen benutzt, die ehemalige Zechenschenke ist immer noch bewirtschaftet. • Geotop Peitinger Pechkohle: Stollenmundloch des Kohlenflöz 2 am Bühlach im Südosten des Ortes (Nr. 4 des Bergbauwegs); liegt an der Route und am Ammer-Amper-Radweg – vor der ersten Überfahrt über die B 472 rechts ca. 700 m • Pfarrkirche St. Michael von 1055, mit gotischem Chor und Krypta und romanischem Turm, 1806 kamen drei Altäre von Schmädl aus der Rottenbucher Stiftskirche hinzu; Taufstein von 1331 • Villa Rustica (römisches Landgut) an der Straße nach Kreit (2 km vom Zentrum); seltenes Atriumhaus mit Hypokaustikheizung und Resten von Wandmalereien, 2.–4. Jh., Schaupavillon, -garten. Tel. 088 61/910 85 40, Führungen Sa 14–16 Uhr

FREIZEIT: Beheiztes Wellenfreibad Peiting, Ammergauer Str. 20a, in der Saison mindestens 9–18 Uhr geöffnet, Tel. 088 61/599 61

HOHENPEISSENBERG

INFORMATION: Gemeinde Hohenpeißenberg, Blumenstr. 2, 82383 Hohenpeißenberg, Tel. 088 05/92 10 44, www.hohenpeissenberg.de.

Das Gebiet war schon im 3. Jtsd. v. Chr. bewohnt. Auch den Römern soll der Berg Beobachtugsstation gewesen sein. 1514 errichtete man auf dem Berg eine Kapelle und im 17. Jh. die heutige Wallfahrtskirche. 1525 wurde der Berg zum Ort des Treueschwurs im Bauernaufstand. 1580 entdeckte ein Bauernbub die Kohle. 1837 wurde der Hauptstollen angeschlagen und damit der staatliche Bergbau eröffnet (bis 1971).

SEHENSWERT: *auf dem Berg:* Gnadenkapelle Zu unserer lieben Frau und Wallfahrtskirche Mariä Himmelfahrt, mit Werken von J. und F. X. Schmuzer, B. Steinle, E. Greuter d. Ä., F. X. Schmädl und M. Günther • Dort Museum mit sakraler Kunst, zu besichtigen auf Anfrage: Tel. 088 05/200 • „Schönster Rundblick Bayerns“ (998 m), daher „Bayerischer Rigi“ genannt • Meteorologisches Observatorium seit 1781 – älteste Bergwetterstation der Welt (Info-Pavillon) • Ehemalige Bergwerksgebäude am Bf • „Stollenweg“: Lehrpfad für Bergbau, Geologie und Landschaft, 10 km

250 Höhenmeter bis zur Wallfahrtskirche und zum Gasthaus auf dem Hohen Peißenberg

Die Bockerlbahn in Peißenberg vorm Stolleneingang

bis wir an die Böbinger Straße von **Peißenberg** kommen, wo wir links in den Radweg einbiegen.

Wenn wir das Bergwerksmuseums besuchen wollen, radeln wir bis zum Ende der Böbinger Straße und fahren an der Schongauer Straße rechts. An der Bergwerksstraße links und vor der Bahn rechts. An der Sulzer Straße links über die Gleise, vor der evangelischen Kirche wieder links und gleich nochmal („Tiefstollen").

PEISSENBERG

INFORMATION: Markt Peißenberg, Hauptstr. 77, 82380 Peißenberg, Gästeverkehrsverein, Anfragen nur schriftlich über Kontaktformular www.peissenberg.de

Um 1050 erste urkundliche Erwähnung. 1580 soll ein Bauernbub das Kohlenflöz entdeckt haben. Um 1870 kam das Heilbad Sulz zu voller Blüte. Anfang der 1970er-Jahre wurde das Bergwerk stillgelegt.

SEHENSWERT: Bergbaumuseum mit Schaubergwerk, Tiefstollen 2, geöffnet Mai–Okt. 1. und 3. So im Monat 13.30–16.30 Uhr, 15.5.–15.9. auch Mi 13.30–16.30 Uhr, Tel. 088 03/69 01 20, www.peissenberg.de/bergbaumuseum.html • „Stollenweg", 15 Schautafeln, 10 km, vom Museums-P aus; (Sulzer-, Mittel-, und Hauptstollen am Stollenweg sind an bestimmten So geöffnet) • St.-Georgs-Kapelle, Burgkapelle der Welfen am Südhang des Hohenpeißenbergs, spätgotische Fresken und Altarausstattung aus Gotik und Barock im Choranbau • Wallfahrtskirche Maria Aich, Pestkapelle, östl. mit Werken von J. Schmuzer, M. Günther, F. X. Schmädl und A. Sturm • Sandsteinhöhlen in der „Schnalz" (Ammerschlucht), 100 m über dem Tal

FREIZEIT: Beheiztes Freibad Rigi-Rutsch'n mit Hallenbecken, gigantischer Wasserrutsche, Sprungturm, Sprudelbecken, Sauna, Römerbad, Solarium

Fernblick auf das Estergebirge

Vom Bergbaumuseum geht's zurück zur Sulzer Straße und nach dem Bahngleis rechts auf der Bergwerksstraße zur Hauptstraße, dort rechts und wieder links in die Böbinger Straße. Wenn das Museum geschlossen hat, können Sie die Außenanlagen und den Stollenweg besuchen. Wenn Sie von dort zurückkommen, biegen Sie von der Böbinger Straße links in die Zugspitzstraße ein, wenn Sie direkt von der Ammer kommen rechts. Die Zugspitzstraße geht in einen Radweg über und landet nach den Sportstätten an der Südendstraße – dort rechts. An der Wörther Straße kommen wir wieder rechts zum Ammerdamm, vor dem Fluss links auf Kies. Wir unterqueren die B 472 mit der Ammer. Der Dammweg endet nach 6 km an einer Teerstraße, wo wir rechts einbiegen. Schon bald landen wir wieder an der B 472 und schieben auf ihr ein paar Meter rechts den Hang hinauf. Dort führt die St 2057 links nach Weilheim, auf ihr weiter bis nach dem Bahnübergang, dann im spitzen Winkel rechts an der Bahn entlang. Wenn der Weg von Polling herankommt, bleiben wir am Bahndamm.

An der Vorfahrtstraße bleiben wir links der Bahn und treten etwas aufwärts. Am halben Berg rechts wieder hinunter an die Bahn, an der Kreuzung geradeaus. In **Huglfing** an der Vorfahrtstraße geradeaus und unten am Radweg links. Dann am Ghs. Moosmühle rechts in die Steinbruchstraße einbiegen, links herum und an der Kreuzung geradeaus in die Hauptstraße. Diese führt uns malerisch am Hungerbach entlang. Wir queren die B 472 wieder und bewegen uns auf der Weidenstraße (WW Murnau). Am Ortsende ein Radweg, der dann nach rechts wegdriftet. Daraus wird ein geteertes Sträßchen, das wir weiter geradeaus verfolgen. Es geht ein Stück bergauf, und uns eröffnet sich eine herrliche Sicht auf Estergebirge und Wetterstein. Nun senkt sich die Straße zum

KARTENHINWEIS **UK 50-49 Pfaffenwinkel – Ammergauer Alpen Nord 1:50 000 (LDBV)**

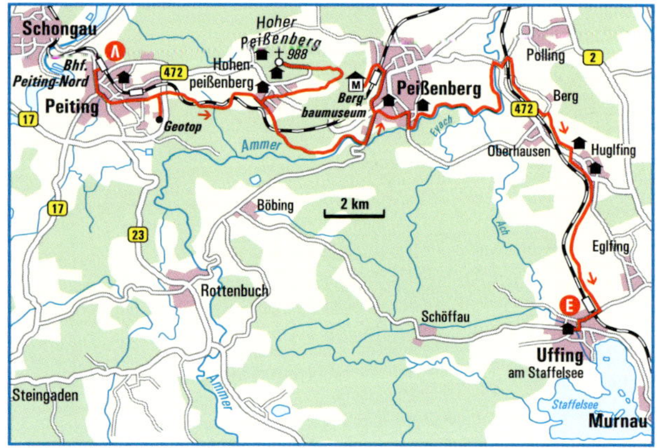

Bf **Uffing** am Staffelsee. An der Vorfahrtstraße queren wir das Gleis, und die Bahnhofstraße, die nach einer Kurve Hauptstraße heißt, führt uns in die Ortsmitte.

TIPP: Seerestaurant Alpenblick: große Seeterrasse und idyllischer Biergarten am See. Der Staffelseedampfer hält gleich nebenan.

UFFING AM STAFFELSEE

INFORMATION: Verkehrsamt Uffing am Staffelsee, Hauptstraße 2, 82449 Uffing, Tel. 088 46/920 20, www.uffing.de

SEHENSWERT: Kirche St. Agatha, ursprünglich von 1480, heutige Ausstattung (Rokoko) zum großen Teil von 1787, mit Werken von P. Zwink, F. X. Schmädl u. J. S. Troger • Heimatmuseum im alten Feuerwehrhaus (alte Geräte aus Handwerk und Landwirtschaft), geöffnet Sa/So 15–18, Mi 16–18 Uhr

FREIZEIT: Strandbad, Schiffsrundfahrten auf dem Staffelsee

START: Peiting Bf-Nord

ZIEL: Uffing am Staffelsee (Bf)

ANFAHRT MIT BAHN: RB nach Weilheim, umsteigen auf BRB nach Peiting-Nord

ANFAHRT MIT AUTO: A 96 bis Landsberg a. L.-Nord (25), auf B 17 über Schongau nach Peiting-Südost, dort links auf die Füssener Str. zum oberen Hauptplatz und weiter auf der Münchner Str. zum Peitinger Nord-Bf

RÜCKFAHRT ZUM AUTO: RB Richtung München, in Weilheim umsteigen auf BRB

STRECKE: 35 km

SCHWIERIGKEIT: leicht, wenn man den Hohenpeißenberg auslässt.

CHARAKTER: Bergbau und Hohenpeißenberg Abends Alpenpanorama und Staffelsee

WEGWEISER: anfangs der Amper-Ammer-Radweg (AAR), sonst nur lokale Routen

E-BIKE-LADESTATIONEN: *Peißenberg*: EEG-Strom Südendstr. 37; Kaufland, Schongauer Str. 20

EINKEHREN: *Hohenpeißenberg*: Ghf. Rigialm (Ortsteil Unterbau mit Biergarten, östl., Di/Mi geschl., sonst ab 17 Uhr geöffnet); historisches Ghs. Hetten mit Biergarten (OT Hetten, nordw., Mo/Di geschl.); Restaurant-Café Bayerischer Rigi mit Terrasse auf dem Berg; *Huglfing:* Zum Alten Wirt, Tuffsteinhaus mit Terrasse; *Uffing:* Bistro-Café Hopfi mit Biergarten; Ghf. Zur Post

ÜBERNACHTEN: Ghf. Zur Post, Daserhof (Eglfing, 4 km östl.), Ghf. Lieberwirth' Schöffau (5 km westlich)

12 VON UFFING AM STAFFELSEE NACH PENZBERG

In Sichtweite des Staffelsees und der bayerischen Vorberge kommen wir nach Murnau und von dort nach Ohlstadt. Hier biegt der Radweg nach NO um, und wir radeln am Pferdeeldorado in Schwaiganger vorbei nach Großweil, wo wir die nächsten Andenken an die Kohlezeit finden. Am Rand der Filze bewegen wir uns weiter nach Sindelsdorf, wo an die Maler des 19. und 20. Jh. erinnert wird. Unser Ziel heute ist Penzberg; die Stadt wurde durch den Kohleabbau gegründet und weist ein sehenswertes Bergwerksmuseum mit einem nachgebauten Stollen auf. Auch die größte Sammlung von Werken Campendonks können wir in einem Museum anschauen.

Wir verlassen Uffings Mitte auf der Murnauer Straße (St 2372), biegen aber vor dem Ortsende halblinks in die Galveigenstraße ein, die uns zum Bahndamm hinaufbringt; wir setzen hinüber und fahren rechts entlang. Dort erhaschen wir einen Blick von oben auf den inselreichen Staffelsee. Wenn Sie am Bf Uffing beginnen, queren Sie die Eglfinger Straße und radeln auf einem sehr engen Weg neben der Bahn. Dann kommt von rechts ein Kiesweg aus Uffing und führt uns weiter zu einer breiteren Kiesstraße, überquert eine Brücke und bleibt auch weiter an der Bahn. In **Riedhausen** geht's vor dem Umspannwerk links und gleich wieder rechts auf die Römerstraße. Zum Zentrum **Murnaus** radeln wir an der Mauritiusstraße links und rechts auf der Seehauser Straße geradeaus zur Ampel, dort in die Bahnhofstraße und an der Griesbräustraße links. Dann rechts hinein in den Obermarkt.

> **TIPP:** Ohlstadt: In der Bartlmämühle im Süden des Ortes hat der Schreiner Armin Krattenmacher ein **Pumucklmuseum** eingerichtet (So geschlossen, Tel. 088 41/72 44); www.pumuckl-museum.de

Vom Untermarkt weiter kommen wir links an die Seidlstraße, hier gleich wieder rechts. Sie bringt uns hinunter zur Bahn und darunter durch weiter nach **Hechendorf**. Wir laufen dort auf der Murnauer Straße ein und geradeaus auf der Partenkirchener Straße aus. Bevor wir zur B 2 kommen, radeln wir geradeaus, überqueren die Ramsach

Blick über die Ach auf die Uffinger Pfarrkirche St. Agatha

und wechseln auf einen Weg links in die Loisachau. Nach 1,5 km zweigt links die Straße nach Ohlstadt ab. Zuerst geht es über die Loisach, dann unter der A 95 durch und über die Bahn bei **Weichs**. Wir steuern direkt auf das Estergebirge mit dem Heimgarten zu, davor liegt **Ohlstadt**, das wir auf der Weichser Straße erreichen. Dort befindet sich die Villa mit Atelier und 30 Gemälden des Malers F. A. von Kaulbach und ein Dorfmuseum (von-Kaulbach-Str. 22, geöffnet Mi und Sa 15–17 Uhr, www.ohlstadt.de/de/dorfmuseum.html). Oder wollen Sie lieber ins Wasser? Solefreibad mit Wärmehalle, Schwimmkanal, großer Liegewiese und Kiosk, Tel. 088 41/75 75.

Die denkmalgeschützte Marktstraße mit Mariensäule in Murnau

MURNAU

INFORMATION: Tourist-Information Murnau, Untermarkt 13, 82418 Murnau, Tel. 084 41/47 62 40, www.murnau.de

Ortsführung So 10.30–12 Uhr, Treffpunkt vor dem Rathaus, erfragen Sie dort auch Themenführungen.

Schon zur Römerzeit lag der Ort an einer Handelsstraße, die aus Südtirol ins obere Isar- und Loisachtal führte. 1150 wurde Murnau erstmalig erwähnt, eine Burg 1324. 1350 bestätigte Ludwig der Brandenburger Murnau Marktrecht und die Blutgerichtsbarkeit; die Hochgerichtsbarkeit erhielt der Ort 1400. Ein verheerender Brand vernichtete Mitte des 19. Jh. fast den ganzen Ort; daher das heutige geschlossene Ortsbild. 1879 kam die Bahn nach Murnau. Anfang des 20. Jh. entdeckte die Malergruppe „Blauer Reiter" Murnau und etwas später wirkte der Schriftsteller Ödön v. Horváth im Ort.

SEHENSWERT: Pfarrkirche St. Nikolaus von 1730, ein Kleinod des Barocks • Denkmalgeschützte Häuserfronten der Fußgängerzone im Markt (der „guten Stube mit Bergblick") durch Jugendstilarchitekt E. v. Seidl, malerische Winkel und Gassen • Mariensäule auf dem Markt • Mittelalterliches Schloss mit Zinnengiebel und Schlossmuseum; über 400 Jahre Sitz der Pfleger von Ettal, seit 1992 Museum, Exponate zur Kunst- und Literaturgeschichte im ersten Drittel des 20. Jh., Sammlung Gabriele Münter, „Neue Künstlervereinigung München", Sammlung „Blauer Reiter", Dokumentation Ödön von Horváth, Hinterglasbilder, Landschafts- und Ortsgeschichte; Di–So 10–17 Uhr geöffnet, schlossmuseum-murnau.de • Münterhaus, Wohnhaus von Gabriele Münter und Wassily Kandinsky von 1909–1914, reiche Ausstattung mit Gemälden, Hinterglasbildern und bemalten Möbeln; Kottmüllerallee 6, geöffnet Di–So 14–17 Uhr, www.muenter-stiftung.de

FREIZEIT: Strandbad Lido; Seerundfahrt auf dem Staffelsee ab Strandbad Lido, Tel. 088 41/62 88 33; Bierseminare, Brauereiführung und Bierprobe im Griesbräu für Gruppen ab 10 Personen, Tel. 088 41/14 22

An der Staatsstraße fahren wir links und überqueren den Dorfbach. Unvermittelt zweigt halbrechts am Ortsende der Fieberkirchweg ab; wir radeln dort weiter, und stoßen rechts auf eine Kapelle. Über den Bach, vorbei an der Teufelssäule, dann kreuzen wir wieder an die St 2062 zurück. Aber wir bleiben ihr weiter fern, denn ein Fahrweg zieht rechts hinüber nach **Schwaiganger**, dem bayerischen Pferde-Mekka. Die Geschichte des Haupt- und Landgestüts reicht bis ins Jahr 955 zurück. Heute ist das Gut auch Lehr-, Versuchs- und Fachzentrum für Pferdehaltung mit Gestütsschauen und Pferdeevents. Wir drehen vor dem Gut nach links zur Kapelle und zum Radweg an der Staatsstraße. Nach 1 km geht rechts ein Sträßchen ab zur **Glentleiten**, einem Aussichtsbalkon vor dem Flachland, das mit dem Freilichtmuseum des Bezirks Oberbayern aufwartet. Sie können auch unten bleiben – wir treffen uns in Großweil wieder.

FREILICHTMUSEUM GLENTLEITEN

Bild von der bäuerlich geprägten Vergangenheit Oberbayerns, umfassender Einblick in den Alltag der Menschen, die Baukultur und Arbeitswelt. Mehr als 60 Gebäude samt ihrer Einrichtung wurden hier wiederaufgebaut, Ausstellungen und Vorführungen. Geöffnet Mitte März bis Mitte November, Di–So 10–17 Uhr, an Fei und in den bayerischen Ferien auch Mo, www.glentleiten.de

Nun bewegen wir uns sachte nach **Großweil** hinunter. Achtung Fußgänger! Unten überqueren wir noch die St 2062 und landen in der Ortsmitte auf der Kleinweiler Str.

TIPP: Berggasthof Kreut-Alm etwas oberhalb des Freilichtmuseums Glentleiten mit Veranda und Biergarten unter alten Linden. Im Blick der Kochelsee mit Bergumrahmung. Weit gestreutes Schmankerlangebot. Der Anstieg lohnt sich!

GROSSWEIL

INFORMATION: Gemeinde Großweil, Kochler Str. 2, 82439 Großweil, Tel. 088 51/12 10, www.grossweil.de

Vergangenheit als Flößerdorf (Bau des Triftkanals zur Umgehung des Kochelsees 1716); auch Gewinnung von Schleifsteinen und Marmor. Seit 1796 wurde Kohle abgebaut.

SEHENSWERT: Katholische Filialkirche St. Georg, im Kern gotisch, später barockisiert, Turm von 1835 • Verlassener Marmorsteinbruch südöstlich, Richtung Unterau • Einer der ursprünglich zwei Schutzbögen gegen herabfallendes Gestein der Materialseilbahn des Bergwerks (7,5 km bis Kochel, 1938 abgebrochen) ist in der Alten Murnauer Straße am Westrand des Ortes zu sehen. Auf ihm sind zwei gekreuzte Hämmer (Schlägel und Eisen) und die Inschrift „Großweil 1796 bis 1962“ angebracht • Kleine Ausstellung zum Bergwerk im Rathaus • Ehemalige Bergarbeiterwohnhäuser in der Bergwerksstraße

FREIZEIT: Freibad im Norden des Ortes

Der Kerschlacher Hof im Freilichtmuseum Glentleiten

Blick über die Kochelsee-Moore auf Jochberg (links) und Herzogstand (rechts)

SINDELSDORF

INFORMATION: Gemeinde Sindelsdorf, Schulgasse 2, 82404 Sindelsdorf, Tel. 088 56/26 61, www.sindelsdorf.de

SEHENSWERT: Barocke Pfarrkirche St. Georg, Hochaltar von F. X. Schmädl, Altarblatt von J. B. Zimmermann, Deckenbilder von J. S. Troger • Franz Marcs Gartenlaube wurde renoviert und neben dem Grundstück Franz-Marc-Weg 21 wieder aufgestellt. Hier beginnt auch der Malerrundweg.

FREIZEIT: Freibad in der Weilbergstraße jenseits der AB

Über die Loisach auf der Sindelsdorfer Str. verlassen wir den Ort. In **Kleinweil** bringt uns die Jochbergstraße nach rechts von der Hauptstraße weg und links auf dem Kreuzweg nach **Zell** – rechts von uns liegt der Mondscheinfilz, ein Teil der Loisach-Kochelsee-Moore. Am Ortsende von Zell kommen wir wieder an die Staatsstraße und fahren auf ihr weiter. Vor der AB biegen wir rechts auf einen Feldweg, passieren einen Weiher und durchqueren die Filze. Etwa 1 km später knickt der Weg zum Sindelsbach (Brücke mit Drehkreuz!), dem wir dann nach links Richtung **Sindelsdorf** folgen, dem Lieblingstreffpunkt des „Blauen Reiters". Wir fahren durch die Jochberg- und Königbergstraße und biegen in die Saliterstraße links ein. Sie bringt uns wieder an die St 2370, wo wir rechts fahren.

Vor der Einmündung der Penzberger Straße in die B 472 radeln wir rechts und gleich wieder links unten durch. Vor der Staatsstraße geht es links auf den Radweg. In **Penzberg** wechselt der Radweg die Straßenseite und endet am Bahnhof. Wenn wir Penzbergs Bergwerkgeschichte verfolgen wollen, müssen wir auf der Bahnhofstraße weiter ins Zentrum fahren. Zu den Museen geht es an der Karlstraße nach links.

KARTENHINWEIS UK 50-49 Pfaffenwinkel – Ammergauer Alpen Nord 1:50 000 (LDBV)

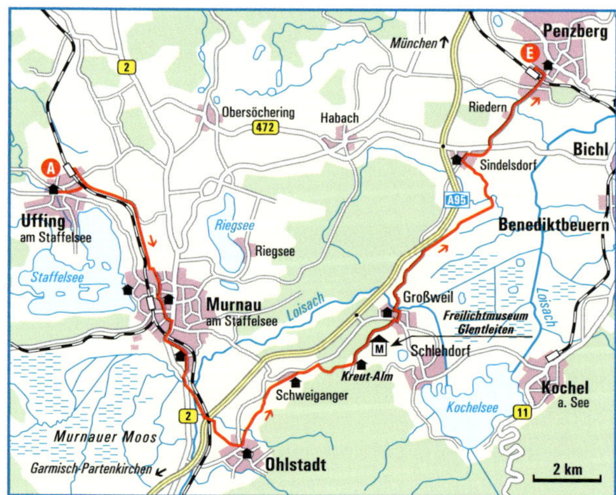

PENZBERG

INFORMATION: Stadt Penzberg, Karlstr. 25, 82377 Penzberg, Tel. 088 56/81 30, www.penzberg.de

Eine junge Stadt, die allein aufgrund des Kohlebergbaus entstanden ist. Erste Bergbauversuche gab es schon 1577. Ende des 18. Jh. wies der bayerische Berg- und Münzrat Flurl auf Pechkohlevorkommen hin. Schon acht Jahre später erhielt Penzberg Stadtrechte. Der eigentliche Stadtkern entstand 1873, als eine Bergwerkssiedlung errichtet wurde; die neue Bahnstrecke ließ ab 1865 die Produktion stark ansteigen. 1951 waren an die 2000 Personen im Bergbau beschäftigt. 1966 konnte die Kohle nicht mehr verkauft werden. So wurden 1300 Bergleute arbeitslos, die aber in neuen Betrieben untergebracht wurden. Die „Penzberger Dolomiten“, die Abraumhalden, blieben als grüne Freizeitoase.

SEHENSWERT: Bergwerksmuseum, Karlstr. 36, im Untergeschoss der Campendonk-Realschule, mit nachgebautem Stollen, geöffnet Sa–So/Mi–Do 10–17 Uhr, Tel. 088 56/81 35 23, www.bergwerksmuseum-penzberg.de • Bergbaurundweg durch die Stadt, mit 13 Stationen (Info-Tafeln), Zeitbedarf 2 Std., Beginn am Eingang des Bergwerksmuseums • Museum Penzberg in einem ehemaligen Bergarbeiterwohnhaus, Am Museum 1, Stadtgeschichte, Bergarbeiterwohnung mit Originalmöbeln und Gerät von 1920, Sammlung H. Campendonk, Themenausstellungen, geöffnet Di–So 10–17 Uhr, Tel. 088 56/81 34 80, www.museum-penzberg.de

START: Bf Uffing am Staffelsee

ZIEL: Bf Penzberg

ANFAHRT MIT BAHN: RB

ANFAHRT MIT AUTO: A 95 bis Sindelsdorf (9), dann links auf der B 472 bis zur B 2 bei Spatzenhausen und weiter geradeaus nach Uffing

RÜCKFAHRT ZUM AUTO: RB, in Tutzing umsteigen

STRECKE: 27 km

SCHWIERIGKEIT: leicht, kaum Steigungen

CHARAKTER: immer an den Bergen und den Filzen entlang

WEGWEISER: von Ohlstadt bis Großweil Bodensee-Königssee-Radweg

E-BIKE-LADESTATIONEN: keine

EINKEHREN: *Murnau*: Griesbräu mit Biergarten (eigenes Bier); Schlossgarten im Schloss mit Biergarten (Mo Ruhetag); Restaurant Ludwig am Seidlpark mit Biergarten; Zum Beinhofer (Do/Fr ab 17, Sa/So/Fei ab 11 Uhr geöffnet); *Schwaiganger*: Landgasthof Herzogin Anna mit Biergarten (Mo Ruhetag); *Sindelsdorf*: Zur Post mit Biergarten (Do Ruhetag); *Penzberg*: Restaurant Sparta mit Biergarten am Bf

ÜBERNACHTEN: Stadthotel Berggeist, Hotel K 33, Landhotel Hoislbräu (4 km nördlich)

13 VON PENZBERG NACH GMUND AM TEGERNSEE

Das erste Highlight heute ist der Kurort Bad Heilbrunn, danach der Stallauer Weiher. Von dort können wir den Berg hinauffahren und mit dem Blombergblitz hinuntersausen. Gleich darauf wartet Bad Tölz mit seinen Annehmlichkeiten auf uns. Wenn Sie gleich weiterfahren wollen, geht es weg von der Isar und hinauf nach Marienstein, einem weiteren ehemaligen Bergwerksort. Nochmal hinauf zum Steinberg, und wir sehen auf den Tegernsee und seine Bergumrahmung hinunter. Die Sicht ist besonders von Kaltenbrunn aus phänomenal, und kurz darauf kommen wir nach Gmund am Tegernsee.

Der Bahnhof von Gmund – eine Erinnerung an die „gute alte Zeit“

Vom Bahnhof fahren wir vor zur Bahnhofstraße, dort links und geradeaus auf der St 2370 Richtung Wolfratshausen/Beuerberg. Am Kreisverkehr biegen wir in die erste Straße rechts ab („Grube“), die bald eine Linkskurve beschreibt – dort sehen wir rechts ein Denkmal an die Bergwerksvergangenheit. Nach dem Baumarkt drehen wir nach rechts ab Richtung Wald. **Obermaxkron** erreichen wir nach 2 km. Dort halten wir uns links und kommen in **Untermaxkron** an die Straße zurück. Wir fahren rechts über den Loisachsteg. Drüben auf schmalem Weg landen wir an der Teerstraße am südlichen Ortsende von **Hohenbirken** beim Pumpwerk, dort rechts. Nach 2 km kommen wir – vor uns die Achselköpf – über **Mürnsee** an die B 11 zur **Reindlschmiede.** Beim Gasthaus rechts, über den Reindlbach und dann links von der B 11 weg. Rechts bleibt der Schönauer Weiher liegen, ein Moorsee mit Duschen und Umkleiden (Abstecher 500 m). Unser nächster Ort ist **Ramsau** mit blumengeschmückten Häusern. Dort fahren wir rechts, und 1 km später sind wir am Rande von **Bad Heilbrunn**.

BAD HEILBRUNN

INFORMATION: Gemeinde Bad Heilbrunn, Gästeinformation, Wörnerweg 4, 83670 Bad Heilbrunn, Tel. 080 46/323, www.bad-heilbrunn.de

1159 wurde die Quelle mit dem hohen Jod- und Salzgehalt erstmalig urkundlich erwähnt und 1253 eine Kirche neben der Quelle errichtet. Der Ort ist seit dem 17. Jh. als königlich-bayerisches Hofbad bekannt. Für die Kur ist heute die Adelheidquelle von Interesse.

SEHENSWERT: Kirche St. Kilian (barock, mit Fresken „rund um das Heilwasser“), daneben der Quellentempel • Park-Villa, 1920 erbaut von Gabriel von Seidl, heute Kurhaus und Restaurant • Kräuter-Erlebnis-Park mit zwei Bachläufen und Barfußpfad

Statt in den Kurort hineinzuradeln, treten wir geradeaus hinauf zur B 472 (Tölzer Straße) und links auf den Radweg, hier auch Teil des Bodensee-Königssee-Radwegs. Über **Hinterstallau** kommen wir zum Stallauer Weiher. Wenn wir zum Campingplatz nach links einbiegen, haben wir wieder eine Bademöglichkeit. Auf der anderen Straßenseite sehen wir gleich die **Bergbahn und Rodelbahnen am Blomberg** mit dem „Blomberg-Blitz". Dort können wir nicht nur rodeln, sondern haben auch einen Waldlehrpfad, einen Hochseilgarten auf 1200 m, einen Kunstwanderweg, einen sportkinesiologischen Trainingszirkel und eine tolle Aussicht!

An der Abzweigung nach **Bad Tölz** (Benediktbeurer Straße) geht es nach links, der Bodensee-Königssee-Radweg geht mit. Am Ende des Radwegs zweigt die Ludwigstraße nach rechts ab, durch die wir zum Kurpark, dem von Gabriel von Seidl gestalteten Kurhaus und dem Rosenpark gelangen. Am Vichyplatz kommen wir wieder auf eine Straße und am Max-Höfler-Platz zu einer Brunnenanlage und der Tourist-Information. Links über die Badstraße gelangen wir zur Isarbrücke hinunter. Ein schöner Blick von der Kirche aus hinüber auf die den Hügel ansteigende Stadt!

Der Bodensee-Königssee-Radweg folgt der Marktstraße aufwärts, biegt dann aber vor der Stadtpfarrkirche rechts ein in die Klammergasse (leicht zu verfehlen). Sie führt nach Süden zum Jungmayerplatz. Kurz darauf halbrechts in die Botengasse und links in die Krankenhausstraße, später Sonnleitenstraße. Wenn sie nach links wegbiegt, radeln wir geradeaus in den Fuß- und Radweg zur Unterführung der B 472, unten links, nach 100 m rechts in den Zwieselweg, an der Vorfahrtstraße rechts und links. Die Brauneckstraße und Birkkarstraße entlang, dann rechts in die Blombergstraße

Blick vom Nordufer des Tegernsees auf den Hirschberg

und zur B 13, dort links auf Radweg. Kurz darauf wieder links und nach der Rechtskurve links in die Straße „Kranzer“ einbiegen (WW Gmund 17 km). Sie bringt uns über die Bahn nach **Mühl**, und gleich in der Kurve beim Wirt treten wir rechts auf der Ostfeldstraße aus dem Dorf hinaus – eine Durststrecke bis zum Ende der Tour.

Nach einem knappen Kilometer ab der Kreuzung geht es links auf Kies in die Wiesen hinein ins Tal der Großen Gaißach. Nach 500 m radeln wir bei einem Stadl rechts ab (WW Filzen-Rundweg), und bis heute Abend begleiten uns beständig auch die Schilder des Bodensee-Königssee-Radwegs. Ein Rückblick zeigt uns die Benediktenwand, und

BAD TÖLZ

INFORMATION: Tourist-Information Bad Tölz, Max-Höfler-Platz 1, 83646 Bad Tölz, Tel. 080 41/786 70, www.bad-toelz.de; Filiale im Stadtmuseum.

Stadtführungen jeden Mi um 14.30 Uhr vor dem Brunnen der TI. – Großer Feiertag in Bad Tölz ist der 6. November mit der Leonhardiwallfahrt, einer Trachtenschau ersten Ranges! 1155 erstmals urkundlich erwähnt als Tolnze (nach Hainricus de Tolnze); der Ort geht auf eine römische Siedlung zurück. Um 1180 wurde die erste Tölzer Burg errichtet. 1281 entstand die erste Isarbrücke. Die Flößerei blühte auf. 1331 verlieh Ludwig der Bayer das Marktrecht. Der Salzhandel machte Tölz wohlhabend, da die Salzstraße von Reichenhall ins Allgäu durch Tölz verlief. Mitte des 17. Jh. gab es in Tölz 22 Brauereien – Hauptabnehmer war München. Ab 1750 kam es zu einer neuen Blütezeit der Flößerei. Holz, Kalk und Möbel wurden nach München, Wien und Budapest geliefert. 1846 entdeckte man Deutschlands stärkste Jodquellen. 1899 wurde dem Ort der Titel „Bad“ verliehen. Der Münchner Architekturprofessor Gabriel von Seidl belebte das Stadtbild durch Neubauten und Fassadenmalereien. 1969 wurde Bad Tölz zusätzlich „heilklimatischer Kurort“ und 2006 „Moorbad“.

SEHENSWERT: Prachtvolles Ensemble der Marktstraße im barocken Stil mit Lüftlmalerei, besonders der Khanturm von 1353 (1968 neu errichtet), die alte Posthalterei von 1600, das Sporerhaus, das Moralthaus und das Alte Rathaus mit Zwiebel aus dem 15. Jh., das ehemalige Mädchenschulhaus von 1588, das Marienstift, das Höckhenhaus und das Pflegerhaus Kaspar Winzerers II. von 1485 • Am oberen Ende das Denkmal für Kaspar Winzerer III, einen Landsknechtführer aus dem 16. Jh.; dort auch im prunkvollen Heimat- und Bürgerhaus von 1602 das Stadtmuseum. Es bietet „eine Präsentation der Tölzer Geschichte und Isarwinkler Heimatkunde“, Marktstr. 48, geöffnet Di–So 10–17 Uhr. • Die spätgotische Stadtpfarrkirche Mariä Himmelfahrt mit schönem Netzgewölbe, erbaut 1454, neugotischer Turm von 1877 • Im Norden der Stadt die Heilig-Kreuz-Kirche auf dem Kalvarienberg, reich ausgestattete Doppelkirche. Sie ist Ziel der alljährlich am 6. November stattfindenden Leonhardifahrt, einer Veranstaltung mit Ross und Wagen • Mühlfeldkirche östlich der Marktstraße von 1736 mit Fresko der Tölzer Pestprozession von M. Günther • Griesviertel, das älteste Stadtviertel mit engen verwinkelten Gassen und Plätzen, einst Wohn- und Handwerksort der Flößer, Kalkbrenner, Fischer, Tischler. Viele besaßen oft nur ein Stockwerk eines Hauses, daher die vielen Außentreppen. • Im Badeteil der Kurpark, das Kurhaus, die größte Wandelhalle Europas, der Streidlpark und der Rosengarten; dort auch die Franziskanerkirche von 1624 und die evangelische Johanneskirche

FREIZEIT: Naturfreibad Eichmühle, Eichmühlstr. 26, bei schönem Wetter täglich 9–18 Uhr geöffnet, Tel. 080 41/79 72 09; Tölzer Hallenbad, Am Sportpark 1, Tel. 080 41/79 72 06

zur Linken breitet sich der Greilinger Filz aus. Eine Straße, die links von Greiling herankommt, benutzen wir nach rechts. An der Gabelung im Wald links und durch die Wiesen, dann rechts am Festenbach und diesen entlang. An einer weiteren Gabelung bleiben wir wieder links unten und stetig ansteigend (wir müssen 250 m hinauf!), zuletzt über ein Steilstück erreichen wir nach 4 km (von der Greilinger Straße gerechnet) einen Querweg, der schon gleich nach rechts **Marienstein** erreicht. Dort kommen wir auf dem Rechelkopfweg an, der in die Hauptstraße übergeht. Zur Linken sehen wir noch zum Teil die alten Bergwerksgebäude.

MARIENSTEIN

1835 wurde im damaligen Holzwiesenthal „Cementmergel" entdeckt. Sechs Jahre gab es zwei Zementöfen und eine Mühlenanlage. Ab 1852 wurde Pechkohle für den Betrieb des Zementwerks abgebaut. Mit der Zeit wurde die Kohle immer interessanter. 1885 wurde der Marienstollen angeschlagen, ein Jahr später der Ort in Marienstein umbenannt. 1891 baute man von Schaftlach her eine Industriebahn, und ab 1902 wurde Kohle kommerziell gefördert. 1922 wurde die erste Bergwerkssiedlung errichtet, 1962 der letzte mit Kohle beladene Hunt gefördert.

Was ist vom Bergbau noch zu sehen?
Berghalde an der Ortseinfahrt von Waakirchen her • Ruinen der Bergstation des Förderberges auf der ehemaligen Halde • Kapelle am Fußweg vom Bergwerk zur Zementfabrik • Zahlreiche mehrstöckige Bergwerksarbeiterhäuser • Bergwerksdenkmal – ein nachgebauter kleiner Förderturm mit Tafel und gekreuztem Hammer und Schlägel links am Waldrand • Gedenkstein am Dorfplatz; der 2009 aufgestellte Hunt daneben • Ehemalige Wetterschachtanlage in Frauenreit bei Waakirchen

Turm der Ägidiuskirche in Gmund am Tegernsee

Am Dorfplatz geht der Kirchenweg rechts ab und aus dem Ort hinaus. Ein steiler Aufstieg erwartet uns nach **Steinberg** (Golfplatz Waakirchen). Beim Eingang zum Golfplatz für Radfahrer rechts hinauf und dann zurück auf die Straße. Oben angelangt rechts herum (kein WW) und nach 100 m links hinunter auf Kopfsteinpflaster. Der anschließende Teerweg bringt uns nach **Am Steinberg**. An der T-Kreuzung rechts bis zur Straße auf die Holzeralm, dort links auf den Hainzenhöheweg. Bei den ersten Häusern links und bei einem Heustadl erneut links etwas abwärts – der Tegernsee kommt in Sicht. Vor dem Ort Holz links und hinunter zur B 318 nach **Kaltenbrunn** und weiter links, auf dem Radweg. Von hier ist das Panorama wieder phänomenal: links die grünen Berge Neureuth und Riederstein, geradeaus über dem traumhaften Tegernsee der Wallberg mit dem Setzberg und rechts der Hirschberg, dahinter Roß- und Buchstein. Ab Gut Kaltenbrunn auf dem Radweg zuerst rechts, dann links der Straße nach **Gmund am Tegernsee**, unserem heutigen Ziel (Bahnhof gleich am Ortsanfang).

KARTENHINWEIS UK 50-52 Tölzer Land – Starnberger See 1:50 000 (LDBV)

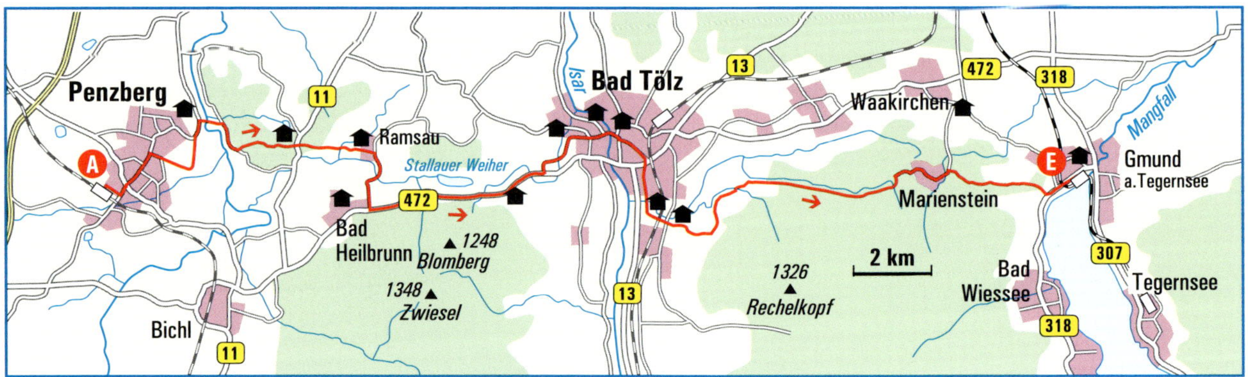

GMUND AM TEGERNSEE

INFORMATION: Tourist-Information Gmund a.T., direkt am Bf, 83703 Gmund, Tel. 080 22/76 03 50, www.gmund.de

1075 erste Erwähnung Gmunds. Um 1400 wurde eine Tafernwirtschaft genannt. 1805 wurde das Marktrecht für Viehmärkte erteilt. Das Industriezeitalter hielt 1823 mit der Errichtung eines Kupfer-, Walz- und Hammerwerks an der Mangfall Einzug. 1883 kam die Bahn an den Tegernsee, ein Bauboom folgte. „Anerkannter Erholungsort" wurde Gmund 1975.

SEHENSWERT: Pfarrhof von 1666, heute Rathaus • Ägidiuskirche von 1690, erbaut von L. Sciara mit Vorhaus • Jägerhaus von 1793 an der Mangfall, ein Schmuckstück, heute Heimatmuseum • Büttenfabrik, Mangfallstr. 5, Anmeldung Tel. 080 22/706 03 50

FREIZEIT: Rundfahrten auf dem Tegernsee; in Ostin Sommerrodelbahn Oedberg

START: Penzberg Bf

ZIEL: Gmund am Tegernsee Bf

ANFAHRT MIT BAHN: RB von München Hbf über Tutzing (evtl. umsteigen) nach Penzberg

ANFAHRT MIT AUTO: A 95 bis Penzberg/Iffeldorf (8), dort links nach Penzberg, geradeaus durch bis zum Bahngleis

RÜCKFAHRT ZUM AUTO: nur über München

STRECKE: 35 km

SCHWIERIGKEIT: mittel, einige Steigungen

CHARAKTER: immer an den Bergen entlang

WEGWEISER: ab Bad Heilbrunn Bodensee-Königssee-Radweg

E-BIKE-LADESTATIONEN: *Bad Tölz*: Bahnhofplatz; bei allen TI im Lkr. Miesbach; *Tegernsee:* Medius Fitness, Kurgarten 1 (3 km südlich)

EINKEHREN: *Reindlschmiede:* Ghs. Reindlschmiede mit Biergarten (Mo Ruhetag); *Bad Heilbrunn:* Ghf. Kronschnabl mit Biergarten (Mo Ruhetag); *Bad Tölz:* Zum Alten Fährhaus mit malerischem Biergarten (Mi–So ab 18.30 Uhr geöffnet); Ratskeller mit Bürgergarten; Das Schlössl mit Biergarten; *Gaißach:* Zur Mühle mit Biergarten (Mi Ruhetag); *Kaltenbrunn:* Käfer, mit Biergartenschmankerl und herrliche Aussicht über den Tegernsee; *Gmund a.T.*: Herzog Maximilian mit Biergarten; Am Gasteig mit Biergarten und herrlichem Seeblick (Mo Ruhetag); Tegernseer Hof (Mo/Di Ruhetag)

ÜBERNACHTEN: Am Gasteig, Tegernseer Hof

14 VON GMUND NACH FISCHBACHAU

Diese Tour ist landschaftlich überragend: Am Ödbergflizzer vorbei, einer Sommerrodelbahn, kommen wir nach Miesbach mit seinen verwinkelten Gassen und den geräumigen Plätzen. Auch dort ist die Bergwerksvergangenheit noch zu sehen. Nicht weit davon liegt Hausham, das schon von Weitem durch seinen ehemaligen Förderturm auffällt. Die unterirdischen Verbindungen von Hausham reichen bis ins Leitzachtal hinüber. An der Schlierach entlang fahren wir nach Westenhofen, wo der Wildschütz Jennerwein begraben ist, und Schliersee. Wir radeln auf der Westseite um den See herum nach Neuhaus, wo Markus Wasmeier sein Freilichtmuseum unterhält. In Richtung Bayrischzell geht es dann noch bis zum Leitzachtal. Der Fluss biegt hier nach Norden ab, und wir folgen ihm nach Fischbachau. Dort können wir einen Abstecher nach Birkenstein zur Wallfahrtskirche unternehmen.

Wir starten in Gmund am Bahnhof und rollen zur Kreuzung mit der Tegernseer Straße, wo wir rechts 50 m in sie hineinradeln. Dann geht's links den Osterbergweg hinauf und schließlich rechts in die Gassler Straße – der Bodensee-Königssee-Radweg ist auch wieder dabei. Er bringt uns zur St 2076 (unten durch) und weiter nach **Gasse**. Etwa nach 500 m links abbiegen und an einer Kreuzung rechts Richtung **Niemandsbichl**, das wir aber rechts liegenlassen. Dort lenken wir südlich an Ostin vorbei, beim Wander-P rechts, treffen auf die Oedbergstraße, dort geradeaus, immer an der Leite entlang.

Ab dem Oedberglift geht's links ab auf Kies und es wird eng. Am Teerweg verlassen wir für einen Abstecher nach Miesbach den Bodensee-Königssee-Radweg und lenken links zur Staatsstraße hinaus. Dort links und gleich wieder rechts hinauf nach **Antenloh** und an der T-Kreuzung links weiter hinauf. Die kleine Teerstraße bringt uns nach **Eck**, bei der Kapelle links und wieder hinunter. Die Aussicht ins Land ist grandios – direkt vor uns liegt der Taubenberg. Bei der Gießhofkapelle mit dem grünen Dach rechts abwärts und unter der B 472 durch. An der Querstraße rechts über Bahn und Schlierach, dann links in die Haidmühlstraße und immer geradeaus zum Rathausplatz von **Miesbach**. Rechts davon liegen der Marktplatz und höher der Stadtplatz.

St. Stixtus in Schliersee – ein Kleinod mit Fresken von J. B. Zimmermann

MIESBACH

INFORMATION: Tourist-Information im Waitzinger Keller – Kulturzentrum, Schlierseer Straße 16, 83714 Miesbach, Tel. 080 25/700 00, www.miesbach.de

1114 erste urkundliche Erwähnung Miesbachs, 1367 erstmals als Markt und Gerichtssitz. Das Schloss, heute Vermessungsamt, wurde durch Wilhelm von Maxlrain errichtet. 1734 fiel Miesbach durch Aussterben der Maxlrainer an die bayerischen Kurfürsten. Die Bahn kam 1861. 1918 erhob König Ludwig III. Miesbach zur Stadt. Von 1756–64 und um 1830 gab es einige erfolglose Versuche, sichtbare Kohlenflöze bei Parsberg, Miesbach und Agatharied auszubeuten. Ab 1849 entwickelte sich ein geregelter Betrieb; an verschiedenen Stellen wurden mit 250 Arbeitern rund 1000 Zentner Kohle täglich abgebaut. 1872 wurde eine Bergschule errichtet. 1902 erzielte die Grube ihre höchste Förderleistung. Danach ging die Produktion stark zurück. 1911 wurde das Bergwerk geschlossen.

Sehenswert: Die verwinkelten Gassen in der Altstadt mit kleinen Geschäften • Waitzinger Keller, als Bierkeller 1905 mit Tonnengewölbe im Keller, Saal im Jugendstil mit Bühne erbaut, seit 1997 Kulturzentrum • Stadtplatz mit Schloss, heute Vermessungsamt (1611), im Inneren barocke Anklänge im Flur des EGs; Michaelsbrunnen (Kriegerdenkmal); Ghf. Waitzinger (jetziger Bau von 1785) mit Fresko (Gnadenbild) „Schmerzhafte Mutter“; Stadtapotheke, früher Priesterhaus • Unterer Markt oder Marktplatz mit Ackerbürgerhäusern, Handwerkeranwesen und Wohnhäusern der Bergleute, Märchenbrunnen • Rathaus im Neorenaissancestil von 1880 mit vier Fresken der Stadtgeschichte in der Eingangshalle von S. Stallhofer am Bf • Marienplatz mit Mariensäule und Taubenbrunnen; auf der Westseite des Platzes das Bild der Hochzeit zu Kana von 1936 (H. Bickel) • Stadtpfarrkirche Mariä Himmelfahrt (neu errichtet 1783), erhalten blieben beim Stadtbrand die „Mater Dolorosa“ von 1665 (J. Millauer) und eine mächtige Kreuzigungsgruppe • St. Portiuncula, achteckiger Zentralbau mit spitzem Turm, neuromanisch renoviert • Bergarbeiterwohnungen im Norden der Stadt in der Schützenstraße, in der Mars-, Sonnenstraße und im Schlierachweg; im Norden auch die (überbaute) Berghalde • Das ehemalige Gebäude der Bergwerksdirektion beherbergt heute das Staatliche Berufsbildungszentrum (Frauenschulstraße)

FREIZEIT: Warmbad Miesbach, Badstr. 37, mit Sauna, Tel. 080 25/99 95 22

Jetzt geht es wieder südwärts. Die Haidmühlstraße radeln wir zurück, geradeaus zur **Haidmühl** und unter der B 472 durch.

In **Poschmühl** radeln wir zur B 307 hinauf. Dort führt der RW weiter. Dieser wird zum Lehenweg und führt zuerst am Mühlbach entlang (Sägewerk mit Wasserkraft), dann haben wir die ganze Schlierach wieder. Ein Fußweg führt uns zum Bahnhof **Agatharied** hinauf – wir wechseln dort über das Gleis. Dann landen wir auf einer Kiesstraße in **Kasten,** und bald darauf radeln wir wieder auf Teer. Und jetzt kommt der Förderturm von Hausham ins Blickfeld. Dort genau biegen wir rechts ein in die Straße „Müller zu Kasten“, und wir kommen wieder auf die rechte Seite der Schlierach. Bald wird ein Agatharieder Weg daraus. An der Vorfahrtstraße nach Tegernsee radeln wir geradeaus in die Schlierachstraße (hier kann man links ins Zentrum von **Hausham** fahren).

TIPP: Etwas Besonderes für den Gaumen: **Erlebnisdestillerie Lantenhammer** (Enzian, Obst, Liköre, Spirituosen aus aller Welt), Josef-Lantenhammer-Platz 1

Wir kehren zurück zur Tegernseer Straße/Agatharieder Weg und fahren links in der Schlierachstraße am Fluss entlang. Hier haben wir wieder unseren Bodensee-Königssee-Radweg, der uns durch **Abwinkl** führt. Unsere Straße überquert die Schlierach und endet an der Breitenbachstraße. Ein Abstecher ins Zentrum von Schliersee geht hier nach links (1 km; zur Weiterfahrt muss man aber hierher wieder zurück).

HAUSHAM

INFORMATION: Gemeinde Hausham, Schlierseer Str. 18, 83734 Hausham, Tel. 080 26/390 90, www.hausham.de

Hausham wurde erstmals 1317 als Schwaige des Chorherrenstifts Schliersee urkundlich genannt. 1634 tobte die Pest und forderte viele Menschenleben. Im Jahr 1800 mussten sieben Monate lang 15 000 französische Verbündete untergebracht und verpflegt werden. Der industrielle Beginn des Pechkohleabbaus fiel in das Jahr 1861. Bis zu ihrer Schließung im Jahr 1966 stand die Grube in voller Blüte. Die frei gewordenen Arbeitskräfte wurden von anderen Unternehmen aufgenommen, die sich neu angesiedelt hatten.

SEHENSWERT: Bergbaumuseum, (z. Zt. nur ein Teil der Exponate in den Fluren des Rathauses; eine neue Bleibe wird gesucht), vermittelt die Arbeitswelt der Bergleute und gibt Einblicke in die Erdgeschichte; umfangreiche Geräte, Instrumente, Grubenwerkzeuge, Fossilien- und Mineralsammlungen, mit vielen Fotos • Der weithin sichtbare große Förderturm von 1934 (Klenzeschacht) des ehemaligen Bergwerks • Stallhofermuseum in Agatharied, Ghf. Staudenhäusl, Nachlass des Künstlers; geöffnet jeden 1. Sa im Monat 15–18 Uhr

Wir fahren zurück nach **Breitenbach** und folgen dem Bodensee-Königssee-Radweg nach links in die Westerbergstraße. Bei einem Parkplatz geht es rechts über den Bach. Die Strecke verläuft in Seenähe oberhalb der Bahn nach Bayrischzell mit Blick auf den Schliersee und Schlierberg links und vor uns den Brecherspitz, eine Pyramide. Schließlich überqueren wir das Gleis und radeln unmittelbar am See entlang. Am Seeende drehen wir auf kurz auf Ost, vor dem Badestrand biegen wir rechts weg auf die Fischhauser Straße. Bald erreichen wir den Bf Fischhausen-Neuhaus.

Kurz davor unterqueren wir wieder das Bahngleis. Links ist die Kirche St. Leonhard zu sehen – auch sie hat einen spitzen Turm wie die Schlierseer Kirchen. Und darüber wacht die Burgruine Hohenwaldeck. Am Bahnhof vorbei erreichen wir die B 307, der wir 400 m folgen, um dann rechts in die Josefstaler Straße nach **Neuhaus** abzubiegen.

Förderturm des ehemaligen Bergwerks in Hausham

Westufer des Schliersees mit reizvollem Blick auf die Berge

NEUHAUS AM SCHLIERSEE

INFORMATION: siehe Schliersee

SEHENSWERT: Bauernhof- und Wintersportmuseum Markus Wasmeier, Brunnbichl 5, gleich jenseits der Bundesstraße, zu sehen auch alte Getreidesorten, Obst und Küchenkräuter, seltene Alpenblumen, Bergschafe, Rinder, Bienen, Schweine, Enten, Hühner etc. geöffnet Di–So 9–17 Uhr. Führungen möglich, Tel. 080 26/92 92 20, www.wasmeier.de, Ghf. „Beim Wofer" mit selbstgebrautem Bier • Hachelschmiede im Josefsthal von 1727; letzter Zeuge des Erzbergbaus • Hasenöhrl Hochseilgarten mit Gastronomie, Geitau 5, geöffnet So 9–18, Mo–So Gruppen nach Vereinbarung (3 km Richtung Bayrischzell)

FÜR DEN GAUMEN: Slyrs Whiskydestillerie, Bayrischzeller Straße 13, mit Besichtigung (Mo–Sa 10–18 Uhr)

SCHLIERSEE

INFORMATION: Gäste-Information, Perfallstr. 4, 83727 Schliersee, Tel. 080 26/ 606 50, www.schliersee.de

Die Gründung des Klosters Schliersee fiel laut den Urkunden des Hochstifts Freising in das Jahr 779. Schon Anfang des 19. Jh. verbreitete sich der Ruf Schliersees als Urlaubsort.

SEHENSWERT: Kirche St. Martin in Westenhofen nördlich von Schliersee, ehemalige Klosterkirche, barock; im Friedhof das Grab des Schützen Jennerwein mit Originalgrabkreuz von 1877 • Kirche St. Sixtus in Schliersee von 1715 mit Werken von J. Polak (Schutzmantelbild), E. Grasser (Gnadenstuhl), H. Zwerger und Fresken von J. B. Zimmermann • St.-Georg-Kapelle auf dem Weinberg, 12. Jh., Renaissancealtar von 1624, herrliche Aussicht • Heimatmuseum im Schredlhaus (14. Jh.) und angebautem Bauernhaus (15. Jh.) mit Original „Raachkuchl", Einrichtung und Geräten, wie sie unsere Vorfahren verwendet haben, Lautererstr. 6. Öffnungszeiten Di 14–17 Uhr • Rathaus von 1472, 1920 umgebaut; eines der schönsten Rathäuser Oberbayerns • Radspielerhaus, genannt „Zum Stidl", von 1474

FREIZEIT: Rundfahrten auf dem Schliersee, auch zur Insel Wörth (Ghs. mit Biergarten), Ferienpark Schliersbergalm (1061 m) mit Sommerrodelbahn (Seilbahn-Talstation in der Leitnerstraße)

Die Josefstaler Straße führt uns tiefer in die Bergnische hinein. An der Aurachstraße, bevor es bergan geht, fahren wir links. (Selbstverständlich dürfen Sie auch noch weiter hinein zu den Josefstaler Wasserfällen radeln.) Die Aurachstraße führt zur Spitzingstraße. Wir überqueren sie und fahren am Waldrand weiter, an der Aurach entlang. In **Aurach** kommen wir wieder zur B 307.

KARTENHINWEIS UK 50-52 Tölzer Land – Starnberger See und 50-53 Mangfallgebirge 1:50 000 (LDBV)

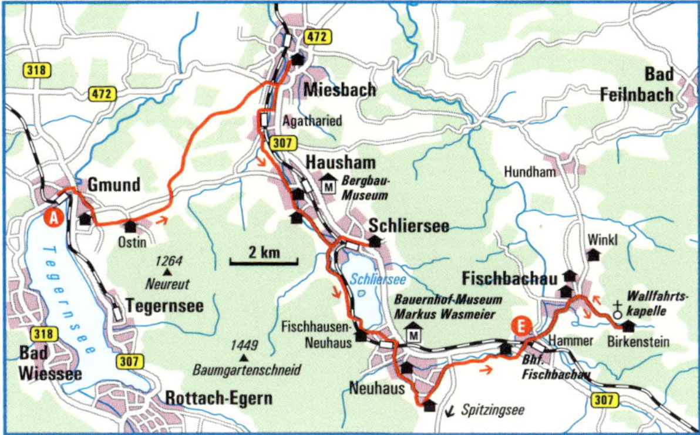

TIPP: Der **Wölflhof** – ein Haus wie aus dem Bilderbuch: mit uraltem unverfälschtem Mobiliar und Kachelöfen, den Biergarten am Haus. Das Angebot umfasst bayerische Schmankerln, aber auch Klassiker aus Ofen und Pfanne, leichte Gerichte, Fisch und deftige Brotzeiten. Münchner Bier.

Etwas versetzt nach rechts queren wir die Bundesstraße und radeln auf dem Radweg neben der Auracher Straße Richtung Fischbachau. Über Stauden und Sandbichl geht es auf der Straße nach Fischbachau ins Leitzachtal, immer auf dem Bodensee-Königsee-Radweg; ab dem Wolfsee müssen wir für den letzten Kilometer die St 2077 benutzen. Wenn Sie mit dem Zug nach Haus fahren wollen: Der Bahnhof von **Fischbachau** (Info zum Ort S. 68) befindet sich schon im Ortsteil Hammer (in Stauden rechts), 2 km vor dem Ort.

TIPP: Ungefähr 1 km weiter Richtung Bayrischzell finden Sie links der Straße den Weiler Hagnberg; dort sehen Sie den herrlich bemalten **Jodlhof** mit lebensgroßen Heiligendarstellungen.

START: Bf Gmund am Tegernsee

ZIEL: Bf Fischbachau

ANFAHRT MIT BAHN: BRB von München Hbf nach Gmund a. T.

ANFAHRT MIT AUTO: A 8 bis Holzkirchen (97), dann rechts auf der B 318 nach Gmund a. T.; der Bf liegt an der Straße nach Bad Wiessee gleich links.

RÜCKFAHRT ZUM AUTO: Der Bf Fischbachau ist im Ortsteil Hammer zu finden. Von Fischbachau mit BRB nach Holzkirchen, weiter nach Gmund a. T.

STRECKE: 32 km

WEGWEISER: mit Ausnahme des Abstechers nach Miesbach (vom Oedberg bis Hausham) Bodensee-Königssee-Radweg

SCHWIERIGKEIT: leicht, nur eine längere Steigung gleich zu Beginn

CHARAKTER: direkt in den Bergen plus Tegernsee, Schliersee

E-BIKE-LADESTATIONEN: *Gmund a.T.*: Gmund Papier, Mangfallstr. 5; *Miesbach*: Marktplatz; *Schliersee*: Rad Sport Rebel, Miesbacher Str. 14; *Neuhaus a. Schliersee*: Freilichtmuseum M. Wasmeier, Brunnbichl 5; *Fischbachau-Hammer*: E-Wald Charging Station, Bahnhofstr. 28; Guad und Schee, Fischeralmstr. 1; jede TI im Lkr. Miesbach

EINKEHREN: *Miesbach*: da Ramolo ehem. Waitzinger Bräu mit Biergarten (Do Ruhetag); Weißbräustüberl Hopf am Marienplatz (Mo Ruhetag); *Abwinkl*: Zur Schlierach mit Garten; *Schliersee*: Zum Hofhaus am See mit Biergarten; Schlierseer Hof mit Biergarten am See; *Fischhausen*: Rixner Alm mit Terrasse direkt am Radweg und Badeplatz (Mo Ruhetag); *Fischbachau*: Klosterstüberl mit Biergarten (Mi Ruhetag); etwas nördlich das Winklstüberl mit Terrasse, seiner Kaffeemühlensammlung und seinen bekannten Kuchenstücken; *Birkenstein:* Ghf. Oberwirt; Café Seidl (Do Ruhetag), Landgasthof Alte Bergmühle; Ghs. Marbach (Di/Mi Ruhetag); Ghf. Sonnenkaiser in Elbach (1,5 km nördlich); Ghf. Alter Wirt in Hundham (4 km nördlich)

ÜBERNACHTEN: Sonnenkaiser, Alter Wirt, Ghs. Marbach

15 VON FISCHBACHAU NACH AU UND BAD AIBLING

Von Fischbachau ziehen wir im Leitzachtal nordwärts über Elbach mit seinen beiden schön ausgestatteten Kirchen nach Hundham. Von dort ist es ein kleiner Abstecher zum Deisenrieder Belüftungsstollen für die Bergwerke. Dem Königssee-Bodensee-Radweg sind wir seit Tagen gefolgt. Nun verlassen wir ihn und lenken nach Au bei Bad Aibling hinunter. Dort ist noch ein Stolleneingang des Bergwerks Miesbach zu sehen. Nun stehen wir verkehrstechnisch mitten in der Pampa. Doch der Wilhelm-Leibl-Radweg bringt uns über ein paar malerische Dörfer nach Bad Aibling zum Bf der Mangfallbahn. Bad Aibling ist ein traditionsreiches ruhiges Moorbad mit einem an der Mangfall gelegenen Kurpark.

Der „Wirth" in Niklasreuth am höchsten Punkt der Strecke

FISCHBACHAU

INFORMATION: Gemeinde Fischbachau, Kirchplatz 10, 83730 Fischbachau, Tel. 080 28/876, www.fischbachau.de

Gräfin Haziga gründete am Vispachisowa (Aue am fischreichen Bach) um 1080 ein Benediktinerkloster, das über die Jahrhunderte hinweg die Geschichte prägte.

SEHENSWERT: Katholische Pfarrkirche St. Martin, ehemalige Benediktinerprobsteikirche, 1492 neu erbaut, die besterhaltene romanische Basilika in Süddeutschland, Ausstattung barock • Mariä-Schutz-Kirche im Friedhof mit Fresken 15. Jh., spätgotisches Schutzmantelrelief im Hochaltar • Wallfahrtskapelle Maria Himmelfahrt in Birkenstein, ein „bayerischer Rokokohimmel" • Fachwerkbrücke Leitzachsteg im OT Hammer

FREIZEIT: Warmfreibad mit Wärmehalle, Einschwimmkanal und 62-m-Rutsche.

Wir starten am Bf Fischbachau und bewegen uns westwärts auf die St 2077. Dort wenden wir uns nach rechts, durchfahren **Stauden** und **Sandbichl**. Weiter geht es auf der Straße nach **Fischbachau**, ab dem Wolfsee müssen wir für den letzten Kilometer die St 2077 benutzen. Am Kloster und den Kirchen vorbei, dann biegt links die Badstraße im breiten Tal der Leitzach ab. Ein schmales Teersträßchen bringt uns zur Kreuzung bei **Achatswies**, dort geradeaus. Wir treten nach **Stög** hinauf und kommen geradeaus nach **Lehen** und **Elbach**. Bei der Kirche St. Andreas (barocke Wandpfeilerkirche von 1689, Kirchturm mit 300 Jahre alten Glocken; sehenswert auch die Hl.-Blut-Kirche mit reichem Stuck) treffen wir wieder auf die St 2077, drehen links darauf ein, überqueren den Elbach und wenden uns am Ortsende nach rechts aufwärts, wieder auf einem schmalen Teersträßchen (WW Bodensee-Königssee-Radweg). Es zieht durch **Greisbach** und

Schwarzenberg und heißt daher Schwarzenbergstraße. Dann radeln wir zur Kreuzung mit der MB 22 (Richtung Bad Feilnbach). Sie liegt 1 km oberhalb von Hundham.

Geradeaus weiter kommen wir in abwechslungsreicher Fahrt nach **Grabenau** und **Effenstätt**. An der Kapelle dort geht's geradeaus nach **Sonnenreuth**. Hier biegen wir rechts ein (WW Bodensee-Königssee-Radweg). Ein letzter Rückblick auf die Schlierseer Berge! Weiter geht es geradeaus hinauf und dann hinunter nach **Niklasreuth**, einem kleinen Dorf mit Charme und Doppelkurve links-rechts. Nach der nächsten (Halb-)Rechtskurve liegt links der Heißkistlerhof und dahinter im Wald die unerheblichen Reste der Burg Altenwaldeck. Geradeaus nimmt uns der Ausblick in die Rosenheimer Bucht und auf die Chiemgauer Berge gefangen. Unsere Straße senkt sich nun immer weiter hinunter in die Filze um Rosenheim. Über **Karrenhub** – hier zieht der Bodensee-Königssee-Radweg rechts weg – und **Paulreuth** erreichen wir auf der Niklasreuther Straße den Ort **Au**. Hier können wir uns für die letzten 10 km stärken.

AU

INFORMATION: Kur & Gästeinformation Bad Feilnbach, Rathausplatz 1, 83075 Bad Feilnbach, Tel. 080 66/887 11, www.bad-feilnbach.de

Was ist vom Bergbau in Au noch zu sehen?

Au war über einen Stollen an das Bergwerk Miesbach angeschlossen. Im Ortsteil Berghalde ist dies noch deutlich im Gelände zu erkennen. Dort befindet sich auf einem Privatgrundstück links der Straße ein verschlossener Stolleneingang. Er ist nicht zu besichtigen, kann aber vom Zaun aus deutlich gesehen werden. Die Berghalde ist auf der Kreisstraße nach Dettendorf zu erreichen.

HUNDHAM

Ältester Ort der Gemeinde mit Marktrecht

INFORMATION: siehe Fischbachau S. 68

SEHENSWERT: Der Wiedenhof mit seiner Lüftlmalerei bei Funk

Was ist in Hundham noch vom Bergbau zu sehen?

Der Deisenrieder Stollen diente zur Versorgung des Bergwerks in Hausham mit Frischluft durch einen Ventilator. Nach Beendigung des Kohleabbaus wurde der Stollen verfüllt. Inzwischen wurde er ausgeräumt und erneut abgesichert, um ihn Besuchern zugänglich zu machen. Das Fundament des Hundhamer Schachtes, der ursprünglich zur „Bewetterung" dienen sollte, genauer gesagt die Deckelung, ist noch zu erkennen. Und bei Wörnsmühl tritt ein Kohlenflöz zu Tage.

Zum **Deisenrieder Stollen**: An der Kreuzung rechts ca. 1 km, an Deisenried vorbei über eine Kuppe, dann links zum Parkplatz Tregler Alm. Dort finden Sie allerlei Bergwerksgerät sowie die Info, wann der Stollen zu besichtigen ist.

Nach **Wörnsmühl**: An der Kreuzung links nach Hundham. An der Vorfahrtstraße rechts ca. 3 km. Zum Kohlenflöz biegen Sie in Unteröd links ein (WW Hausham). Kurz nach der Kirche bei einem alten Haus führt nach links ein Weg zur Leitzach und ein paar Meter daran entlang. Er dreht rechts weg in einen Graben in den Wald. Bei einem großen Felsen tritt dort ein etwa 15–20 cm breites Kohlenflöz zutage.

Zum nächsten Bahnhof kommen wir auf dem Wilhelm-Leibl-Radweg, der auf der Trasse der ehemaligen Vizinalbahn Bad Aibling–Feilnbach angelegt wurde. Er führt uns immer am Rande der westlichen Hügel der Rosenheimer Bucht entlang. Die früheren Haltepunkte Dettendorf (an der A 8), Berbling und Willing markieren den Verlauf durch die Obstgärten.

Die Klosterkirche St. Martin (Martinsmünster) in Fischbachau vom Ende des 11. Jh.

Weidende Schafe bei Ellbach

BAD AIBLING

INFORMATION: Kur- & Touristinformation, Wilhelm-Leibl-Platz 3, 83043 Bad Aibling, Tel. 080 61/908 00, www.bad-aibling.de

788 war der Ort bereits eine Pfalz der Karolinger. 804 wurde Epininga erstmals urkundlich genannt. 1000–1200 bestand die Vogtei Aibling des Bistums Bamberg. Marktrecht erhielt der Ort im Jahr 1244. 1250 fiel Aibling an die Wittelsbacher. Seit dem 14. Jh. wurde der Ort Stadt genannt. 1845 wurde das Moorbad gegründet; die Anerkennung als Heilbad erfolgte 1895 durch Prinz Luitpold.

SEHENSWERT: Heimatmuseum, bäuerliche Möbel, wertvolle Handwerkssammlungen, Blaudruckmodels, Gemälde, Stiche, Dokumente; die vollständige Werkstatt eines Schäfflers; die Kutterlinger Bauernstube, in der Wilhelm Leibl arbeitete, und die Marbacher Stube mit Renaissance-Einrichtung und Kassettendecke; geöffnet Fr 15–17, So 14–17 Uhr • Kurpark mitten in der Stadt und doch fernab von aller Hektik, frei zugänglich, mit Café-Restaurant

Wir radeln in Au von der Kirche links zur Kreuzung mit der St 2010 und geradeaus weiter auf der Dettendorfer Straße. Nach dem OT Berghalde fahren wir rechts. Ein paar hundert Meter weiter geht es bei einem Brotzeitplatz links in den Wald Richtung Bad Aibling auf dem Wilhelm-Leibl-Radweg. Nach 2,5 km unterqueren wir die Autobahn und erreichen **Dettendorf** mit der frisch renovierten Kirche St. Korbinian. Weiter führt unser autofreier Weg zum ehemaligen Bf **Berbling**. Dort sollten wir links einen Abstecher hinauf in das Dorf unternehmen. Sehenswert sind außer der

KARTENHINWEIS **UK 50-53 Mangfallgebirge 1:50 000 (LDBV)**

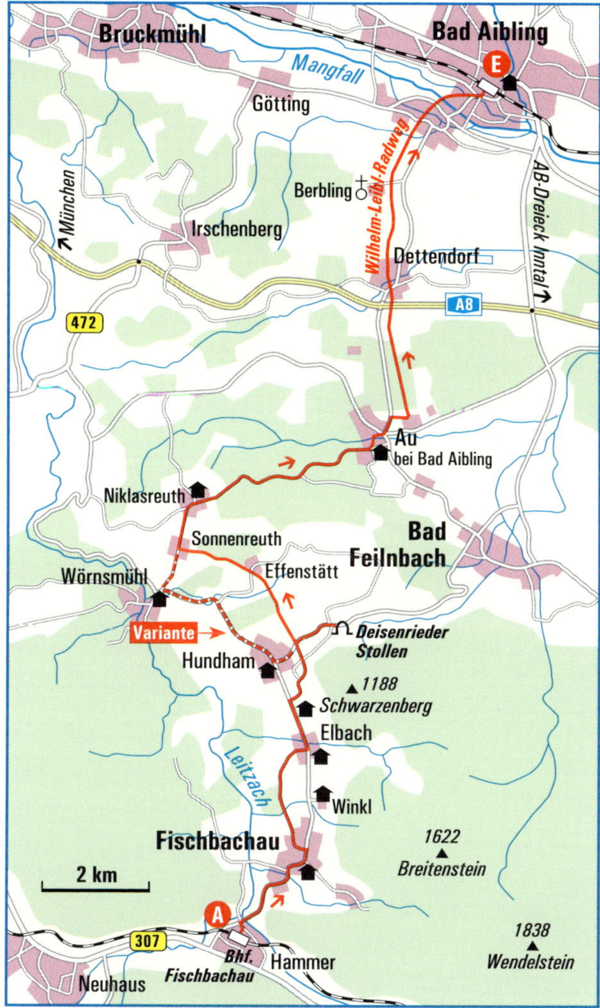

Rokokokirche, in der das Gemälde der drei betenden Frauen von Wilhelm Leibl zu sehen ist, auch der Hormaierhof, in dem Leibl gewohnt hat, und das schön bemalte „Schmiedhaus". Unser Radweg führt uns weiter auf **Willing** zu. Hier überqueren wir den Mühlbach und radeln weiter durch **Mitterham**, über die Mangfall und den Kanal zum Bahnhof oder ins Zentrum von **Bad Aibling**.

> **TIPP:** Eine empfehlenswerte Einkehr ist der **Gasthof Kriechbaumer** in der Ebersberger Straße mit rustikalem Ambiente und gemütlichem Biergarten unter alten Bäumen. Spezialitäten: Fisch in allen Variationen, Grillgerichte, „Bräuhauspfandl". Das Bier kommt aus der Schlossbrauerei Maxlrain.

START: Fischbachau Bf

ZIEL: Bad Aibling Bf

ANFAHRT MIT BAHN: BRB

ANFAHRT MIT AUTO: A 8 bis Weyarn (98), dann auf der St 2073 bis Miesbach, geradeaus weiter auf der B 307 über Schliersee Richtung Bayrischzell, dann bei Aurach links Richtung Fischbachau, über die Bahn, danach nach 300 m rechts nach Hammer zum Bf Fischbachau

RÜCKFAHRT: nur über München: mit BRB nach Rosenheim, von dort mit RE/RB nach München Hbf, erneut ins Oberland mit BRB

STRECKE: 27 km

SCHWIERIGKEIT: leicht

CHARAKTER: eine Anhöhe; ab Au immer eben

WEGWEISER: bis Karrenhub dem Bodensee-Königssee-Radweg nach, dann ab Au Wilhelm-Leibl-Radweg

E-BIKE-LADESTATIONEN: *Fischbachau-Hammer*, E-Wald Charging Station, Bahnhofstr. 28; *Geitau* (3 km östlich), Ghs. Rote Wand; *Bad Feilnbach-Au*: Schwimmbad, Kreuthstr. 31; *Bad Feilnbach*: Schwimmbad, Bahnhofstr. 18; Radsport Antretter, Hauptstr. 17; *Bad Aibling*: Therme, Lindenstr. 32

EINKEHREN: *Marbach*: histor. Ghs. Marbach (Di/Mi Ruhetag); *Elbach*: Ghf. Sonnenkaiser mit Garten unter dem Breitenstein; *Schwarzenberg*: Ghf. Kirchstiegl mit Biergarten (Mo/Do/Fr Ruhetag); *Hundham*: Alter Wirt mit Biergarten (Do Ruhetag); *Wörnsmühl:* Ghs. Zum Zenziger; *Niklasreuth:* Ghs. Wirth; *Au*: Ghf. Andrelang mit Biergarten (Mo/Di Ruhetag); *Bad Aibling*: Nikos Ouzeri (griechisch) im Zentrum; Café Steffen Nähe Bf; Ghf. Kriechbaumer mit gemütlichem Biergarten (Mi/Do Ruhetag), 2 km nördlich in Mietraching

ÜBERNACHTEN: Das Lindner, St. Georg, B + O Parkhotel, Mietraching (2 km nördlich), Kriechbaumer, Mietraching (2 km nördlich)

Blick auf den Steinsee mit seinem rundum bewaldeten Ufer

STRECKEN UND RUNDEN IM OBERLAND

Das sind die Touren, die Sie mit Ihrer (Rad-)Anfahrt von München verbinden können. Viele Orte dienen als Verknüpfung, und es lohnt sich eine Übernachtung. Sie dürfen natürlich auch extra mit Bahn oder Auto anreisen. Unsere schöne oberbayerische Umgebung bietet Ihnen innerhalb weniger Kilometer sehr viel Abwechslung, nicht nur Berge und Seen. Lassen Sie sich Zeit auf Ihrer Tour und freuen Sie sich über die Erlebnisse beim Radeln, Baden und Einkehren.

16 VOM NONNENFORST INS BIERDORF

Kirchseeon am Ebersberger Forst galt einmal als „grüne Lunge“ und hatte eine Heilanstalt. Der Forst steht noch immer, und die Wälder im Süden sind auch ausgedehnt. Genau dorthin zieht es uns, in eine ruhige Gegend mit wenig Verkehr. Wenn uns das Wetter gewogen ist, haben wir ein paar Mal gute Ausblicke auf die bayerischen Berge. Der erste Höhepunkt ist das Schloss Falkenberg mit seinem Biergarten hoch über Moosach. Auf der gegenüberliegenden Seite finden wir die Wallfahrtskirche Maria Altenburg. Wir kommen zum Steinsee und Kitzelsee und erreichen nach einer Anhöhe den Markt Glonn, einen ruhigen Ort inmitten einer herrlichen Landschaft. Wir folgen ein Stück dem Kupferbachtal. Ein dritter Anstieg bringt uns hinauf nach Münster und evtl. zum Kastensee. Eine Waldstrecke trennt uns noch von unserem Ziel, dem Bierdorf Aying mit seiner berühmten Brauerei. Der Biergarten ist ein liebenswerter Wartesaal auf die S-Bahn.

KIRCHSEEON

INFORMATION: Markt Kirchseeon, Rathausstr. 1, 85614 Kirchseeon, Tel. 080 91/55 20, www.kirchseeon.de

Kirchseeon ist berühmt für seinen Tanz der Hexen in der Walpurgisnacht und den Perchtenlauf in der Weihnachtszeit.
Besiedelt ist die Gegend schon seit 2500 Jahren. Kirchseeon-Dorf wurde 842 erstmals erwähnt als „sevun“ = am See gelegen; der See ist heute weitgehend verlandet. 1868 kam die Bahn nach Rosenheim und brachte Wanderer ins Waldgebiet. Ein Bahnschwellenwerk wurde gebaut. 1889 kam es zu einer Nonnenplage, der Falter vernichtete riesige Mengen Fichten – 1889 wurden eine größere Kirche und eine Lungenheilanstalt gebaut, die erst 1965 aufgelöst wurde. 1959 wurde Kirchseeon zum Markt erhoben.

SEHENSWERT: Perchtenbrunnen am Marktplatz • St. Coloman in Kirchseeon-Dorf, um 1000 erbaut, mit gotischer Sakramentsnische und Glasgemälden

Hinaus geht's aus dem Bahnhof von Kirchseeon rechts in die Wasserburger Straße und beim Brückenwirt rechts über die Bahn in die Moosacher Straße. Am Kreisel radeln wir geradeaus in die Deinhofener Straße und sind damit weg vom Verkehr. Auf Kies durch den Wald kommen wir an eine Kreuzung mit Feldkreuz unter einer Starkstromleitung. Dort treffen wir auf den Panoramaweg Isar-Inn, und es geht links wieder auf Teer durch eine Birkenallee zum Gut **Deinhofen**. Der Weg führt leicht aufwärts. Oben an einem kleinen Weiher fahren wir links nach **Reit** und gelangen schließlich nach **Falkenberg**.

Von Reit sehen Sie bei klarem Wetter in die Tegernseer, Schlierseer und Inntaler Berge sowie ins Kaisergebirge hinein; wenn Sie oberhalb von Falkenberg aus dem Wald hinausfahren, auch in die Chiemgauer Berge.

Wir kommen am Schloss Falkenberg aus dem 19. Jh. vorbei (rechts 100 m) und lenken zur Teerstraße, auf der wir rechts nach **Moosach** hinunterrollen. In der Mitte des Orts überqueren wir die Moosach, und die Straße führt links herum. Gleich darauf biegen wir rechts ab (WW Zorneding), und nach 400 m geht's links steil hinauf nach Maria Altenburg. Die Straße wird von einem Kreuzweg begleitet.

TIPP: Maria Altenburg
„Unsere liebe Frau vom Siege in Altenburg" wurde 1391 erstmals erwähnt. 1711 wurde die ursprünglich gotische Kirche barockisiert, im 20. Jh. restauriert. Schöner Stuck, Fresken von M. Steidl.

Unser Sträßchen führt nun nach Süden ohne Teer auf und ab zum **Steinsee**. An der Vorfahrtstraße lenken wir nach rechts. Gleich links befindet sich das Familienbad. An der darauffolgenden Kreuzung radeln wir nach links, am Gut **Niederseeon** vorbei und gleich dahinter wieder links zu herrlichen alten Bäumen. Wenn's links hinauf nach Oberseeon geht, bleiben wir unten auf dem Feldweg, der zum Waldrand führt.

TIPP: An der Kreuzung finden Sie rechts eine Info-Tafel, die den **Kitzelsee** erklärt, ein Naturkleinod mit Moorrandbereichen, und einen Trampelpfad dorthin (Landschaftsschutzgebiet und Badeverbot, bitte Wege nicht verlassen!).

Die Wallfahrtskirche Maria Altenburg, oberhalb der Talsohle gelegen

Wir bleiben auf dem Fahrweg am Waldrand und rollen hinunter ins Doblbachtal. Unten an der Kreuzung in der Birkenallee biegen wir rechts ein und treten mühsam und steil hinauf nach **Adling**, dafür wieder auf Teer. Das Sträßchen führt uns nach **Glonn**. Dort kommen wir auf der Lena-Christ-Straße an, die an der Sägmühle die Glonn überquert. Die Wolfgang-Wagner-Straße bringt uns geradeaus weiter zur Kreuzung. 100 m rechts liegt der Marktplatz.

GLONN

INFORMATION: Verwaltungsgemeinschaft Glonn, Marktplatz 1, Tel. 080 93/909 70, www.glonn.de

Ruhiger Markt, der noch zum großen Teil seinen ländlichen Charme bewahrt hat.

774 wurde der Ort erstmals erwähnt, aber schon in der Jungsteinzeit war das Gebiet bewohnt. In der Zwischenzeit hinterließen Kelten, Römer und Bajuwaren ihre Spuren. Der Name Glonn leitet sich vom keltischen „Glana" = die Klare ab. Im 30-jährigen Krieg unterlag die Bauernwehr den schwedischen Truppen auf dem Kugelfeld. Glonn wurde fast vollständig abgebrannt. Langsam erholte sich der Ort in den kommenden Jahrhunderten. 1768 begann man eine neue Kirche zu bauen. Eine wirtschaftliche Blüte erlebte der Ort in der zweiten Hälfte des 19. Jh. Auch der Bahnanschluss folgte 1894 (bis 1971). Besonders nach dem Zweiten Weltkrieg wurden Siedlungen gebaut.

SEHENSWERT: Stegmühle – historische Wasserkraftanlage zur Stromerzeugung im „Mühlthal" • Lena-Christ-Straße 10: Wohnhaus der Dichterin Lena Christ, die dort ihre Kindheit verbracht hat.

Der Steinsee – ein beliebter Familienbadesee mit Wasserwachtstation und Gaststätte

TIPP: Wirtshaus an der Wiesmühle mit Biergarten (Mo/Di Ruhetag); hier finden Sie eine Badeanstalt und ein Wirtshaus, zusammen als „Genuss-Stätte" apostrophiert. Neben einer behaglichen Gaststube gibt es einen Kastanienbiergarten, in dem am Freitag Steckerlfisch angeboten wird. In der Küche werden überwiegend heimische Produkte aus biologischem Anbau verarbeitet. Ausgeschenkt wird Bier von der Brauerei Schweiger, Hofbräu München und Maxlrainer. Direkt im Anschluss können Sie das eigene Naturbad mit sauberem Quellwasser genießen.

Wir radeln 100 m in derselben Richtung weiter, dann links (WW Egmating). Nach 200 m, bevor es richtig aufwärts geht, links in die Wiesmühlstraße und zur **Wiesmühle**. Wir biegen dort rechts in die Reisenthalstraße ein, die ins (wochentags) stille Kupferbachtal hinausführt. So kommen wir zur idyllisch gelegenen Einöde **Reisenthal**. Hier teilt sich die Straße nach Frauenreuth links hinauf oder rechts weiter in ein enges Tal, dem wir nun weiter folgen und durch das der Augraben fließt. An der T-Kreuzung treten oder schieben wir rechts 80 Höhenmeter hinauf. Oben kommen wir in **Münster** an. Wir bewegen uns weiter halblinks Richtung Großhelfendorf und biegen nach 100 m rechts ab (WW Egmating). Die Straße bringt uns nach **Lindach**.

Hier können wir noch einen **Abstecher zum Kastensee(oner See)** unternehmen. Nach den Höfen rechts und nach gut 200 m links. Im Wald geht es aufwärts und an der Gabelung rechts. Wenn wir wieder ins Freie kommen, sehen wir schon den See und die Badeanstalt vor uns. Auch hier dürfen wie am Kitzelsee die geschützten Uferbereiche nicht betreten werden. Nach der Erfrischung geht es auf demselben Weg zurück nach Lindach, dort geradeaus am Feldkreuz in den Wald hinein.

KARTENHINWEIS UK 50-42 München-Ost 1:50 000 (LDBV)

Ohne den Abstecher drehen wir nach den Höfen von Lindach beim Feldkreuz links ins Holz hinein. Nach einem halben Kilometer „auf dem Holzweg“ kommen wir an einen Querweg, dem wir links folgen. Bald dreht er nach rechts um und wir folgen ihm, leicht hügelig, ganz gleich welcher Weg kreuzt. Nach 2,5 km erreichen wir den Waldrand, und **Aying** liegt vor uns, eine der bayerischen „Bierhauptstädte“. Der Lindacher Weg bringt uns hinunter zur Zornedinger Straße, dort biegen wir links ein. Nur ein paar Meter und eine Rechtskurve trennen uns noch von der Brotzeit in einem der Biergärten. Und danach haben wir nur noch ein paar Meter zur S-Bahn. Wir radeln von der Dorfmitte geradeaus und dann halblinks weiter, dann biegen wir rechts ein in die Bahnhofstraße, die uns am Gleis abliefert.

Wenn Sie noch nicht genug haben, dann können Sie von hier aus den Mangfall-Radweg (Touren 8 und 9) bis nach Rosenheim weiterverfolgen oder in Bruckmühl auf die Tour 10 nach Ebersberg umschwenken.

START: Kirchseeon Bf

ZIEL: Aying Bf

ANFAHRT MIT BAHN: S-Bahn

ANFAHRT MIT AUTO: B 304 bis Kirchseeon; vor der vierspurigen Auffahrt auf den Spannleitenberg rechts zum Bf

RÜCKFAHRT ZUM AUTO: S-Bahn; am Ostbahnhof umsteigen

STRECKE: 27 km, mit Abstecher zum Kastenseeoner See 31 km

SCHWIERIGKEIT: trotz kurzer Strecke mittel, da drei kräftige Steigungen

CHARAKTER: durch hügelige Moränenlandschaft, mit Badeplätzen, sehr abwechslungsreich; die schönsten Ecken des Landkreises Ebersberg. Besonders wochentags wenig belebt.

WEGWEISER: eine kurze Strecke zwischen Deinhofen und Moosach Panoramaweg Isar-Inn, sonst lokale Wegweiser

E-BIKE-LADESTATIONEN:
Grafing Bahnhof: Hauptstr. 31 (am Bahnhofsgebäude, 5 km östlich)

EINKEHREN: *Falkenberg*: Schlossgaststätte mit Biergarten – herrlicher Talblick, bei schönem Wetter täglich geöffnet (Ghs. nur Fr/Sa/So/Fei); *Maria Altenburg*: Café „Sacherl“ (Sa/So/Fei bei schönem Wetter geöffnet, Mo ab 17 Uhr); *Niederseeon*: Restaurant Steinsee mit Biergarten; *Glonn:* Steinbergers Marktblick; *Münster*: Haflhof mit Biergarten (Di Ruhetag); *Kastenseeon*: Strandcafé mit Terrasse (bei schönem Wetter geöffnet); *Aying:* Brauereigasthaus und Liebharts Bräustüberl mit Biergarten; Kastanienhof mit Biergarten am Bf

ÜBERNACHTEN: Brauereigasthaus, Kastanienhof

17 PANORAMABLICK UND SCHWEINSBRÄU

Den Startpunkt Grafing Bahnhof können wir außer mit der S-Bahn auch mit der BRB erreichen. Unser erstes Ziel ist Alxing mit einer geradezu phantastischen Aussicht in die Berge, die uns noch eine Zeitlang erhalten bleibt. Dazwischen liegt weit unten das Moosachtal. Und irgendwann müssen wir dort hinunter. Der Ort heißt bezeichnenderweise Thal. Dann geht es steil bergauf nach Hohenthann. Dafür können wir ins Braunautal schön abfahren. Und wieder hinauf nach Berganger. Das Auf und Ab geht weiter, zum Klosterladen in Zinneberg und zu den Herrmannsdorfer Landwerkstätten. Dort finden wir einen gut sortierten Hofladen und ein biologisches Wirtshaus mit selbstgebrautem Bier. Auf drei Etappen führt die schmale Straße ins Moosachtal hinunter, und wir fahren hinüber nach Gutterstätt, das zu Füßen der Schlossgaststätte Falkenberg mit dem Aussichtsbiergarten liegt. Von dort geht es zurück nach Grafing Bahnhof.

Die Schlossgaststätte Falkenberg oberhalb von Moosach mit Talblick

Wir schieben hinaus zu den Bushaltestellen und radeln nach rechts. Nach der S-Bahn-Unterführung biegen wir rechts ab und unterqueren die Bahnstrecke nach Rosenheim. Die St 2351 steigt zuerst an, dann fällt sie ab nach **Taglaching** mit dem Kirchlein St. Georg, dessen romanischer Tuffsteinbau teilweise aus dem 13. Jh. stammt. Genau dort biegen wir links ein, überqueren den Urtelbach und treten nach **Pienzenau** hinauf. An der Kreuzung mit der Kreisstraße fahren wir geradeaus auf einem Radweg auf **Alxing** zu, das schon im 9. Jh. urkundlich erwähnt wird. An der ersten Straße wenden wir uns ein paar Umdrehungen nach rechts zur weithin sichtbaren St.-Michael-Kirche, in der noch romanische und gotische Bauteile zu finden sind.

Wir fahren wieder ins Dorf hinein, an der Hauptstraße geradeaus weiter und östlich auf der Vorfahrtstraße zum Photovoltaikdorf **Hüttelkofen** und vorbei an **Hamberg** mit seinem Windrad. Die Sicht rechts über das Brucker Moos in die bayerische Bergwelt ist überwältigend. Am Wald entlang kommen wir nach **Obereichhofen**, nach einigen Kilometern queren wir die St 2079 und gelangen nach **Dorfen**. Nach einem kurzen Wäldchen ist das Moosachtal rechts unten nun unser Begleiter – die Setzermühle, die Siglmühle und die Pausmühle sind dort zu sehen – und wir erreichen schließlich **Langkofen**. Danach radeln wir ein paar hundert Meter auf Kies, bis wir zu einer Vorfahrtstraße kommen, die uns rechts hinunter zur **Sorgmühle**, zur Brücke über die Moosach und nach **Thal** bringt. Bevor es wieder aufwärts geht, biegen wir rechts ein und schieben auf Kies hinauf nach **Hohenthann**.

Am Kreisverkehr radeln wir geradeaus, oben an der Linde halblinks in die Schloßstraße und hinunter zur St 2089. Geradeaus verlassen wir Hohenthann und steuern **Bolkam** an, danach rollen wir hinunter nach **Weng** und zur Vorfahrtstraße, in die wir rechts einbiegen. Sie quert das breite Braunautal mit dem kleinen Bächlein in der Mitte und bringt uns zusammen mit dem Sempt-Mangfall-Radweg nach **Berganger**. Am Ortsende drehen wir nach rechts und rollen hinunter zur St 2079. Auf der anderen Seite geht es kräftig bergauf nach **Großrohrsdorf** und links weiter nach **Gailling,** das wir geradeaus durchmessen. An der Querstraße geht es wieder auf Schotter geradeaus, dann rechts zur **Schießstätte**, einem ruhigen Biergarten mit Bergsicht. Dort war mal wirklich ein Schießplatz. Wenn wir nun zur Kreisstraße weiterfahren und diese geradeaus überqueren, treffen wir auf das Areal von **Schloss Zinneberg**.

Blick von oben auf das Areal der Herrmannsdorfer Landwerkstätten

SCHLOSS ZINNEBERG

INFORMATION: Kinder- und Jugendhilfe-einrichtung, Zinneberg 3, 85625 Glonn, Tel. 080 93/908 70, www.schloss.zinneberg.de

Eine steil abfallende Bergnase bildete den natürlichen Schutz für die ehemalige Burg, die Ostseite war befestigt. Die erste Erwähnung Zinnebergs war 1005. Aus geschichtlichen Quellen kann man schließen, dass bereits im 11. Jh. dort ein Ort existierte, der „Berg" hieß. Das Schloss gehört seit 1927 dem Orden der Schwestern vom guten Hirten. Heute sind hier ein heilpädagogisches Zentrum und ein Kindergarten untergebracht. Der Laden mit dem klösterlichen Motto „Gutes kaufen und damit Gutes tun" (Gebäck, Brotaufstriche, Spirituosen, Geschenke, floristische Artikel) ist Mo 9–13, Di–Fr 9–16 Uhr geöffnet. Bitte steigen Sie schon an der Gartenpforte ab.

HERRMANNSDORFER LANDWERKSTÄTTEN

INFORMATION: Herrmannsdorf 7, 85625 Glonn, Tel. 080 93/909 40, www.herrmannsdorfer.de

Biergarten mit Schmankerl aus der eigenen Produktion und Ökoladen mit Hofmarkt und Gartencafé (Mo–Fr 9–18 und Sa 8.30–14 Uhr). Eigenes trübes Öko-Bier im Bio-Biergarten „Zum Schweinsbräu" (Mi–So 12–15 und ab 18 Uhr bei schönem Wetter geöffnet). Bitte reservieren (Tel. 080 93/90 94 45). Auf dem Wanderweg „Kunst geht in die Natur" finden Sie Kunstwerke, die in die Natur „eingebaut" sind. Auch Führungen auf dem Hof werden angeboten – Sa 10.00, 11.00 und 11.30 Uhr für Kinder.

KARTENHINWEIS **UK 50-42 München-Ost 1:50 000 (LDBV)**

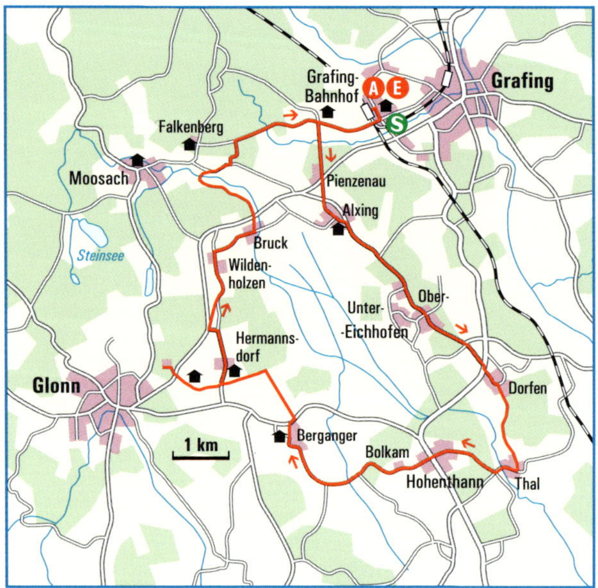

Wir kehren zurück zur Straße und zur Schießstätte, fahren daran vorbei und links bis zu unserem Abzweig südlich von Herrmannsdorf. Und jetzt wenden wir uns links direkt in das Bio-Areal von **Herrmannsdorf**, dem Traum vom ökologischen Wirtschaften, den sich ein Unternehmer wahr gemacht hat.

Nachdem wir uns satt gesehen und gegessen haben, fahren wir auf der nördlichen Ausfahrt hinaus, vorbei an den glücklichen Schwäbisch-Hällischen Landschweinen („Weideschweinen") mit ihrem grandiosen Auslauf. Kurz vor der Vorfahrtstraße mündet rechts eine kleine Teerstraße ein, und die nimmt uns in drei Etappen mit nach unten ins Moosachtal. In **Wildenholzen** finden Sie aus der Vergangenheit noch links die barockisierte Schlosskapelle, die Kirchenstiege und den Burgstall der Pienzenau'schen Burg. Auf halbem Berg links sehen Sie den Gedenkbrunnen mit der Geschichte des Orts. Daran und am Feldkreuz vorbei kommen wir ins Dorf **Bruck.**

Vor dem Maibaum biegen wir links ein, kreuzen die Kreisstraße und treten etwas bergauf in den Wald. Die Straße fällt wieder ab und landet im Moosachtal. Wir überqueren die Moosach und landen an der St 2351 in **Gutterstätt**. Wenn Sie den Falkenberger Biergarten in Anspruch nehmen wollen, sollten Sie hier links radeln und dann rechts den Falkenberg hinaufschieben. Ansonsten geht es in Gutterstätt rechts bergauf aus dem Tal hinaus und weiter nach **Taglaching**, das wir schon berührt haben. Von dort radeln wir geradeaus zum Bahnhof in **Grafing Bahnhof**.

START: Bf Grafing Bahnhof

ZIEL: Bf Grafing Bahnhof

ANFAHRT MIT BAHN: RE/RB ab Haupt- oder Ostbahnhof oder S-Bahn

ANFAHRT MIT AUTO: B 304 bis hinter Kirchseeon, vorbei an der Ausfahrt Ebersberg (West), dann rechts ab auf die St 2089 (WW Grafing, Rosenheim), kurz danach an einer Kreuzung im Wald rechts und über Nettelkofen nach Grafing Bahnhof

STRECKE: 36 km

SCHWIERIGKEIT: mittel, da einige knackige Steigungen

CHARAKTER: eine Runde aufs Land mit herrlicher Aussicht, dann zu zwei Spitzen-Lebensmittelerzeugern, einer davon „alles Bio"

WEGWEISER: nur lokale Wegweiser

E-BIKE-LADESTATIONEN: *Grafing Bahnhof*: Hauptstr. 31 (am Bahnhofsgebäude)

EINKEHREN: *Berganger*: Ghs. Berganger-Zum-Griechen (Di–Sa ab 17, So/Fei ab 11 Uhr); *Schießstätte*: Ghs. Schießstätte mit Biergarten (Mo/Di Ruhetag); *Falkenberg*: Schlossgaststätte mit Biergarten – herrlicher Talblick, bei schönem Wetter täglich geöffnet (Ghs. nur Fr/Sa/So/Fei); *Grafing Bahnhof:* Taverne Orfeas (nachmittags geschlossen)

18 ÜBER DIE „SCHÖNE AUSSICHT“ INS MANGFALLTAL

Den Startpunkt Aßling erreichen wir mit der BRB. In Thal überqueren wir die Moosach und dann auch das Braunautal. Vorbei geht es am Schnaitterhof mit dem riesigen Rassobild und hinauf nach Großhöhenrain, dem Truthahndorf. Ein kurzer Weg führt zur „Schönen Aussicht“, und die ist überwältigend. Das Mangfallgebirge und der Wendelstein, die beiden Kaiser, sind zum Greifen nah, und zu sehen ist die ganze Kette von den Berchtesgadenern bis zur Benediktenwand. Wenn wir uns losgerissen haben, trödeln wir langsam hinunter ins Mangfalltal zur tausendjährigen Linde und zur doppeltürmigen Wallfahrtskirche Weihenlinden und schließlich zu einem der Bahnhöfe von Bruckmühl.

Aus dem Bahnhof schieben wir hinaus und fahren nach rechts, an der Vorfahrtstraße wieder rechts und unter der Bahn durch zum Weiler **Tegernau**. Kurz danach teilt sich die Straße und wir radeln auf Kies geradeaus. Immer schön am Waldrand entlang, dann auf Teer zur **Sorgmühle** hinunter und nach **Thal**. Wir queren die Moosach und es geht in drei Etappen wieder bergan. Oben auf dem Feld kreuzen wir die St 2089, lassen **Biberg** rechts liegen und rollen hinab. Die schwach befahrene Kreisstraße senkt sich ins Tal der Braunau, einem Nebenbach der Glonn. Wir überqueren ihn und tauchen in den Wald ein. Beim Feldkreuz stoßen wir auf die Straße von Beyharting, die von links kommt, und erreichen **Oberwall**, **Breitenberg** und **Oberholzham**. Letzteres liegt links der Straße mit seinem schmucken Kirchlein und einer mächtigen Eiche. Genau dort geht's nach rechts und über **Hirschberg**, die Glonnbrücke und dem Hof **Schnaitt** mit dem riesigen St. Rasso an der Wand zur Kreisstraße. Auch diese überqueren wir, und dann geht's aufwärts. Hinter **Niederstetten** und **Gmeinwies** kommen wir bald nach **Großhöhenrain** und landen bei der Kirche.

Wir biegen nach links ein, die Kirchdorfer Straße bringt uns durch den Ort. Bei der Bushaltestelle geht es links auf einen Radweg, der uns an die Straße nach **Kleinhöhenrain** bringt. An der Linkskurve fahren wir geradeaus und landen beim **Bienenlehrpfad,** beim Wirtshaus **„Zur Schönen Aussicht“** und der St.-Bartholomäus-Kirche, einem Gemäuer aus der Zeit um 1200.

Informativer Zwischenstopp am Bienenlehrpfad bei Kleinhöhenrain

TIPP: Zur schönen Aussicht mit Biergarten. Seit 375 Jahren ist das Anwesen in Familienbesitz und seit 280 Jahren gibt es hier einen Gasthof. Die Aussicht ist überwältigend – die Berge um den Inn und des vorderen Chiemgaus sowie der Kaiser zahm und wild – stehen plastisch vor dem Betrachter, ja das ganze Panorama von den Berchtesgadenern bis zur Benediktenwand ist zu sehen. Die Küche ist bodenständig-bürgerlich, der Biergarten schattig und ruhig. Biere gibt's vom Auer Bräu.

Nach Labung und „Augentrost" treten wir den Rückzug an – zurück Richtung Dorfstraße, dann gleich links in den Kürschnerweg. Der bringt uns nach **Hub** und im Wald durch einen Graben an die Kreisstraße. Links herum geht's nach **Aschhofen**; bei der Kapelle drehen wir halblinks weg. Der Weg bringt uns nach **Unterwertach**. Vor dem ersten Hof biegen wir links ab und an der Vorfahrtstraße noch einmal. Das Gelände fällt ab, wir durchqueren einen kleinen Wald und kommen nach **Maxhofen** mit seinem Schullandheim im Schloss. Gleich darauf landen wir an der Kreuzung in **Kirchdorf am Haunpold**. Hier links, an der Kirche vorbei, dann rechts in die Ginshamer Straße. Am Feldkreuz links nach **Noderwiechs**, wir kreuzen davor die Kreisstraße, und am Ortsende dreht die Straße nach Süden.

Wir biegen vor dem Komposthof links ein („Zur Kieslände") und zielen zwischen den Baggerseen hindurch nach **Högling**. Auf der Lindenstraße kurven wir durch den Ort an der riesigen Linde vorbei und geradeaus weiter nach **Weihenlinden** (siehe Tour 10). Dort treffen wir auf den Sempt-Mangfall-Radweg.

Rechts vor der Kirche herum geht's weiter über ein Gleis und zur Rosenheimer Landstraße (St 2078). Dort haben wir eine Unterführung und einen Radweg, zuerst rechts, dann links der Straße, und auf der Weihenlindener Straße laufen wir in **Heufeld** ein. Dort überqueren wir am Kreisel die Heufelder bzw. Bruckmühler Straße. Die Weihenlindener Straße macht einen Rechtsknick und endet an der Gottlob-Weiler-Straße in **Hinrichssegen**. Hier queren wir links den Triftbach und biegen rechts in den Brückenweg ein, der dann nach links auf den **Mangfallsteg** abbiegt. Hier am Mangfall-Radweg endet der Sempt-Mangfall-Radweg.

Heimwärts geht's mit der Regio-Bahn: Dazu müssen wir entweder bis zu der Stelle zurück, wo wir das Bahngleis zuerst getroffen haben (Bf Hinrichssegen), oder zur Gottlob-Weiler-Straße. Dort radeln wir halblinks bis zu ihrem Ende. Rechts geht es dann zum Bf Heufeldmühle.

Die Mangfall bei Bruckmühl

KARTENHINWEIS UK 50-42 München-Ost und 50-53 Mangfallgebirge 1:50 000 (LDBV)

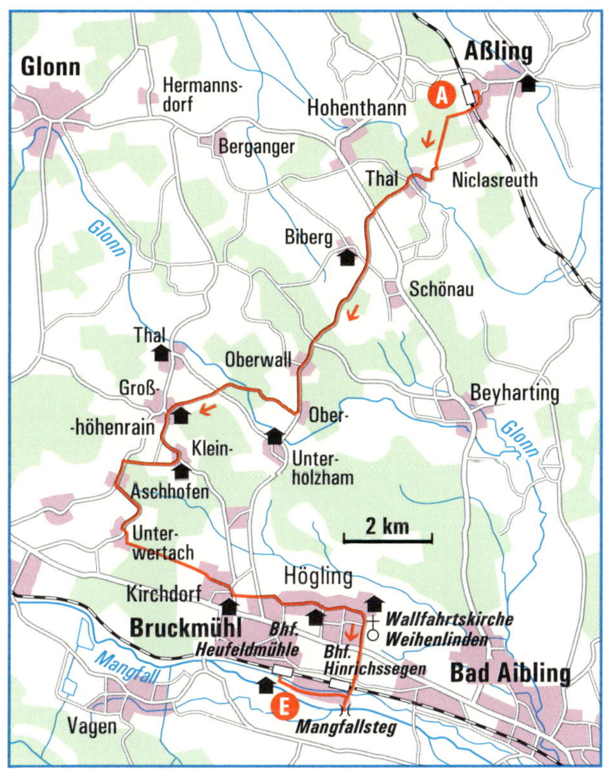

Die Wallfahrtskirche Weihenlinden mit ihren charakteristischen Doppeltürmen

START: Aßling Bhf

ZIEL: Heufeldmühle Bhf

ANFAHRT MIT BAHN: RB

ANFAHRT MIT AUTO: B 304 bis hinter Kirchseeon, dann in einer Linkskurve (Ampel) rechts ab auf die St 2089 (WW Grafing, Rosenheim) und hinunter nach Grafing. An der Vorfahrtstraße rechts, am Markt rechts, danach links und nochmal links (WW Aßling, Rosenheim). In Aßling an der Straßengabelung rechts (WW Lorenzenberg) und vor den Gleisen links zum Bf

RÜCKFAHRT ZUM AUTO: BRB nach Rosenheim, dann weiter mit BRB Richtung Grafing

STRECKE: 31 km

SCHWIERIGKEIT: mittel, mehrere Steigungen

CHARAKTER: durch die „Pampa" zu einer grandiosen Aussicht. Nur bei guter Fernsicht ein ganzer Genuss!

WEGWEISER: erst gegen Ende „Salz" und „Via Julia", ab Weihenlinden auch Sempt-Mangfall-Radweg

E-BIKE-LADESTATIONEN: keine

EINKEHREN: *Unterholzham:* Zur Mühle mit Garten (geöffnet Do/Fr/Sa ab 17, So ab 10 Uhr); *Kirchdorf am Haunpold*: Großer Wirt mit Biergarten; *Högling:* Café Messerer; *Weihenlinden*: Landhaus Weihenlinden mit Biergarten (Do–So geöffnet); *Heufeldmühle:* Safran, indisch ayurvedisches Restaurant mit Biergarten

ÜBERNACHTEN: Hotel garni Demmel, Waldschlössl, Pension Demmel, Café Messerer (Högling)

19 DER TEUFELSGRABEN

Ein tiefer Graben, der durch die Lande zieht, war für viele Menschen in vergangenen Jahrhunderten Teufelswerk. Für uns ein schönes Stück Landschaft, das es zu ergründen gilt. Von Holzkirchen gelangen wir auf stillen Wegen nach Kreuzstraße und bald darauf an den Teufelsgraben, d.h. an sein Ende an der Mangfall. Und dort treffen wir auch auf die grandiose Rohrbrücke, die für die Münchner Wasserleitung bis vor Kurzem benötigt wurde. Von dort unten müssen wir hinauf nach Kleinhöhenkirchen. Kurz darauf geht es wieder an die Mangfall hinunter und drüben hinauf nach Valley. Wir können auch noch ein drittes Mal hinunterfahren und werden mit einem schönen Gartencafé belohnt. Und dann sehen wir die Autobahn-Mangfallbrücke von unten. Gleich danach geht es wieder hinauf nach Mitterdarching, am Taubenberg vorbei nach Warngau und zum malerischen Hackensee. Links und rechts des Teufelsgrabens radeln wir weiter nach Palnkam und zum Bf Holzkirchen.

Wir verlassen den Bahnhof Holzkirchen auf der Fahrradrampe an der Rückseite und radeln auf der Erlkamer Straße links unbeirrt bis zum Ende, dann rechts zur Unterführung und anschließend rechts und links nach **Erlkam**. Die „Hauptstraße" zieht nach rechts weg und ungeteert weiter und durchläuft die Häuser von **Mölgg-Aberg**. Bald darauf überqueren wir die A 8 beim Rasthof Holzkirchen, gleich danach holt uns wieder die Stille ein. Außer dem Klappern der Räder und den Stimmen der Natur wie murmelnde Bäche und zwitschernde Vögel hören wir heute oft kilometerlang nichts! Links von uns breitet sich der Hofoldinger Forst aus, und davor liegt der Teufelsgraben, den wir uns heute vorgenommen haben. Wir erkunden zuerst sein Ende an der Mangfall, später besuchen wir das weiter oben liegende Tal.

Wir kommen an die Straße von Holzkirchen nach Kreuzstraße und biegen links ein. Und hier haben wir schon mal die Senke des Teufelsgrabens durchfahren. Vor dem **Nehaider** drehen wir nach links und rollen am **Kühlechner** vorbei in den Forst hinein. Gleich darauf treffen wir auf eine Straße, der wir nach rechts folgen und die uns an den Ortsrand von **Kreuzstraße** bringt. Ein paar Meter links lockt schon die erste große Brotzeitversuchung: der Bartewirt mit seinem geräumigen Biergarten.

TEUFELSGRABEN

Ein 23 km langer, tiefer Geländeeinschnitt zwischen Bad Tölz und Grub am Mangfallknie. Die Erklärung für seine Entstehung ist einfach: Das Isarbett war gegen Ende der Würm-Kaltzeit mit Schutt verstopft, und der Fluss grub sich ein neues Bett bis zur Mangfall. Später hat er sich seinen alten Lauf wieder zurückerobert. Das Wasser hat sich großenteils verlaufen; die steile, meist bewaldete Rinne blieb mit ein paar kleinen Seen zurück. Der Graben musste verschiedentlich von Straßen, Wegen und der Bahn überwunden werden. Für eine Wasserleitung wurde 1890 bei Grub sogar ein 91 m langer und 19 m hoher Talübergang geschaffen.

Nun lassen wir unsere Räder rechts zum **Bf Kreuzstraße** hinunterlaufen (Römerstraße). Gleich nach dem Bahngleis links in den Kiesweg und am Gleis entlang geht es im Teufelsgraben weiter. Eine lang gezogene Rechtskurve, immer bergab, und wir sehen über uns das **Teufelsgrabenaquädukt** (auch Rohrbrücke genannt), das bis vor einigen Jahren die Münchner Wasserleitung trug und heute unter Denkmalschutz steht.

Kurz darauf nähern wir uns einer Teerstraße, die links hinauf nach Grub führt (dort gibt es einen Kamelhof). Wir fahren aber rechts an der **Grubmühle** vorbei hinunter an die Mangfall. Drüben geht es zuerst ein Stück zurück. Wir kommen aus dem Wald hinaus und strampeln uns 50 m nach **Kleinhöhenkirchen** hinauf. Um die Kirche herum und rechts geht's nach **Sonderdilching**. Dort fahren wir rechts (WW Valley) wieder zur Mangfall hinunter und drüben nach **Valley** hinauf (Schloss mit Orgelmuseum, Brauerei). Am Biergarten geht es geradeaus und in die Schlossallee, bald darauf an die Kreisstraße.

Anstrengender, aber lohnender Abstecher

Sie können gleich noch ein drittes Mal die Mangfall sehen. Dazu biegen Sie steil links hinunter ab in den Maxl-Müller-Gasteig (WW Maxlmühle). Achtung: Auf dem halben Weg nach unten sehen Sie zur Linken ein „**Wasserschloss**" der Münchner Wasserleitung, den Verteilungsschacht bei der Maxlmühle, der 1906 erbaut wurde – ein imposantes Bauwerk aus Tuffsteinen. Dann fahren Sie vorsichtig auf Kies ab zur **Maxlmühle** hinunter. Das Waldrestaurant Maxlmühle ist seit 350 Jahren ein Wirtshaus in schönster Lage mit Sonnenterrasse und Biergarten im wildromantischen Mangfalltal. Schon Kronprinz Max genoss die Ruhe und die Natur an diesem Fleckchen Erde – eine Tafel erinnert an seinen Besuch. Dort gibt es ausgesuchte bayerische Spezialitäten in bürgerlich-regionaler Qualität und frisch geräucherte Forellen. Das Bier stammt von Graf Arco und vom Holzkirchener Oberbräu (Mi/Do Ruhetag).

Wir bleiben im Tal, radeln dann rechts entlang an der ursprünglichen Mangfall mit ihren Wasserfällen und kommen zur **Weiglmühle**. Über uns wird die Mangfallbrücke der A 8 sichtbar. Von dort haben wir rechts hinauf eine Steilstrecke von ca. 400 m nach Mitterdarching.

Falls Sie des Aufs und Abs schon überdrüssig sind, radeln Sie einfach statt zur Maxlmühle hinunter

Aufbruch von Valley nach der Stärkung im Biergarten

geradeaus noch ein paar hundert Meter weiter zur Vorfahrtstraße und biegen dort rechts ein.

In jedem Fall kommen wir nach **Mitterdarching**, nachdem wir die A 8 unterquert haben. Dort gibt es einen Bf. Bald nach der Kirche, die ebenso wie der Turm aus Tuffsteinen erbaut ist, biegt links unsere Straße ab (WW Warngau). Nach einem Wäldchen kommen wir nach **Schmidham**, vor uns der Taubenberg mit seinen 900 m. Wir durchfahren das Dorf und sind bald in **Osterwarngau**. Am Ortsende können wir nach links in die Flur ausweichen; nach 100 m Teer geht es geradeaus auf Kies über den kleinen Buckel nach **Oberwarngau.** Dort kommen wir auf der Lindenstraße an. Beim Rathaus rechts und gleich wieder links auf die Taubenbergstraße, die uns geradeaus zum Bf führt.

Nach dem Gleis geht es rechts, nach 800 m zieht unsere Straße durch den Wald und biegt zum Einödhof **Thannseidl** ab, Sufferloh bleibt rechts liegen. Weiter kommen wir nach **Großhartpenning**. An der Tölzer Straße (B 13) links und

Die Rohrbrücke, auch Teufelsgrabenaquädukt genannt, trug 100 Jahre die Münchner Wasserleitung.

gleich wieder rechts Richtung Kleinhartpenning. Nach knapp 2 km sind wir dort. Geradeaus durch und hinab auf Kies zum **Hackensee**. Hier dürfen Sie Ihre Badesachen rausholen, wenn Sie gern in Naturseen baden und Ihnen mooriges Wasser, Pflanzen und Fische nichts ausmachen. Auf der Nordseite gibt es einige Angelstege, die sich zum Baden eignen. Am Hackensee gibt es weder einen Kiosk noch Toiletten oder Umkleiden.

100 m zurück vom Wasser zieht links der „Radweg 65" (Hackenseerunde) weg. Und nun beginnt eine Tortur für die Reifen und Felgen: 8 km schlechte Schotterstrecke, aber wir haben ihn wieder, den schattigen Teufelsgraben! Einen Radweg durch den Graben gibt es nicht – wir kreuzen ihn aber ein paar Mal. 400 m nach der Brücke über den (Kirchsee-)Bach biegen wir rechts ab – nicht verpassen! Wir kreuzen den Bach erneut, und nach 500 m an einer Wegspinne/Holzlagerplatz drehen wir nach links. Wieder lenken wir in den Talgrund und kreuzen den Bach ein drittes Mal – er verschwindet bald darauf rechts im Talgrund in einem kleinen Weiher –, danach steigt der Weg etwas stärker an, knickt nach links um, und unser „Radweg 65" biegt nach ein paar hundert Metern rechts ab. Bald erreichen wir die St 2073 (Holzkirchen–Dietramszell); der Radweg führt versetzt nach rechts in derselben Richtung weiter. Schließlich kommen wir auf dem Prügelweg in **Palnkam** an. Wir biegen rechts ein, wieder auf Asphalt.

An der Vorfahrtstraße scheiden sich die Geister: Für die S-Bahn-Fahrer geht es in Palnkam links. Sie kommen nach 2 km an die Dietramszeller Straße in **Otterfing**, wo Sie rechts eindrehen. An der St 2573 (Ampel) geht es geradeaus in die Kreuzstraße, und vor der Überführung links zum S-Bf.

HOLZKIRCHEN

INFORMATION: Markt Holzkirchen, Marktplatz 2, 83607 Holzkirchen, Tel. 080 24/64 20, www.holzkirchen.de.

Die frühere Besiedlung des Raumes ist nicht exakt bekannt, doch erzählen Funde von einer Besiedlung in der Bronze- und Römerzeit. Die Bajuwaren nahmen im 6. Jh. hier Land. Die „Kirche im Holz", die auch im Wappen zu finden ist, deutet auf dichten Wald hin. 1329 erließ Ludwig der Bayer eine Marktordnung. 1803 wurden die Güter des Klosters Tegernsee verstaatlicht. Die Eisenbahn brachte ab 1857 durch Linien von München nach Rosenheim, Miesbach und Tölz einen gewaltigen Aufschwung, die Autobahn tat im 20. Jh. ein Übriges, und durch die S-Bahn (1972) wurde Holzkirchen (fast) ein Vorort von München.

SEHENSWERT: Marktplatz mit Altem Rathaus und Brunnen, der an den dortigen Brunnen aus dem 7. Jh. erinnern soll • St. Laurentius, oft umgebaut, mit markantem Turm

FREIZEIT: BATUSA Hallenbad, Baumgartenstr. 13, Di Warmbadetag, mit Außenbecken, Liegewiese, Cafeteria

KARTENHINWEIS **UK 50-53 Mangfallgebirge 1:50 000 (LDBV)**

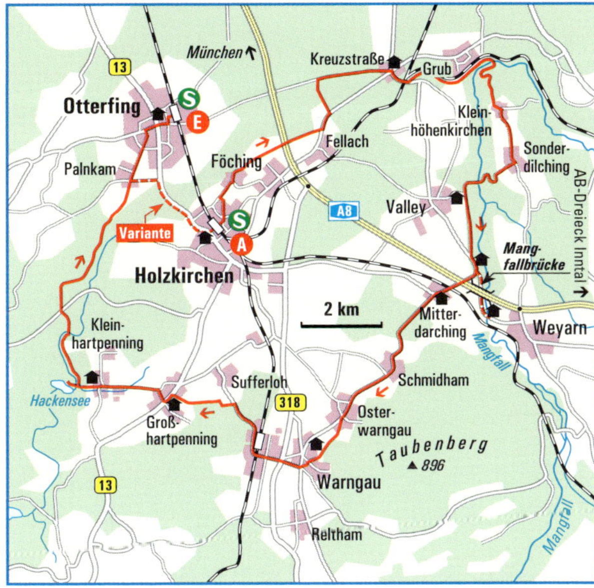

Wer zum Auto zurück muss oder Holzkirchen noch einen Besuch abstatten will, lenkt hier geradeaus und kommt an die St 2573, dort rechts auf den RW. Hier ist auch nochmal der **Teufelsgraben** zu passieren. Am Kreisverkehr in Holzkirchen wechseln Sie nach links und radeln unter der Bahn durch, danach rechts auf die Rückseite des Bahnhofs.

Bei Radlern und Wanderern beliebt: Das Gasthaus Maxlmühle im Tal der Mangfall

START: Holzkirchen Bf

ZIEL: Otterfing Bf bzw. Holzkirchen Bf

ANFAHRT MIT BAHN: S-Bahn oder BRB; Rückfahrt ab Otterfing mit S-Bahn, ab Holzkirchen mit BRB oder S-Bahn

ANFAHRT MIT AUTO: A 8 bis Holzkirchen (97), dort rechts auf die B 318, dann Richtung Holzkirchen Zentrum, weiter Richtung München zum Bf

RÜCKFAHRT ZUM AUTO: von Warngau oder Darching mit der BRB nach Holzkirchen

STRECKE: 46 km, bei Abbruch in Warngau 28 km. Wenn Sie die Tour in Darching oder Warngau abbrechen wollen, brauchen Sie ein BRB-Zusatzticket nach Holzkirchen! Auch fürs Rad!

SCHWIERIGKEIT: mittel, einige Steilstrecken, teils auf Kies

CHARAKTER: sehr abwechslungsreich, viel Natur, viel Wasser, auch ein Badesee und Waldschluchten

WEGWEISER: nur lokale Touren

E-BIKE-LADESTATIONEN: *Holzkirchen*: EBW, Dichtholz 3 (an der AB-Einfahrt); bei allen TI im Lkr. Miesbach; *Kreuzstraße*: Bartewirt

EINKEHREN: *Kreuzstraße*: Bartewirt mit großem Biergarten; *Valley:* Gräfliches Bräustüberl (Graf Arco) mit gemütlichem Biergarten (Mo/Di Ruhetag); *Oberwarngau*: Zur Post mit Biergarten (Di Ruhetag); Altwirt mit Biergarten; *Kleinhartpenning*: Schreinerwirt mit Biergarten (Mo/Di/Mi Ruhetag); *Otterfing*: Ghf. Wagner mit Biergarten (Mo Ruhetag), *Holzkirchen:* indisches Lokal Masala mit Biergarten; Zum Oberbräu (Mo Ruhetag); La Molisana, Haberl-Wirt mit Biergarten, 1 km südlich in *Marschall* (Mo Ruhetag)

ÜBERNACHTEN: Alte Post, Konrad Pötzel, Neuwirt

20 AUF DEN IRSCHENBERG VON MIESBACH AUS

„Der Irschenberg wär gar nicht schwer, wenn das Leitzachtal nicht wär“, so titelt ein Miesbacher Radler über diese Tour. Über Schloss Wallenburg und einige einsame Höfe kommen wir hinunter ins Leitzachtal und schieben drüben wieder hinauf zur Aniankapelle mit einem großartigen Blick ins Rosenheimer Land. Dann geht's hinüber nach Wilparting mit seiner von vielen Postkarten bekannten Kirche mit dem Hochgrab für die Heiligen vom Irschenberg. Die Aussicht vom Irschenberg in die vorderen Berge des Chiemgau ist legendär. Unten im Leitzachtal zieht die Route wieder nach Süden, wir biegen ab Richtung Miesbach und landen wieder auf dem Marktplatz der Kreisstadt.

Die Wallfahrtskirche Wilparting

Vom Miesbacher Bahnhofplatz radeln wir links und rechts unter dem Übergang hinaus auf die Wallenburger Straße und dort links. Wenn diese als Nordgraben rechts wegzieht, radeln wir geradeaus den Wallenburger Berg hinauf und oben auf die anfangs gepflasterte Allee mit alten Bäumen, dann vor dem **Schloss Wallenburg** am Biomarkt vorbei und rechts, wieder durch eine Allee, zur Staatsstraße. Drüben radeln wir weiter langsam bergan, rechts bleibt der Kaiser liegen, links der Loher. **Potzenberg** durchfahren wir, wobei wir uns links halten. An der Bundesstraße 472 ziehen wir schräg nach links, und etwas bucklig geht's nach **Frauenried**. Nach der Kirche links in den Wald hinein und steil bergab auf Kies (Achtung Wasserrinnen!) ins Leitzachtal nach **Schwaig**.

Bevor wir wieder zur B 472 kommen, lenken wir rechts über die Leitzach bei der **Jedlinger Mühle** und schieben hinauf zur St 2077; dort rechts und gleich wieder links weg nach **Poschanger**. Danach geht es links nach **Binzerhütte** und gleich darauf links nach **Untermoos**. Hier können wir geradeaus nach **Alb** fahren, wo der hl. Anian im 8. Jh. gelebt hat. Oberhalb des Anwesens haben wir einen weiten Blick auf das Rosenheimer Becken; beim Bauernhof steht die Kapelle aus dem 18. Jh.

WALLFAHRTSKIRCHE ST. MARINUS UND ANIAN

657 ließen sich der irische Wanderbischof Marinus und sein Diakon Anian in Wilparting nieder. Marinus erlitt den Märtyrertod, Anian starb zur selben Zeit eines natürlichen Todes in seiner Zelle in Alb. Die kleine runde Veitskapelle zeigt die Stelle an, an der sich die Zelle des Marinus befunden haben soll. Das barocke Äußere geht auf Johann Mayr d. Ä. von der Hausstatt zurück, das Innere ist durch den barocken Umbau verändert. In der Kirche ist das Hochgrab der beiden Heiligen zu sehen.

KARTENHINWEIS UK 50-53 Mangfallgebirge 1:50 000 (LDBV)

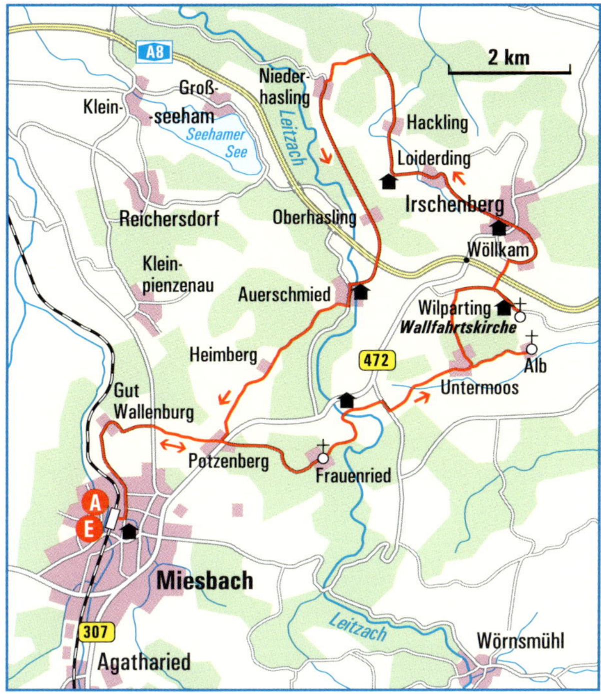

Oder wir lassen Alb rechts liegen und streben nach Norden, an **Hochholz** vorbei. An der Querstraße wenden wir uns rechts und geradeaus kommen wir in 800 m nach **Wilparting** mit der viel fotografierten Wallfahrtskirche St. Marinus und Anian.

Zurück zur AB-Unterführung bei **Wöllkam**. Dort hindurch und rechts etwas ansteigend zur „Aussicht". Hier müssen wir gar nicht zum Pavillon hinauftreten – die Aussicht auf die Wendelsteingruppe haben wir auch von der Abzweigung aus: Dort gibt es eine Ruhebank. Nach unserer Pause fahren wir weiter ins Dorf Irschenberg, wo wir bei Rathaus und Kirche ankommen.

Weiter geht es gegenüber der Kirche in die Straße nach **Loiderding.** Unten fahren wir rechts herum. Wir kommen an **Hackling** vorbei und an der Einöde **Deßl**, einem schön geschmückten Bauernhaus. Gleich danach beim Feldkreuz lenken wir links nach **Bergbauer** und hinunter nach **Niederhasling**. Die kleine Straße führt nach Oberhasling, unter der A 8 durch und links nach **Auerschmied**.

Nach dem Bach radeln wir halbrechts ins neue Dorf und steil aufwärts auf einem ungeteerten Weg durch den Wald. Oben tauchen wir beim **Karlinger** auf. Die Straße verläuft über **Kasthub** und **Heimberg** (Rückblick auf Irschenberg!) zu einer Kreuzung im Wald und weiter über **Marksteiner** zur B 472, dort rechts. Schon nach 250 m können wir wieder rechts weg (oder Sie fahren auf dem Radweg geradeaus weiter nach Miesbach) nach **Potzenberg** und kommen an die St 2073. Den Weg nach **Wallenburg** und **Miesbach** (Info zur Stadt S. 64) kennen wir schon.

START: Bf Miesbach

ZIEL: Bf Miesbach

ANFAHRT MIT BAHN: BRB

ANFAHRT MIT AUTO: A 8 bis Weyarn (98), dort rechts auf die St 2073 bis zum Ortsrand von Miesbach. Gleich nach dem Auftreffen auf die B 472 geht's halbrechts ins Zentrum zum Stadtplatz und weiter zum Bf. Kostenfreie P für 12 Stunden mit Parkschein hinter dem Bf an der Eishalle oder am Volksfestplatz.

STRECKE: 33 km (ohne Besuch in Alb)

SCHWIERIGKEIT: mittel mit zwei Anstiegen aus dem Leitzachtal

CHARAKTER: eine herrliche Landschaft, nicht nur wegen der phänomenalen Aussicht

WEGWEISER: verschiedene

E-BIKE-LADESTATIONEN: bei allen TI im Lkr. Miesbach; *Miesbach*, Marktplatz

EINKEHREN: *Irschenberg*: Ghf. Post mit sonnigem Biergarten; *Loiderding:* Wirt in Loiderding mit Biergarten; *Auerschmied*: Landgasthof Auerschmiede mit Biergarten; *Miesbach:* da Ramolo ehem. Waitzinger Bräu mit Biergarten (Do Ruhetag) am Stadtplatz; Weißbräustüberl Hopf am Marienplatz (Mo Ruhetag)

ÜBERNACHTEN: Best Western, Bayerischer Hof

21 DURCH DAS „GOLDENE TAL“ ZUM SEEHAMER SEE

Hundert Mal sind wir schon dicht an ihm vorbeigedüst – und haben ihn nicht einmal wahrgenommen, den Seehamer See. Denn er liegt dicht an der A 8 hinter Bäumen kurz vor dem Irschenberg. Nun wollen wir ihn mit dem Rad erkunden und umrunden. Das „Goldene Tal“, der untere Abschnitt des Leitzachtals, dient uns als Auffahrrampe. Dabei geht es um Beschaulichkeit und Genießen. Besonders interessant sind die vielen Streuobstwiesen, der Blumenschmuck in den Dörfern, die Vogelwelt rund um den See, das renaturierte Kiesabbaugebiet der Pfistererwiesen und das Moor von Wattersdorf. Und zum guten Schluss gibt es noch ein Schmankerl für den Kunstliebhaber.

Kloster und Kirche in Weyarn, Sitz des Deutschen Ordens

In Westerham verlassen wir den Bahnhof auf der Nordseite zur Bahnhofstraße und fahren nach rechts. An der Vorfahrtsstraße radeln wir wieder rechts, übers Gleis und auf linksseitigem Radweg in den Ort **Westerham** hinein. Die Hauptstraße bringt uns an die Mangfallbrücke hinunter; gleich danach geht es links (WW Naring). Unser Teersträßchen führt uns hinaus aus der Ortschaft. Hier beginnt das „Goldene Tal“. Es wird von der Leitzach durchflossen, die ihren Ursprung bei Bayrischzell am Fuße des Wendelsteins hat und zur rechten Zeit Überschwemmungen verursacht. Wegen der idyllischen und wettergeschützten Lage der Orte Naring, Holzolling und Esterndorf, des fruchtbaren Bodens und der vielen Bäche erhielt es schon vor Jahrhunderten seinen Namen und ist heute Landschaftsschutzgebiet.

Wir kommen an die Leitzach und nach **Naring** und erreichen bald **Holzolling**. Rechts drüben steht die Kirche, die Ende des 17. Jh. erbaut wurde. Der Biergarten liegt gegenüber.

TIPP: Gasthof Kreuzmair mit Biergarten (Fr/Sa/S/Fei geöffnet): alteingesessenes, 550 Jahre altes Wirtshaus im Familienbetrieb. Dort werden frische saisonale Produkte aus der Region verwendet. Brotzeiten und hausgemachte Kuchen und Torten sind bekannt. Ausgeschenkt wird Graf-Arco-Bier. Im großen urgemütlichen Biergarten haben Sie einen herrlichen Blick ins „Goldene Tal“; dem Wirtshaus ist auch ein Pralinenladen angegliedert. Im Hanschhof gegenüber wird Obst gebrannt. Tel. 0 80 63/324, www.gasthaus-kreuzmair.de

Von unserer kleinen Straße biegen wir links in die Kreisstraße ein und gleich wieder links. So erreichen wir **Esterndorf** mit seiner Maria-Hilf-Kirche. 200 m nach dem Ort geht rechts in den

Wald ein Fahrweg hinein („Bergerhof"), der uns steil aufwärts führt, an der Gabelung links und oben rechts, unter der A 8 hindurch und weiter durch **Ried**. Unser Weg endet an der Kreisstraße, wir lenken links nach **Großseeham**. An der Einmündung in die Straße steht gegenüber eine Ruhebank – von dieser genießt man einen herrlichen Seeblick. Nach dem Ort kommen wir direkt an den **Seehamer See** und zum Campingplatz. Ab hier – Info-Tafel am Seeufer – kann man den großen Seerundweg, der ungefähr 8 km misst, erwandern: ein Schmankerl für Naturliebhaber und trotz der nahen Autobahn ein schöner Fleck!

Am Ende des Sees könnten wir wieder an die Leitzach hinunterfahren, aber wir drehen bei **Brandlberg** nach rechts (WW Miesbach) und treten bergauf. Kurz danach treffen wir auf eine weitere Info-Tafel (Lebensraum Seeufer), die am Beginn des Pfades „Naturerlebnis Pfistererwiesen" steht. Der ehemals hässliche Kiesabbaubereich wurde der Natur wieder zugeführt. Die Wanderrunde von ca. 3 km zeigt dies. So gelangen wir nach **Reichersdorf**. Die Kirche St. Leonhard wurde von Erasmus Grasser und dem Maler Gilg von Schliersee ausgestattet. Bekannt ist der Ort auch für seine Leonhardifahrt am zweiten Sonntag im Oktober, die seit 1684 abgehalten wird – eine Trachtenschau ersten Ranges!

Bei der kreisrunden Allerheiligenkapelle rollen wir rechts hinunter zur Straße nach Kleinseeham, am Veigelberg vorbei. Bei Häusern in einer Linkskurve führt ein Weg rechts auf den Seehamer See zu. Am Ende des Kraftwerksstollens, der Schlierachwasser bringt, wartet eine weitere Info-Tafel auf uns. Hier läuft auch der große Seerundweg vorbei. Von dort kehren wir mit den Rädern wieder zur Straße zurück. Sie leitet uns rechts nach **Kleinseeham** und links zur Kreisstraße, dort rechts. In **Bruck** fahren wir links (WW Weyarn). Die Kreisstraße bringt uns nach **Wattersdorf** hinauf (Radweg). Wenn wir durch das Dorf mit den alten Höfen fahren, schweift unser Blick auch rechts hinunter ins Moor. In wenigen Minuten kommen wir per Radweg nach **Weyarn** mit seiner bekannten Klosterkirche. Zu ihr gelangen wir, wenn wir rechts in die Hauptstraße einbiegen und gleich nach dem Alten Wirt links in die Ignaz-Günther-Straße. Kurz darauf drehen wir wieder nach rechts in die Johann-Baptist-Zimmermann-Straße und nach der Durchfahrt links in den Klosterweg.

Das Nordufer des Seehamer Sees – ideal für eine gemütliche Rast

KLOSTER UND KIRCHE WEYARN

Die Gründung des Klosters geht auf den Salzburger Erzbischof Konrad I. zurück (1133). Die heutige Kirche stammt von 1693; sie wurde vom Graubündener Baumeister Lorenzo Sciasca errichtet. Nach einem Brand stattete J. B. Zimmermann die Kirche St. Peter und Paul mit Stuckaturen und Fresken aus, I. Günther mit Plastiken (u. a. der Rokokotabernakel und eine ausdrucksstarke Pietà). Im 18. Jh. war Weyarn ein wichtiges Musikzentrum. 1803, nach der Säkularisation, nutzten viele Besitzer die Gebäude, im Dritten Reich auch die NSDAP. Heute gehören Kloster und Pfarrei dem Deutschen Orden, der hier auch seinen Hauptsitz hat.

KARTENHINWEIS UK 50-53 Mangfallgebirge 1:50 000 (LDBV)

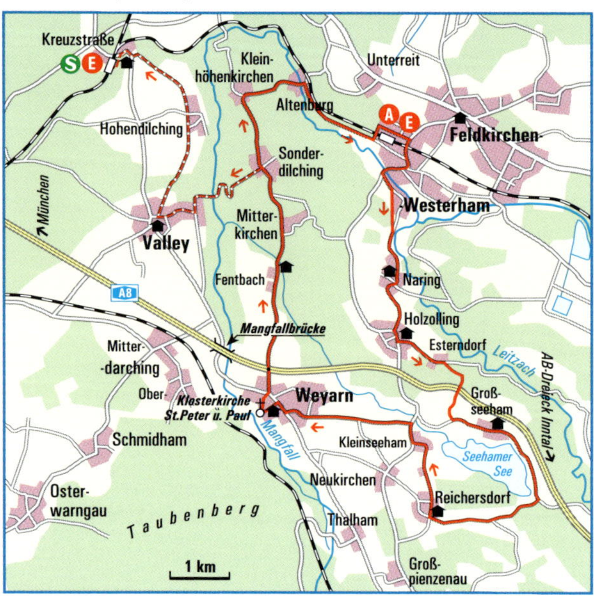

Wir radeln von der Kirche auf dem Klosterweg zurück zur Johann-Baptist-Zimmermann-Straße, dort links und beim Kindergarten rechts an die St 2073. Wir queren sie und nehmen die Anliegerstraße, die in einen Radweg übergeht. Dann über den Kreisel geradeaus, unter der A 8 durch und links auf Radweg weiter. In **Standkirchen** können wir einen Abstecher zum Weyarner Lindl hinauf machen, einem beliebten Aussichtspunkt. Vorbei an einer majestätischen Eiche rollen wir nach **Fentbach** hinunter. Mitten im Ort hört der Radweg auf und wir müssen 1 km auf der Kreisstraße radeln. Auf halber Steigung bei **Mittenkirchen** biegen wir links ab nach **Sonderdilching**.

Hier bewegen wir uns geradeaus weiter und kommen nach **Kleinhöhenkirchen**. Wir folgen der Teerstraße rechts, die uns steil ins Mangfalltal nach **Niederaltenburg** bringt, wo uns tausende von „Bettfedernfabrikanten" begrüßen. Nach der Mangfallbrücke drehen wir rechts ein und fahren parallel zum Flusslauf, der sich malerisch durch den Wald gegraben hat. Bei den ersten Häusern von **Westerham** biegen wir nach links, queren das Gleis an einer Schranke und rollen auf der Bahnhofstraße zum Bahnhof.

START: Bf Westerham

ZIEL: Bf Westerham

ANFAHRT MIT BAHN: BRB ab München HBf über Holzkirchen und Kreuzstraße Richtung Rosenheim; evtl. in Holzkirchen umsteigen

ANFAHRT MIT AUTO: A 8 bis Weyarn (98), dort links hinunter ins Leitzachtal und links nach Westerham, den Hügel hinauf und über die Bahn, dann links

STRECKE: 21 km

SCHWIERIGKEIT: mittel wegen zwei längerer Steigungen

CHARAKTER: liebliche Landschaft, keine allzu großen Anstrengungen

WEGWEISER: verschiedene

E-BIKE-LADESTATIONEN: bei allen TI im Lkr. Miesbach; *Feldkirchen-Westerham*: Rathaus, Ollingerstr. 10; *Feldollig:* Ghf. Kreuzmair

EINKEHREN: *Naring*: Ghf. Zum Goldenen Tal mit Biergarten (Mo/Di/Mi Ruhetag); *Großseeham*: Spießbratenhaus mit Biergarten direkt am See (Mi Ruhetag); *Weyarn*: der traditionelle Alte Wirt mit Biergarten (Mo–Fr erst ab 16 Uhr geöffnet); *Fentbach*: Schanuks „Lindl" (Mi Ruhetag, Mo/Di/Do/Fr ab 17, Sa ab 15, So/Fei ab 10 Uhr geöffnet); *Feldkirchen-Westerham*: Restaurant Olympia (Mo Ruhetag)

ÜBERNACHTEN: in Bruckmühl (6 km östlich, siehe Tour 10) und in Unterlaus (6 km Richtung Glonn, Ghs. Bergmüller)

22 ÖSTLICH VON WOLFRATSHAUSEN

„Da ist ja gar nichts los!“ – Eben, das ist es ja gerade, was reizt. Alte Bauernhäuser in Thanning, dazu noch die drei Naturweiher und auf der Höhe das Schloss Harmating (mit Weiherblick, hier darf man auch baden) sind Orte für stille Genüsse. Sodann sorgen drei Kirchen für Aufmerksamkeit: in Linden, in Lochen und zum Leonhard. Das Kunsterlebnis wird noch gesteigert durch die Klosterkirche von Dietramszell. Hier haben sich J. B. Zimmermann, F. X. Schmädl und Ph. Rämpl ein Denkmal gesetzt und hier ist auch die Wendemarke der Tour, wenn auch die Kirche in Thankirchen und die alten Bauernhäuser mit Fresken und Inschriften nochmal Freude bereiten. Der Rückweg auf wenig befahrenen Straßen beendet die Runde. Nix los??

Vom S-Bahnhof Wolfratshausen schieben wir hinaus auf die Bahnhofstraße und wenden uns nach links. An der Sauerlacher Straße geht es links über die Gleise. Nach der Kreuzung mit der Schießstättstraße sehen wir links die Friedhofskirche Nantwein. Die Straße macht einen weiten Linksbogen und erreicht die Isarbrücke. Drüben in **Puppling** können wir nach rechts unsere Route weiter verfolgen. Nach 400 m („Am Kaltenbach“) biegen wir links ein auf Kies und steigen neben einem Bach aufwärts. Bei der Kirche geht es links und gleich wieder rechts. Wenn wir aus dem Wald auftauchen, sehen wir **Neufahrn** vor uns. Der Pupplinger Weg (rechts) zieht zur Hauptstraße, am Maibaum fahren wir geradeaus auf dem Veiglbergweg, der am Feld draußen rechts weiterführt. Unser Weg dreht auf Nord und erreicht die St 2070 – wir radeln aber rechts davon Richtung **Egling**. Der Ort ist 1200 Jahre alt.

TIPP: Gasthof Oberhauser – Hotel zur Post, ein rustikales familiäres Restaurant mit eigener Metzgerei (EU-zertifiziert) und ausgezeichnete Küche (Goldmedaille) unter Verwendung regionaler Produkte. Großer Biergarten unter Kastanien; Münchner Bier (Hacker-Pschorr), kein Ruhetag, Mo und Do erst ab 17 Uhr geöffnet.

Bei der Kirche rechts in die Tölzer Straße, nach ein paar hundert Meter halblinks in die Mooshamer Straße, die leicht bergauf führt. Bei einer Birke

Die Klosterkirche von Dietramszell

Beschauliche Fahrt durch Wälder, Ackerland und Wiesen

auf freiem Feld biegen wir links nach **Thanning** ab. An der Gräfin-Justitia-Straße geht es nach rechts zur Hauptstraße, dort links. Am Weiherweg schwenken wir nach rechts, vorbei an schönen alten Holzhäusern. Bei einer Linkskurve fahren wir rechts in den Flurweg zum ersten Weiher.

Links entlang nehmen wir den Weg im Wald und vergessen sofort die Zivilisation. Nach dem zweiten Weiher bleibt uns nur noch ein Wiesenweg mit Löchern. Beim dritten Weiher kommt von links der Weg von Wörschhausen herab. Wir fahren rechts steil den Berg hinauf, oben im spitzen Winkel links. Der Waldweg endet an einer Forststraße, die wir nach rechts nehmen. Wir steuern auf **Feldkirchen** und seinem gotischen Kirchlein mit Tuffsteinturm zu. An der Vorfahrtstraße links, dann an einer solitären Birke geradeaus, so kommen wir nach **Harmating** mit einem Schloss in beherrschender Lage, dessen Giebel man von allen Seiten sieht.

An der Straße nach Linden biegen wir links ein, am Feldkreuz rechts, erreichen **Reuth** nach einer kräftigen Steigung und schließlich **Linden.** Die Marienkirche birgt sehr gut erhaltene gotische Malereien in der Vorhalle. Den Ort verlassen wir südlich, dann drehen wir links nach **Lochen**. Dort findet man eine Magdalenenkirche von 1520 mit barocker Ausstattung. Gleich bei den ersten Häusern führt ein Fahrweg rechts zur Steingauer Straße, die wir nach rechts nehmen. Bald darauf erreichen wir die St 2368 und links haltend landen wir bei der **Wallfahrtskirche St. Leonhard**, die ein Kuppelfresko von Ch. Wink aufweist und Altäre und Kanzel von Ph. Rämpl. Im Sommer ist sie Ziel der Pferdewallfahrt. 1 km weiter (Radweg) kommen wir nach **Schönegg**. Wir rollen den Berg hinunter nach **Dietramszell** zur Klosterkirche St. Martin von 1717. Die sehenswerte Inneneinrichtung stammt zum Teil von namhaften Künstlern wie J. B. Zimmermann, F. X. Schmädl und Ph. Rämpl. Dann geht es zurück nach Schönegg.

Wir biegen in die Wolfratshauser Straße links ab (St 2073) und kommen nach 1,5 km an eine Kreuzung, wo es rechts nach Föggenbeuren und links nach **Thankirchen** geht. Hier gibt es eine Kirche mit Werken von Wink und Rämpl (St. Katharina, 400 m links). Beachtenswert sind auch die Höfe im Ort mit Holzaufbauten, Inschriften und Fresken und der herrliche Blick ins Zellbachtal. Und nun zurück an die Kreuzung.

Dort radeln wir rechts bzw. von Thankirchen kommend geradeaus. Auf der Vorfahrtstraße in **Föggenbeuren** mit seinen hübschen Bauernhäusern wenden wir uns nach links und erreichen **Kleineglsee** und **Emmerkofen**, wo wir wieder auf die St 2073 treffen. Auf ihr rauschen wir 2 km durch den Wald zur Weihermühle und zum **Harmatinger Weiher** hinunter. Nach einem erfrischenden Bad kurven wir von der Hauptstraße

KARTENHINWEIS **UK 50-52 Tölzer Land – Starnberger See 1:50 000 (LDBV)**

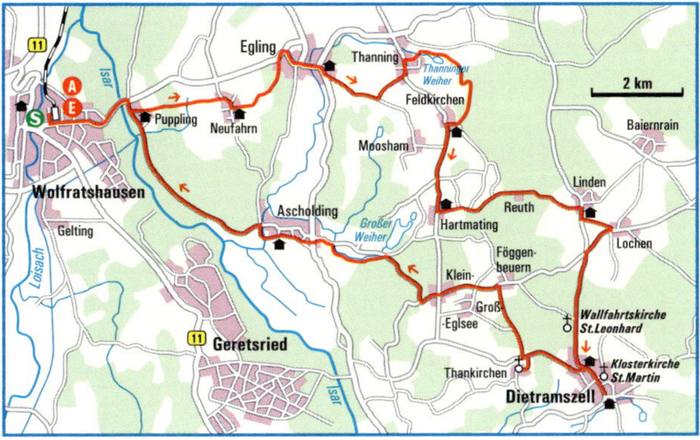

wieder weg – links durch den Wald auf Kies. Der Weg zieht dann durch die Wiesen nach **Ascholding** hinüber, kreuzt die Tattenkofener Straße (St 2072) und führt als Isarstraße weiter in die Kronmühlstraße. An der Vorfahrtstraße drehen wir links ein. Fünf nicht allzu stark befahrene Kilometer sind es noch durch das NSG Pupplinger Au bis **Puppling**. Dort treffen wir wieder auf die Sauerlacher Straße, die uns links hinein nach **Wolfratshausen** bringt.

WOLFRATSHAUSEN

Flößerstadt mit 1000-jähriger Geschichte

INFORMATION: Touristinformation im Rathaus am Marienplatz, 82515 Wolfratshausen, Tel. 081 71/21 42 06, www.wolfratshausen.de

SEHENSWERT: Historische Häuser am Markt • Kastenmühlwehr in der Loisach mit Floßgasse und Fischtreppe (Neubau 1994) • Mitten im Ort ein japanischer Garten • Bergwald Erlebnispfad mit 15 Stationen

TIPP: Floßfahrt nach München-Thalkirchen über sieben Floßrutschen, auch über die längste Floßgasse der Welt (in Mühltal). Etwa 1000 Flöße jährlich legen die 28 km zurück (ca. 5–7 Std.). Näheres siehe unter www.isar-floss-event.de

START: Bf Wolfratshausen

ZIEL: Bf Wolfratshausen

ANFAHRT MIT BAHN: S-Bahn

ANFAHRT MIT AUTO: A 95 bis Wolfratshausen (6), dann links hinunter ins Loisachtal, vor dem Fluss rechts und unter dem AB-Zubringer hindurch auf der St 2370 bis zur Stadtmitte, davor mit WW Sauerlach rechts in die Johannisgasse über die Loisach (St 2070) und vor dem Bahngleis links zum S-Bf

STRECKE: 35 km ohne Abstecher zum Mooshamer Weiher und Dietramszeller Waldweiher

SCHWIERIGKEITSGRAD: mittel

CHARAKTER: abwechslungsreiche Landschaft, alte Höfe, gotische und barocke Kirchen, mehrere Badegelegenheiten, herrliche Aussichten, einige Anstiege

WEGWEISER: Ring der Regionen ab Harmatinger Weiher

E-BIKE-LADESTATIONEN: keine

EINKEHREN: *Puppling*: Wirtshaus in der Pupplinger Au mit Biergarten; *Dietramszell*: Klosterschänke mit Biergarten (Di Ruhetag); *Ascholding*, Landgasthof Lacherdinger mit Biergarten (Di/Mi Ruhetag); *Wolfratshausen:* Zur Linde mit Garten; Ghf. Flößerei mit eigenwilliger Architektur und Biergarten an der Loisachhalle; historischer Ghf. Humplbräu am Obermarkt; Ghs. Frühlingsgarten mit Biergarten,

ÜBERNACHTEN: Humplbräu, Isartaler Hof, Landhaus Hotel

23 IM ALLGAU

Nein, ins Allgäu radeln wir nicht hinüber. Der Begriff für diese Landschaft ist schon 1200 Jahre alt und stammt aus Freisinger Dokumenten und soll so viel heißen wie „Gebiet der Bergwiesen“. Tuffsteinhäuser und -kirchen, alte Bauernhäuser begegnen uns in Ellbach und Kirchbichl, auch in Hechenberg, dazu ein Schloss aus dem 17. Jh. und ein Schnapsverkauf (der edle Inhalt ist etwas jünger!). Von Dietramszell (mit seiner herrlichen Klosterkirche) aus durch den Zeller Wald erreichen wir den Kirchsee und seine Badeplätze, dann Kloster Reutberg mit der berühmten Klosterapotheke und dem bekannten Biergarten zu seinen Füßen – zusammen mit dem Bergblick ein Labsal ersten Ranges. In Sachsenkam treffen wir auf Alt- und Neuwirt und durchmessen nochmal den Filz. Über Ellbach und Kirchbichl streben wir wieder Bad Tölz entgegen, in die Altstadt mit ihrer zur Isar hin geneigten einmaligen Marktstraße.

Badefreuden am Kirchsee – Kiosk mit Erfrischungen inklusive

Wir schieben aus dem Tölzer Bahnhof auf der Stadtseite hinaus und radeln gegenüber in die Eisenberger Straße. Davon zieht ein Weg in der Kurve geradeaus weg, überquert die Dietramszeller Straße, geht auf den Alten Bahnhofplatz über, an den Schulen vorbei und quert die Hindenburgstraße hinüber zur Alleestraße. Geradeaus geht es nun in den ungeteerten Thomas-Mann-Weg um den Klammerweiher herum, der an einer Hecke endet. Dort biegen wir rechts in einen Waldweg ein, der mäßig bergauf führt und dann mitten auf der Wiese auf eine Teerstraße mündet. Sie führt uns links zum Schützenhaus.

In **Ellbach** bewegen wir uns wieder auf die Tölzer Straße (St 2368) nach links; nach 800 m zweigt rechts eine Straße nach **Rain** ab. Teilweise tangieren wir heute den Geokulturpfad „Kirchsee-Ellbach-Region“, der Einzelheiten über das Gelände verrät, in dem wir unterwegs sind. An einer Kreuzung hinter Rain geht es links in die Nikolaus-Rank-Straße und zur St 2368 in **Kirchbichl**. Dort biegen wir rechts in die Münchener Straße ein. 800 m weiter – es geht ein wenig bergab – nehmen wir eine Straße, die links nach Schnaitt hinüberzieht. Bevor wir dorthin kommen, biegt eine Straße bei einem Feldkreuz rechts ab. Sie nimmt uns im Linksbogen mit hinunter, an der Vorfahrtstraße rechts und anschließend wieder hinauf nach **Hechenberg**, wo wir auf der Sonnenlängstraße ankommen.

TIPP: Moarwirt in **Hechenberg** mit ruhigem Biergarten mitten im Grünen (Mai–Sept. kein Ruhetag). Aussicht auf die Alpenkette, gehobene Bio-Küche. Spezialitäten: Salate in allen Variationen, Bio-Limo aus eigener Herstellung und kreative Mixgetränke (Mi/Do ab 17, Fr/Sa/So/F ab 12 Uhr geöffnet); www.moarwirt.de

Kloster Reutberg auf einem Hügel über dem Kirchsee

Hinter dem Moarwirt steht die Kirche St. Valentin mit einem alten Turm und einer Friedhofsmauer aus Tuffstein (17./18. Jh.). In dieselbe Zeit wird auch das davorstehende Bauernhaus mit Blockbauobergeschoss datiert. Hinter der Kirche finden wir das ehemalige Schloss mit Malerei und Schnapsverkauf. Am Kriegerdenkmal biegt die Straße rechts ab und bringt uns leicht auf und ab nach **Walleiten**. Ein paar hundert Meter später in einer lang gezogenen Rechtskurve kurz vor einem Trafohäuschen lenken wir links auf einen Feldweg nach **Niederreuth**. Davor aber geht's weiter hinunter und schließlich doch an die Staatsstraße, dort links. Sie bringt uns nach **Obermühlthal** und zum Kloster **Dietramszell**.

Direkt vor dem Kloster lenken wir halbrechts weiter auf der St 2073 nach **Gastwies**. Noch vor der Ortsendetafel von Dietramszell biegen wir rechts ab (WW). Zunächst noch auf ebenem breiten Weg; dann stoßen wir auf einen Waldweg, der anfangs noch sehr holprig ist, im Zeller Wald dann leicht ansteigt und uns zu einer „Kreuzung" mittendrin bringt. Dort wählen wir den linken Weg (WW „zum Hackensee", dann wieder auf Teer) nach **Pelletsmühl** am Kirchseebach, der aus dem Teufelsgraben kommt; dort gibt es noch ein hölzernes Mühlenrad. Wir fahren weiter Richtung B 13. 300 m bevor wir auf die Straße stoßen, lenken wir rechts, an **Reith** vorbei, in einer Doppelkurve nach **Babenberg** am Kirchseebach hinunter. Unsere Straße führt an **Stubenbach** vorbei ins NSG Kirchseefilz. Das ist eines der besonders kostbaren Naturschutzgebiete Bayerns: Nicht nur seltene Tiere und Pflanzen sind hier zu finden, sondern auch das Geotop Kaltenbachquelle südlich des Kirchsees und westlich von Kloster Reutberg. 800 m nach Stubenbach geht es im spitzen Winkel nach rechts zu den Badeplätzen am **Kirchsee** (Kirchseestraße).

KARTENHINWEIS **UK 50-52 Tölzer Land – Starnberger See 1:50 000 (LDBV)**

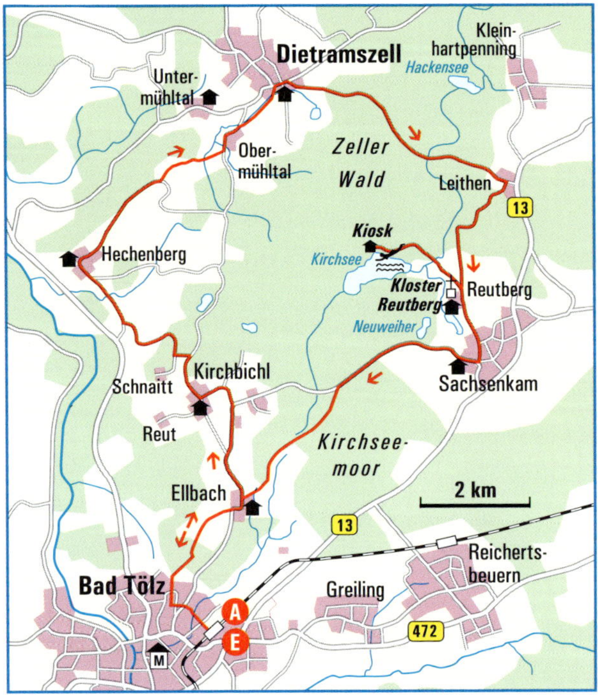

Nachdem wir uns in der Natur ausgeruht haben, sind wir wieder fit. Aber das macht durstig und hungrig. Also zurück auf die Kreisstraße und rechts zum beliebten **Kloster Reutberg** mit schattigem Biergarten und Sonnenterrasse.

TIPP: Kloster Reutberg

1618 als Kapuzinerinnenkloster gegründet, wurde es 1651 zu einem Franziskanerinnenkloster. 1735 entstand die Kirche Mariä Verkündigung. 1803 wurde das Kloster aufgelöst. König Ludwig I. erlaubte die Wiedererrichtung. Die Klosterapotheke datiert auf 1668; 1677 wurde die Brauerei gegründet.

Wenn der Körper wieder aufgetankt ist, rollen wir weiter auf dem Radweg nach **Sachsenkam**. Wir landen auf der Tölzer Straße, dort beim Neuwirt rechts, und vor dem Altwirt wieder rechts. Auf der Kirchbichler Straße verlassen wir Sachsenkam, queren nochmal den Filz und gelangen durch ein Waldstück zum Ort **Kirchseemoor**. Dort wenden wir uns nach links auf einen Waldweg, der in den Filz zum Langenbruckbach (Ellbach) hinabzieht. Dann absolvieren wir eine letzte Steigung nach **Ellbach** hinauf, wo wir auf der Reutbergstraße zur Staatsstraße kommen. Schräg gegenüber lenken wir links auf die Schützenhausstraße, die uns schon bekannt ist. Auf der Wiese biegen wir erneut links in den Waldweg nach **Bad Tölz** ein. Am Abzweig des Thomas-Mann-Wegs müssen Sie sich entscheiden, ob Sie noch in die Stadt hinein wollen (Info zu Bad Tölz S. 60) – dann geradeaus; zum Bahnhof geht es links.

START: Bad Tölz Bf

ZIEL: Bad Tölz Bf

ANFAHRT MIT BAHN: BRB über Holzkirchen nach Bad Tölz

ANFAHRT MIT AUTO: A 8 bis Holzkirchen (97); rechts und noch mal rechts in den Ort Holzkirchen. Im Zentrum halblinks auf die B 13 und Richtung Bad Tölz. An der Einmündung in die B 472 rechts und dann halbrechts in die Stadt hinein. Weiter über die Bahn, rechts in die Landrat-Wiedemann-Straße und nochmal rechts zum Bf.

STRECKE: 38 km; ohne Baden am Kirchsee 34 km

SCHWIERIGKEIT: mittel, die Steigungen halten sich in Grenzen

CHARAKTER: Kirchen, Moore, Baden, Bier – alles dicht vor den Alpen

WEGWEISER: verschiedene

E-BIKE-LADESTATIONEN: *Kloster Reutberg*; *Bad Tölz*: Bahnhofplatz

EINKEHREN: *Kirchbichl*: Jägerwirt mit Biergarten, regionale Produkte (Di, Mi Ruhetag); *Dietramszell*: Klosterschänke mit Biergarten (Di Ruhetag); *Kloster Reutberg*: Bräustüberl mit Biergarten und Bergblick; *Sachsenkam*: Zum Neuwirt mit Biergarten (Mo Ruhetag); *Bad Tölz*: Zum Alten Fährhaus mit malerischem Biergarten (Michelin* über den Isarsteg (Mi–So ab 18.30 17 Uhr geöffnet); Ratskeller mit Bürgergarten; Das Schlössl mit Biergarten; Ghs. Zantl mit Biergarten (Fr u. Mo ab 17 Uhr, Sa/So auch mittags geöffnet)

24 ZUM SYLVENSTEINSTAUSEE

Lenggries ist Ausgangspunkt zwischen vielen bekannten bayerischen Vorbergen – rechts das Brauneck, dessen Kamm in die Benediktenwand übergeht, links drüben die Kampen und das Seekarkreuz. Und der Radweg führt uns anfangs immer schön an der Isar entlang. Mit der Zeit wird er steiler und landet an der Dammkrone des Stausees am Tunneleingang. Dann fahren wir über den See nach Fall hinüber. Nach der Einkehr an diesem wunderschönen Fleck können wir wieder zurückradeln mit einer prächtigen Abfahrt – oder wir biegen ab ins Schronbachtal und machen noch einen Ausflug in die Berge. So erleben wir die Benediktenwand von der Rückseite und fallen in das Tal der Jachen hinunter. Die Variante ist aber nur mit einem geeigneten Mountainbike zu empfehlen! Über das schöne Café Landerer Mühle nähern wir uns wieder unserem Ausgangspunkt. Oder Sie nehmen den Rückweg von Fall über den Achenpass und das Tegernseer Tal, wenn Ihr Endpunkt auch Bad Tölz oder Schaftlach sein darf.

SYLVENSTEINSTAUSEE

Aus Gründen der regelmäßigen Wasserzufuhr in die Isar – Ableitungen ins Walchensee-kraftwerk und in den Inn ließen die Isar oft trockenfallen – und auch des Hochwasserschutzes wurde in den 1950er-Jahren der Staudamm gebaut. Dabei nutzte man das Gefälle auch zur Stromerzeugung. Anfang des 21. Jh. erhöhte man den Staudamm und baute ein zweites Kraftwerk. Der See fügt sich gut in die Landschaft ein und trägt zum Tourismus bei.

Autobrücke über den Sylvensteinspeicher bei Fall

Vom Bf Lenggries geht es rechts durch den Bahnhofplatz zur Demmeljochstraße, die in die Scharfreiterstraße übergeht. Vor dem Autohaus lenken wir nach rechts und noch mal rechts in die Lerchkogelstraße. Gleich links ab, unter der B 13 durch und am Isar-Radweg links. Nach zwei Weihern zieht der Weg links unter der B 13, dann unter der Bretonenbrücke durch (WW Mittenwald/Fleck). Der Radweg folgt nun der B 13, ist ab da geteert und bald darauf erreichen wir **Fleck**. Drüben münden Schwarzenbach und Jachen in die Isar. Nach Fleck genießen wir die freie Sicht auf die Hügel ringsum, links steht aber auch das Seekarkreuz (1601 m) und rechts hinter uns die Brauneckgruppe mit bis zu 1700 m. Die B 13 bringt uns nach **Winkel**, **Klaffenbach** bleibt links liegen.

Bauernwiesen bei Hohenburg, südlich von Lenggries

Bei **Hohenwiesen** wechseln wir per Unterführung die Straßenseite. Der Radweg lässt sich schön fahren, auch wenn er allmählich ansteigt. Auf der Bundesstraße daneben ist der Verkehr unter der Woche erträglich. Die Isar zeigt sich oft mit weiten Kiesbänken. Schließlich endet der Toni-Sieber-Weg an einer Brücke, und wir lenken hinüber. Dort nimmt uns ein geteerter Forstweg auf, der immer wieder ansteigt und nach einer Passage an einer Felswand entlang mit Aussicht auf die Isar in einen Tunnel zur Dammkrone führt.

> **TIPP: Outdoorhotel Jäger von Fall** mit Garten, schön gelegen mitten in den Bergen und am Sylvensteinsee. Unter der Woche preiswerte wechselnde Tagesgerichte, am Wochenende abwechslungsreiche Spezialitäten für jeden Geschmack. Bei Unverträglichkeiten auch Zubereitung auf Wunsch.

400 m westlich finden Sie auf ein paar Tafeln Informationen zum See, 1000 m weiter kommen Sie zur Sylvensteinbrücke und danach ins Dorf **Fall** vor dem Karwendel. Hier gibt es u. a. einen Hochseilgarten. Nun können wir es dabei bewenden lassen und die gut 14 km ab Fall auf demselben Weg nach Lenggries entspannt zurückfahren.

Alternative für die Rückfahrt

Wir können aber auch noch einen kleinen Ausflug in die Bergwelt unternehmen. Von der Dammkrone etwa 800 m auf der B 13 Richtung Lenggries bringt uns zu den Seen unterhalb des Damms. Bevor wir die Isar überqueren, zieht links eine schmale Teerstraße in die Höhe. Nach einer Kehre läuft sie ungeteert nach rechts im Schronbachtal weiter. Sie steigt weiter an zur Unteren Schronbachalm (zwei Weideroste) und erreicht die Kreuzung oberhalb des Wildengrabens. Dort drehen wir rechts ein und kommen zum Scheitelpunkt bei 958 m. Nach einer deutlichen Linkskurve kommt man an eine weitere Kreuzung. Hier müssen wir uns entscheiden: Rechts führt die Variante (siehe Karte) über die Rehgrabenalm nach Leger; wir kommen direkt dorthin, wo die Route von der Jachenau nach rechts Richtung Leger umbiegt.

Strecke mit schöneren Ausblicken

Wir radeln links haltend weiter bergab Richtung Jachenau (drei Weideroste) mit schönem Ausblick ins Tal und auf die Benediktenwand mit den Achselköpfen. Achtung! Die Straße ist abwärts nicht leicht zu befahren, da steil und voll lockerem Schotter. Wir kommen zum Jachen an der Unteren Höfner Brücke („Große Runde“ wie bei Tour 25), fahren davor rechts und am Bach entlang zur Peterner Brücke, queren nach links den Jachen und kommen an die St 2072, auf der wir rechts weitertreten (Am Orth). Über **Tannern** und **Letten** fahren wir 4,5 km auf der Staatsstraße bis zu einer Gefällstrecke, nach der die Route rechts abbiegt (WW Lenggries 11 km). Bevor es richtig hinaufgeht (zur Rehgrabenalm), biegen wir an einer Kreuzung links ab Richtung **Leger,** kommen 2 km später mit dem Mühlbach dorthin und landen beim Gasthaus. Dort geht es links über den Bach und beim Café Landerer Mühle rechts durch das Sägewerk.

KARTENHINWEIS **UK 50-52 Tölzer Land – Starnberger See 1:50 000 (LDBV)**

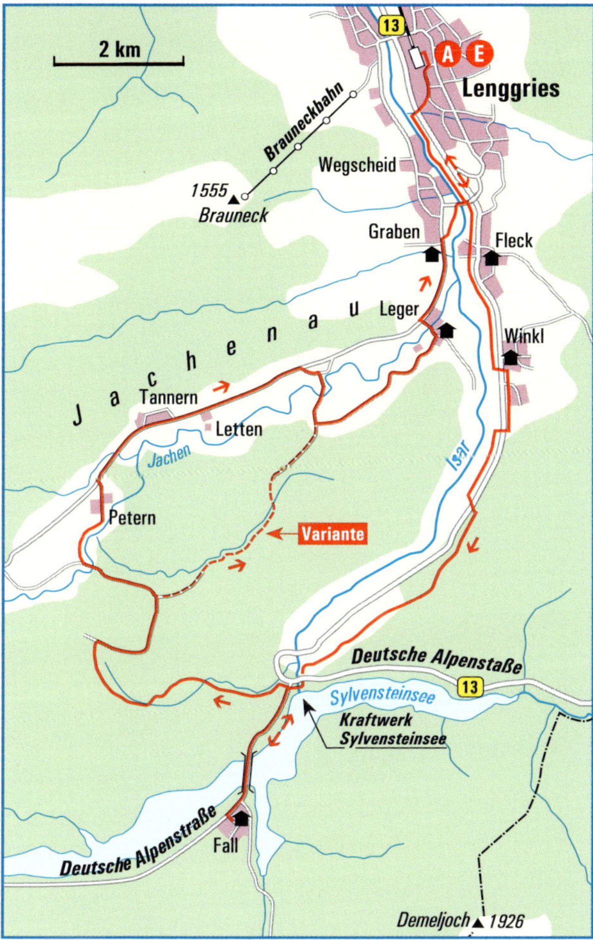

Vor **Langeneck** kommen wir über den Jachen am Zusammenfluss mit der Isar, dann über den Schwarzenbach – wir bleiben auf dem Radweg nach Lenggries und radeln in die Wiesen und zur Isar zurück bei der Bretonischen Brücke. Danach links hinauf und darüber hinweg, erneut links zum Isar-Radweg, unter der B 13 durch und an zwei Weihern vorbei. Unvermittelt biegt der Weg nach Lenggries-Ortsmitte rechts ab durch die Unterführung unter der B 13. An der Lerchkogelstraße rechts und zweimal links in die Scharfreiterstraße, die später in die Demmeljochstraße mündet und uns zurück zum Bf Lenggries führt (Info zum Ort S. 32).

Abstecher von Fall zum Achenpass

Auf der Bundesstraße links über die Kaiserwacht zum Achenpass zu radeln ist nicht empfehlenswert – die Straße ist stark befahren und vor dem Pass gibt es keine Möglichkeit, auf einen anderen Weg auszuweichen! Stattdessen biegen wir kurz vor Fall vom Isar-Radweg links auf den Via Bavarica Tyrolensis-Radweg ab in die Dürrachstraße und lassen uns von der Beschilderung durch eine herrliche Bergwelt leiten – erst kurz vor der Kaiserwacht kommen wir auf die Bundesstraße zurück. Mit derselben Beschilderung können wir auf einem Radweg über die Weissachaue nach Rottach-Egern und Tegernsee radeln.

START: Lenggries Bf

ZIEL: Lenggries Bf

ANFAHRT MIT BAHN: BRB

ANFAHRT MIT AUTO: A 8 bis Holzkirchen (97); im Zentrum halblinks auf die B 13 und nach Bad Tölz. An der Einmündung in die B 472 rechts über den Berg hinunter ins Isartal. 1,5 km später rechts ab nach Lenggries. Links hinüber zum Bf.

STRECKE: 28 bzw. 41 km

SCHWIERIGKEIT: mittel, wenn nur zum See; schwierig, wenn über die Kiesstraße zur Schronbachalm, da 250 m Höhenunterschied; breite Reifen sind dort von Vorteil.

CHARAKTER: vom lieblichen Isartal zum türkisgrünen Stausee, hinauf in die Mittelgebirgslandschaft und wieder zurück zur Isar

WEGWEISER: Isar-Radweg, evtl. Radweg Bavarica Tyrolensis

E-BIKE-LADESTATION: *Lenggries*: Hotel Altwirt

EINKEHREN: *Fleck*: Zum Papyrer mit Biergarten (Mo Ruhetag); *Leger*: Landerer Mühle mit Terrasse (Do/Fr Ruhetag); *Lenggries:* Der Altwirt mit Biergarten (Mo Ruhetag); Dorfschänke mit Biergarten (Mi Ruhetag); Ratsstub'n mit Biergarten; Floßwirt mit Biergarten am Bahnhof

ÜBERNACHTEN: Arabella Brauneck Hotel, Altwirt, Lenggrieser Hof

25 IN DIE JACHENAU UND ZUM WALCHENSEE

Wenn Sie gern auf geteerten Landstraßen fahren wollen, nehmen Sie einfach die grün-weiß ausgeschilderte Route. Für Pfadfinder und Allterrain-Biker empfiehlt sich eher die angegebene Route durch die kleinen Dörfer und Weiler des langen Tals der Jachenau. Sie ist nicht schwer zu finden, wenn man etwas aufpasst. Und man sieht auch etwas eher die Gipfel des Estergebirges. Der Höhenunterschied zum Walchensee ist nicht überwältigend, und so reiht sich der See mit seinen Randbergen hervorragend in die Naturszenerie ein. In Zwergern kommen auch noch die Kulturbegeisterten auf ihre Kosten dank zwei alter Kirchen. Siemetsberg, Heimgarten und Herzogstand, dann auch der Jochberg sind die Umrahmung des Walchensees, bevor wir wieder nach Lenggries zurückkehren. Und auf den Herzogstand können wir hinauffahren und dort den Panorama-Naturlehrpfad noch mitnehmen und unten am See das Wikingerdorf Flake bewundern. Von Urfeld sollten wir den Blick nach hinten richten: Der Karwendel lugt mit seinen Spitzen hervor. Über Sachenbach und mit Blick auf den Staffel kehren wir dann zurück.

Vom Bf Lenggries geht es rechts über den Bahnhofplatz zur Demmeljochstraße, die in die Scharfreiterstraße übergeht. Vor dem Autohaus lenken wir nach rechts und nochmal rechts in die Lerchkogelstraße. Gleich links ab, unter der B 13 durch und am Isar-Radweg links. Nach zwei Weihern zieht der Weg zur Bretonenbrücke. Wir fahren hinauf, nach der Brücke rechts hinunter und rechts ab in die Wiesen hinaus. Bei **Langeneck** kommen wir zur Straße, überqueren den Schwarzenbach, radeln links weg und nehmen kurz darauf die Jachenbrücke. Der nächste Ort ist **Leger**. An der Landerer Mühle zieht der Radweg links weg, quert den Mühlbach beim Wirtshaus und dreht dann rechts ab. Nun geht's ein Stück durch den Wald, bei einer Kreuzung rechts hinunter zur St 2072 und dann links bis **Tannern**. Vom Hochgebirge ist hier nicht viel zu sehen, nur bewaldete Hügel links und rechts, die auch nur um die 1000 bis 1500 m hoch sind. Allmählich aber kommt das Estergebirge zum Vorschein, der Simetsberg, der Herzogstand und dahinter der Heimgarten, später sehen Sie rechts auch den Jochberg. Wenn wir auf der Straße bleiben, durchradeln wir **Hinterbichl** – links liegen **Höfen** und der Ort **Bäcker** –, radeln ein Stück direkt am Fluss entlang – rechts bleiben **Wieden** und **Laich** liegen – und erreichen das Dorf **Jachenau**.

JACHENAU

INFORMATION: Verkehrsamt Jachenau, Dorf 7 1/3, 83676 Jachenau, Tel. 080 43/ 91 98 91, www.jachenau.de

Im 12. Jh. wurde das Tal vom Kloster Benediktbeuern besiedelt. Die Errichtung der Kirche geht auf das Jahr 1291 zurück. Im gleichen Jahr wurde ein Wirtshaus gebaut. Das Dorf erlebte eine ruhige Entwicklung, bis um das Jahr 1900 zwei neue Gasthäuser mit Übernachtung für Sommergäste eingerichtet wurden.

SEHENSWERT: Pfarrkirche St. Nikolaus von 1291, spätbarocke Innenausstattung, leichter Wessobrunner Stuck, Deckenfresken von A. Gaibler, Fresko aus dem 14. Jh. in einer Nische an der mittelalterlichen Chorwand neben dem Beichtstuhl • Lüftlmalerei an zahlreichen Gebäuden in der Gemeinde, z. B. in Hinterbichl, beim Bichler Kassl, in Mühle • Schaukäserei am Langerbauernhof (Berg 4, www.langerbauer-walchensee.de)

Am Nordostufer des Walchensees, im Hintergrund der Herzogstand

Alternative

Nach 4,5 km Landstraße haben wir genug davon. Hinter Tannern, bei der Bushaltestelle **„Am Orth"** biegen wir links ein, lenken durch den Weiler, radeln über die Peterner Brücke, dann rechts. Nach einem Gatter wieder über den Bach, und über **Höfen** kommen wir nach **Niggeln** und **Bäcker**. Dort wenden wir uns nicht rechts zur Straße, sondern treten vor dem Jachen weiter geradeaus zum **Achner**, über einen Wiesenweg mit Gatter nach **Fleck** und nach der Brücke links nach **Point.** Wir wechseln über die Große Laine, deren Zusammenfluss mit dem Jachen wir gerade gesehen haben, und bleiben dicht dran auf einem kleinen Weg, der uns ins Dorf **Jachenau** führt. Dieser Weg ist teils geteert, teils gekiest, und ab und zu ein Wiesenweg, aber so gut wie verkehrsfrei. Wir müssen nur gut auf die kleinen weißen Wegweiser achten („große Runde", roter Punkt).

TIPP: Gasthof Jachenau mit Biergarten direkt am Haus und herrlichem Blick in das Sonnental. Außer den üblichen bayerischen Schmankerln sind auch internationale Köstlichkeiten zu haben, dazu deftige Brotzeiten und hausgemachte Kuchen und Torten.

Wenn wir heute noch den Walchensee umrunden wollen, fahren wir auf der Straße durch den Ortsteil **Mühle** weiter am Jachen entlang. Die Mautstraße ist für Radler frei. Die Straße von Sachenbach (St 2072) kommt von rechts, aber wir radeln geradeaus nach **Niedernach** am Walchensee (803 m). Dort treffen wir auf die gleichnamige **Waldschänke** in herrlicher Lage am blaugrünen Walchensees, mit Ausblick auf das Estergebirge. Es ist ein liebevoll eingerichtetes Lokal mit erhöhter Terrasse, Biergarten, eigenem Kinderspielplatz, Schwimmbad gleich nebenan (Do/Fr Ruhetag).

WALCHENSEE

Der See liegt landschaftlich einmalig zwischen den Bergen, hat türkisfarbenes Wasser in Trinkwasserqualität, ist annähernd 200 m tief, und seine Ufer sind frei zugänglich. Keine Motorboote, dafür wegen der günstigen Windverhältnisse Mekka der Surfer und Segler.

Wenn Ihnen dieser herrliche See mit seinen Randbergen – Siemetsberg, Herzogstand und Heimgarten, Jochberg – Appetit auf eine **Umrundung** gemacht hat, sollten Sie sich nicht aufhalten lassen. Vor dem Wirtshaus lenken wir nach links, am Parkplatz vorbei, im Schatten des Altlachbergs am Ufer entlang. **Breitörterer**, **Christoph**, **Matthias** und **Altlach** sind die Weiler, die wir streifen. Das Kraftwerk am Ende des Stollens mit dem Isarwasser und ein Nachtparkplatz für Wohnmobile zeigen an, dass wir das Seeende erreicht haben. In **Einsiedl** an der B 11 drehen wir nach rechts. Doch gleich nach dem Obernachkanal vor dem Gasthof ziehen wir wieder rechts weg. Der Weg teilt sich und wir wählen den rechten, der uns nach **Zwergern** bringt. Dort war das älteste deutsche Fischergeschlecht beheimatet. Reste eines alten Fischkalters aus dem 14. Jh. sind noch zu sehen, des Weiteren die Kirche St. Margareth und das **Klösterl** (heute eine Bildungseinrichtung) mit der Kirche St. Anna, einer sehenswerten barocken Kapelle.

Am Campingplatz vorbei kommen wir nach **Lobesau**, und bald danach treffen wir auf die B 11, die uns in den Ort **Walchensee** bringt. Dort gibt es die Kirche St. Jakobus von 1603, die barock umgestaltet ist, zu bewundern und die Herzogstandbahn. Rechts sehen wir das **Wikingerdorf Flake**; von den Dreharbeiten zum Film „Wickie und die starken Männer“ stehen noch eine Reihe von Hütten und elf Info-Tafeln; es liegt direkt am See zwischen der Badewiese beim Café Bucherer und dem Wasserwachtgelände (Eintritt frei).

Wir radeln weiter auf der B 11 am See entlang, durch die Tunnels (zur eigenen Sicherheit nur mit Licht!) und landen in **Urfeld**. Dort beginnt übrigens der Aufstieg zum Jochberg. Und wenn wir einen Rückblick wagen: Die Spitzen der Karwendelberge lugen nun heraus.

In Urfeld befindet sich auch das **Walchensee-Museum** (im ehemaligen Hotel Post), mit 111 Werken des Impressionisten Lovis Corinth,

Sträßchen in die Jachenau

KARTENHINWEIS UK 50-52 Tölzer Land – Starnberger See 1:50 000 (LDBV)

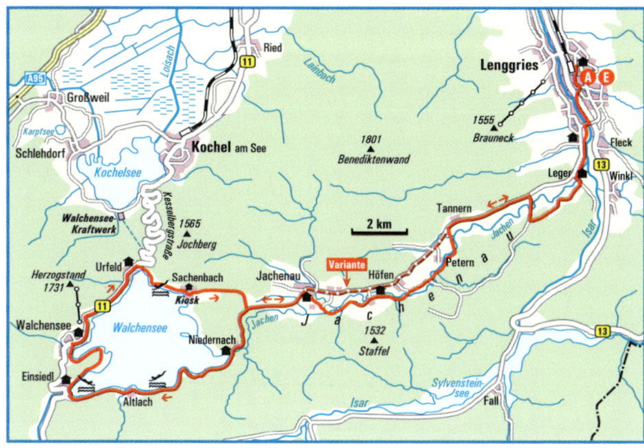

einer Abteilung für Werner von Heisenberg und heimatkundlichen Sammlungen; mit Café (www.walchenseemuseum.de).

Vor dem Museum biegen wir rechts auf die St 2072 ein, überqueren den Wassereinlauf zum Walchenseekraftwerk und haben eine schmale Straße vor uns mit Panoramablick über den See. Die hier fast ständig vorherrschenden Winde begünstigen den Segel- und Surfsport. Nach ein paar Kilometern kommen wir nach **Sachenbach**, der letzten kulinarischen Station am See: ein Imbisskiosk. Zwei

Rast am Kiosk mit Freisitz in Sachenbach am Walchensee

alte Höfe stehen seit Jahrhunderten dort. Ab hier ist die Straße gesperrt; nur Fahrzeuge mit Sondergenehmigung und Radler dürfen sie benutzen. Nach 2 km an der Straßengabelung bleiben wir auf der rechten Seite (Teerstraße), den Staffel im Blick, und es geht abwärts zur Straße Jachenau – Niedernach, die wir schon kennen. Dort links nach **Jachenau** zurück und auf dem Herweg weiter nach **Lenggries** (Info S. 32).

START: Lenggries Bf

ZIEL: Lenggries Bf

ANFAHRT MIT BAHN: BRB

ANFAHRT MIT AUTO: A 8 bis Holzkirchen (97); im Zentrum halblinks auf die B 13 und nach Bad Tölz. An der Einmündung in die B 472 rechts und über den Berg hinab ins Isartal. 1,5 km später rechts ab und auf der B 13 nach Lenggries zum Bf

STRECKE: nach Jachenau und zurück 48 km; mit Walchenseeumrundung 77 km

SCHWIERIGKEIT: schwierig, da lang und einige Kilometer auch auf der Straße (St 2072 und am Walchensee die B 11) – am Sonntag viel Verkehr!

CHARAKTER: herrliche Landschaft – meist bewaldete Mittelgebirge

WEGWEISER: abseits der Staatsstraße kleine weiße WW mit einem roten Punkt und der Beschriftung „Große Runde“

E-BIKE-LADESTATIONEN: keine

EINKEHREN: *Leger*: Café Landerer Mühle mit Terrasse (Do/Fr Ruhetag); *Bäcker:* Café am Staffel mit Terrasse (Mo Ruhetag); *Jachenau Dorf*: Schützenhaus mit Garten (Mi Ruhetag); *Einsiedl*: Seehotel mit Terrasse und Biergarten (Di Ruhetag); *Ort Walchensee*: Café Bucherer mit Garten am See (Di Ruhetag); Zum Schwaigerhof mit Biergarten; *Urfeld*: Café-Restaurant Seestüberl mit Terrasse (Mo Ruhetag); *Lenggries*: Dorfschänke mit Biergarten (Mi Ruhetag); Floßwirt mit Biergarten am Bf

ÜBERNACHTEN: Arabella Brauneck Hotel, Altwirt, Lenggrieser Hof

26 NATURRUNDE SÜDLICH DES STARNBERGER SEES

Von Penzberg entlang der Loisach und durch den Breitfilz radeln wir durch eine einsame Gegend. Ein Bahndamm-Radweg bringt uns nach Eurasburg und ins Fuchsholz hinein. Das ist der waldreiche Buckel zwischen Loisachtal und Starnberger See. Auch hier finden wenige her. Doch dann geht es steil hinunter nach Buchscharn, dem Badeplatz am Starnberger See. St. Heinrich wär ein Pendant dazu. An mehreren Naturschutzgebieten vorbei gelangen wir nach Seeshaupt und zur Lauterbacher Mühle, die vielen als Sanatorium bekannt ist. Und schon sind wir im Gebiet der Osterseen, ein Rückzugsort für seltene Pflanzen und Tiere. Im Großen Ostersee können wir eine Reihe Inseln ausmachen. Ein kulturelles Highlight ist die Wallfahrtskapelle St. Maria im Heuwinkel.

Die Heuwinkelkapelle in Iffeldorf mit ihrer mächtigen Kuppel

Vom Bf Penzberg rollen wir hinaus auf die Bahnhofstraße, dort links zur Kreuzung mit der Karlstraße und geradeaus weiter auf der St 2370 Richtung Wolfratshausen/Beuerberg. Schräg vor uns sehen wir die Berghalde, den Abraumhügel aus der Kohleförderungszeit, heute ein Erholungsgebiet, rechts steht das Bergboggerl als Andenken. Am Kreisverkehr biegen wir in die erste Straße rechts ab („Grube"), die dann eine Linkskurve beschreibt. Dort ist rechts ein Denkmal der Bergwerkszeit zu sehen. Beim OBI-Baumarkt drehen wir nach rechts ein und erreichen nach 2 km **Obermaxkron**. Wir kurven nach links und kommen in **Untermaxkron** an die Straße zurück. Zweimal rechts kommen wir über den Loisachsteg und rollen auf einem schmalen Weg bis zur Teerstraße beim Pumpwerk in **Hohenbirken**, dort links.

Unsere kleine Straße bringt uns in die Nähe der nächsten Loisachbrücke, dort biegen wir rechts ein und kommen über den Biolandhof **Fletzen** mit seiner imposanten Aussicht aufs Gebirge nach **Nantesbuch**. Nun geht es abwärts, und gleich danach zieht links ein Sträßchen ohne Teer weg, dem wir folgen. Durchs Breitfilz gelangen wir nach **Mooseurach**, wo es links durch eine Birkenallee nach **Boschhof** geht. Eine herrlich einsame Gegend! Über die Loisach gelangen wir nach **Bierbichl** und an die Staatsstraße zurück, in die wir für 1 km rechts einlenken. Wenn die Straße von Königsdorf heranführt, wechseln wir auf diese und biegen gleich links ab auf die Alpenblickstraße, die uns zur Bahnhofstraße bringt, dort (links zum früheren Bf) zur Straße „Am Pfarranger". Wir können nun rechts zum Kloster oder gleich links über die Wolfratshauser Straße zum Radweg auf dem alten Bahndamm hinüberradeln.

Abwechslungsreiche Fahrt ins Breitfilz nördlich von Penzberg

BEUERBERG

INFORMATION: siehe Eurasburg (S. 108)

Berta von Iringsburg stiftete 1120 für ihren in Bann geratenen Ehemann zusammen mit ihren Söhnen das Chorherrenstift. 1635 Einsturz der alten Kirche und Neubau.

SEHENSWERT: St. Peter und Paul, ehemalige Augustiner-Chorherren-Stiftskirche, seit der Säkularisation Pfarrkirche, ein eindrucksvolles Zeugnis frühbarocker Baukunst • Konventskirche Mariä Heimsuchung, 19. Jh., innerhalb des Klosterkomplexes • Marienkirche von 1643, die im 18. Jh. ihre Spätrokokoausstattung erhielt, heute Friedhofskirche

Der Radweg auf der alten Bahntrasse führt uns an Lengenwies vorbei direkt an die Loisach, wo uns eine Abzweigung auf die Hauptstraße von **Eurasburg** führt (WW Eurasburg-Ortsmitte). Die Hauptstraße endet an der Beuerberger Straße, dort links und über den Schlossberg 100 m hinauf – rechts das neue Schloss, links die Kirche.

TIPP: Sprengenöder Alm, 1 km außerhalb von Eurasburg (die Sprengenöder Straße nach links, etwas aufwärts) mit großer Terrasse (Mi/Do Ruhetag). Familiär geführter Landgasthof seit 1949, weit weg von Hektik und Alltag. Herrliche Aussicht nicht nur in die Tegernseer und Schlierseer Berge; www.sprengenoeder-alm.de
Bekannt geworden ist Sprengenöder Alm durch den Dokumentarfilm „Das Ei ist eine geschissene Gottesgabe“ aus dem Jahr 1993, in dem das Schicksal der dort lebenden Familie nachgezeichnet wurde.

Auszeit an den idyllischen Osterseen bei Iffeldorf

EURASBURG

INFORMATION: Förderverein für Tourismus Beuerberg-Eurasburg, Loisachweg 47a, 82547 Eurasburg, Tel. 081 79/94 73 90, www.eurasburg.de

Ausgangspunkt war die alte Ihringsburg. Herzog Albrecht VI. ließ die alte Burg abreißen und errichtete nach Plänen P. Candids das Schloss im Stil der Spätrenaissance. 1976 brannte es samt seiner Ausstattung ab. Im neu erbauten Schloss befinden sich nur Wohnungen.

SEHENSWERT: Schlosskirche Maria Unbefleckte Empfängnis (Spätrenaissance), Stifterin war die Schlossherrin Maria Gräfin von Tattenbach.

Kurz nach dem Schloss biegt vor der nächsten Steigung links die Forststraße ab, die uns ins Fuchsholz hineinbringt, das zum waldreichen Buckel zwischen Loisachtal und Starnberger See gehört. Am Ortsende geht's weiter aufwärts ohne Teer. Nach 1200 m biegt die Straße nach rechts und unterquert die A 95. Gleich danach trifft sie auf eine T-Kreuzung, an der wir nach links lenken. Nach 700 m wechseln wir bei einer weiteren AB-Unterführung erneut die Richtung: es geht rechts, vorbei am NSG Schellenbergmoor, dann noch ein Stück aufwärts, an der Querstraße rechts und gleich wieder links. Nun rollen wir bergab – alles ohne Wegweiser – und kommen auf direktem Weg hinunter an den Starnberger See zum Erholungsgelände **Buchscharn**; dort biegen wir links auf die St 2065 ein.

Schon nach 300 m beim Seewirt können wir auf Kies rechts weg direkt am See weiterradeln. Bald erreichen wir **St. Heinrich**, und unser Begleitweg endet beim nächsten Campingplatz mit einem Badeplatz, der seine Reize hat. Links die NSG Schechenfilz, Weidfilz und Osterseefilz. Unser Weg bewegt sich nochmal von der Straße weg und überquert zwei holprige Brücken, bevor er endgültig an der Straße entlangläuft. So kommen wir nach Seeshaupt, wo wir auf dem Bürgersteig weiterradeln.

Von der Ortsmitte folgen wir südlich der Penzberger Straße, nach 250 m wenden wir uns nach rechts in die Bahnhofstraße, die nach der Kreuzung Hohenberger Straße heißt, lenken an **Ulrichsau** vorbei und danach in ein Wäldchen, in das wir links einbiegen. Bald kommen wir an **Ellmann** vorbei, biegen zweimal halblinks ab und wieder ins Holz hinein. Unser Weg führt uns 2 km nach Süden, dann links hinab auf Teer zum **Sanatorium Lauterbacher Mühle**; davor rechts über einen Bach und langsam zum Großen Ostersee.

Dass dies ein Naturschutzgebiet ersten Ranges ist und vielen seltenen Pflanzen und Tieren einen Rückzugsort bietet, erkennt man sofort. In der Mitte des Sees ist die Marieninsel auszumachen, dann die Steigerinsel, die Roseninsel und die

Schwaigerinsel. Naturgemäß sind hier nicht viele Badeplätze ausgewiesen. Wir radeln am See entlang, lenken dann etwas nach Süden, bevor wir auf die Teerstraße treffen. Dort biegen wir links ein und radeln aus dem Wald hinaus, dann links auf **Iffeldorf** zu. Die Jägergasse bringt uns ins Dorf. An der Vorfahrtstraße, der „Hofmark“, fahren wir geradeaus und weiter auf der St 2538, die nach **Untereurach** führt.

TIPP: Gegen Ortsende zieht halbrechts die Heuwinklstraße weg. Sie bringt uns in wenigen Metern aufwärts zur **Wallfahrtskapelle St. Maria im Heuwinkl**, 1698 mit charakteristischer Kuppel durch J. Schmuzer erbaut, klassizistische Neuausstattung. Oben ein herrlicher Blick auf das Wettersteingebirge mit der Zugspitze. Anschließend radeln wir wieder zurück zur Hauptstraße, dort rechts.

Vor dem Bahngleis lenken wir nach rechts in den Höhenrieder Weg ein. Er bleibt an der Bahn bis **Penzberg**. Zunächst unterqueren wir die A 95, dann drehen wir mit der Bahn allmählich nach links. Wir bleiben auch im Wald in Hörweite der

KARTENHINWEIS UK 50-52 Tölzer Land – Starnberger See 1:50 000 (LDBV)

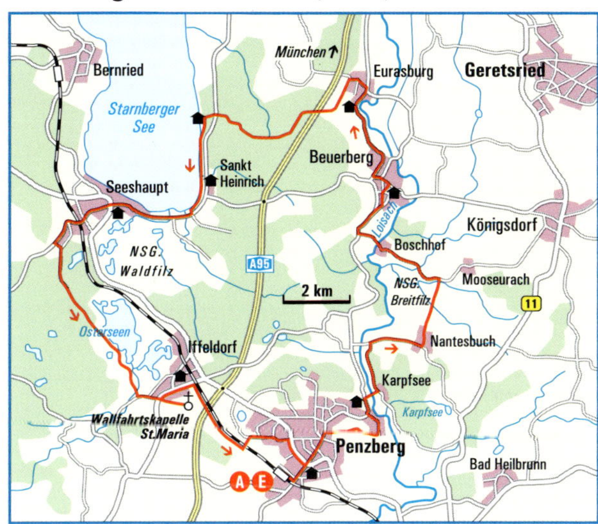

Bahn. Am Ende des Wegs wechseln wir die Seite und bewegen uns drüben auf dem Bahnweg weiter bis zur Seeshaupter Straße. Wir radeln hier rechts, über die Bahn, in die Karlstraße zum Zentrum (Info zum Ort S. 57). Kurz vor der Ampelkreuzung biegen wir rechts in die Philippstraße ein und kommen so zum Bahnhof.

START: Penzberg Bf

ZIEL: Penzberg Bf

ANFAHRT MIT BAHN: RB von München Hbf über Tutzing (evtl. umsteigen) nach Penzberg

ANFAHRT MIT AUTO: A 95 bis Penzberg/Iffeldorf (8), dort links nach Penzberg. An der Kreuzung in der Stadtmitte (Karl-/Bahnhofstr) rechts zum Gleis und zum P.

STRECKE: 48 km

SCHWIERIGKEIT: mittel

CHARAKTER: lange Strecke, aber sehr abwechslungsreich; vom Moos bei Penzberg ins Loisachtal und zum Starnberger See und weiter zu den Osterseen; eine längere Steigung

WEGWEISER: von Buchscharn bis Seeshaupt „Rund um den Fürstensee“ und „Ring der Regionen“

E-BIKE-LADESTATIONEN: keine

EINKEHREN: *Beuerberg*: Landgasthof Berg mit Biergarten (Mo/Di geschlossen); *Buchscharn*: Seewirt, altes Bauernhaus mit Seeblick – Sonnenuntergänge! *Seeshaupt*: Würmseestüberl mit Biergarten Lidl und Liegewiese; *Iffeldorf*: Fohnseestüberl mit Biergarten (Mo Ruhetag); *Penzberg*: Restaurant Sparta mit Biergarten am Bf.

ÜBERNACHTEN: Stadthotel Berggeist, Hotel K 33, Landhotel Hoislbräu (4 km nördlich)

27 IN DEN MONDSCHEINFILZ UND ANDERE MOOSE

Von Penzberg nach Kochel sind es nur ein paar Kilometer. Außer man kurvt etwas westlich in den Filzen herum. Dort ist so manches Abenteuerliche zu entdecken. Nach Bichl wenden wir uns an die Loisach. Ein Knüppeldamm, die Vogelstation Moos-Mühle, ein Barfußpfad und dann die Klosterkirche von Benediktbeuern – Feichtmayer, Asam, Knoller, Fischer, Günther, Zeiller, alles, was Rang und Namen hatte, hat dort mitgewirkt. Im Kloster ist auch die historische Fraunhofer-Glashütte zu besichtigen. Der Mondscheinweg bringt uns in den Filz und zum alten Triftkanal von 1716, der damals den Kochelsee umgangen hat. Wir kommen auch zum Eichsee, einem Badesee – das Panorama ist phänomenal. Wir sehen hinauf zum Freilichtmuseum Glentleiten, haben steil vor uns Heimgarten und Herzogstand, linkerhand den Jochberg und die Benediktenwand. In Schlehdorf treffen wir wieder auf eine Straße, die uns am Kochelsee entlang nach Kochel und zum Bahnhof bringt. Wir können aber auch das Franz-Marc-Museum und das Walchensee-kraftwerk anschauen.

Ein beliebtes Ausflugsziel: das Kloster Benediktbeuern

Vom Bf Penzberg schieben wir hinaus auf die Bahnhofstraße. Hier radeln wir links bis zur Friedrich-Ebert-Straße und biegen rechts ein. An der Stadthalle halblinks wird die Straße zur Bürgermeister-Rummer-Straße. Sie endet an der Bichler Straße; dort geht es nach rechts (Radweg). Kurz darauf verlassen wir Penzberg. An der Abzweigung nach **Schönmühl** lenken wir rechts hinein, kommen zur Loisach und verlassen den Ort wieder zur St 2063, dort rechts. Dann überqueren wir die Loisach und können wieder einen Radweg benutzen. Nach 1,5 km erreichen wir die B 11. Unser Radweg führt rechts daneben entlang bis zum Bahngleis. Hier schlüpfen wir links unten durch und begleiten erneut die Bahn. **Bichl** streifen wir nur am Rande.

An der Straße „Falak“ geht's rechts unter der Bahn durch und über der B 11/B 472 – WW Benediktbeuern (Moosrunde) – auf Kies geradeaus holperig weiter, dann links herum, bei einer Bank rechts sehr reizvoll an einem Graben entlang, an der T-Kreuzung dann links an der Loisach entlang. An dieser radeln wir unbefestigt weiter bis zur B 472. Wir fahren unten durch und kommen langsam in das Moosgebiet hinein. Nach etwa 1 km zweigt unser Weg links ab. Links ein Knüppeldamm, der ins Hochmoor hineinzeigt. Der Fahrweg macht noch mal einen Rechts-Links-Knick (links der Segelflugplatz, rechts die Vogelstation Moos-Mühle). Schließlich links der Barfußpfad, rechts die Biotope. Die Straße geht direkt auf das Kloster zu. Kurz davor biegen wir links in die Don-Bosco-Straße ein – in Richtung Maierhof und weiter nach **Benediktbeuern**.

BICHL

INFORMATION: Gemeinde Bichl, Kocheler Str. 9, 83673 Bichl, Tel. 088 57/238, www.bichl.de

Die Siedlung gehörte seit der Gründung des Klosters Benediktbeuern 739–40 zu dessen Grundbesitz. Der markante Hügel, auf dem die Dorfkirche steht, gab dem Ort den Namen.

1634 raffte die Pest fast die gesamte Bevölkerung dahin. Es dauerte viele Jahre, bis sich das Dorf von diesem Verlust erholte. Später entstanden entlang des Dorfbachs Mühlen und andere Betriebe, aus denen das Land rundherum versorgt wurde. Auch sieben Webstühle gab es im Ort. Während der Barockzeit siedelten sich Handwerker an, die die Baumaßnahmen im nahen Kloster Benediktbeuern trugen, so auch der Optiker G. Merz, der die Fraunhofer-Glashütte übernahm. Schon sehr früh war Bichl Verkehrsknotenpunkt der Kelten-, dann der Römerstraße, später der Handelsstraße über den Brenner nach Italien. Auch die Flößerei auf der Loisach hatte große Bedeutung. 1898 kam die Bahn.

SEHENSWERT: Die Mitte des 12. Jh. entstandene romanische Kirche St. Georg, unter Beibehaltung des Turms 1753 von J. M. Fischer neu errichtet; schmucke Ausstattung, Fresken von J. J. Zeiller, Altäre von J. B. Straub und M. Heigl; schwere Eichentüren mit geschmiedeten Beschlägen und Schlössern

FREIZEIT: Naturbad Bichl (12–19 Uhr geöffnet, bei Regen geschlossen).

Die Don-Bosco-Straße mündet in die Meichelbeckstraße, dort ziehen wir rechts mit. Vor der Bahn lenken wir wieder rechts ein und bewegen uns am Bahndamm entlang nach Süden, rechts die Glashütte, dann im Spatzenpointweg an der Klostermauer entlang. 1 km später mündet er an

Das Walchenseekraftwerk am Kochelsee ist seit 1924 in Betrieb.

einer Bahnunterführung in den Mondscheinweg, und dieser nimmt uns nach rechts mit in die Filze (WW Kochel). Begleitet werden wir vom Bodensee-Königssee-Radweg und vom Prälatenweg. Nach 2 km kommt am Lainbach von links der Weg von Brunnenbach heran und der Bodensee-Königssee-Radweg biegt dorthin ab, wir bleiben aber auf unserer Route.

Geradeaus queren wir die Loisach und fahren gleich rechts zum alten Triftkanal von 1716, der den Kochelsee für die Holztrift umgangen hat. Nach der Brücke radeln wir links etwa 3 km daran entlang, rechts der **Mondscheinfilz** (siehe auch Tour 12). Ein Steg bringt uns links über den Kanal und zuerst links, dann bei einem Holzstadel rechts zum **Eichsee**, der zum Baden einlädt. Unser Weg endet an einer Fahrstraße, in die wir kurz rechts einbiegen, dann aber gleich wieder links wegradeln. Unser neues Sträßchen führt zur Brücke über die Loisach nach **Unterau**. Drüben geht es an der Vorfahrtstraße links nach **Schlehdorf**, das wir auf der Unterauer Straße erreichen, an ihrem Ende halten wir uns links.

BENEDIKTBEUERN

Die alljährliche Fronleichnamsprozession hat ihren Ursprung im Jahr 1273 und ist damit die älteste Bayerns. Umzug mit Trachtenschau ersten Ranges!

INFORMATION: Gäste-Information, Prälatenstr. 3, 83671 Benediktbeuern, Tel. 088 57/248, www.benediktbeuern.de

Klosterführungen im Sommer täglich um 14.30 Uhr: Tel. 088 57/881 72; naturkundliche Führungen; technische Führungen durch die Energiezentrale oder die Fraunhofer-Glashütte

LOISACH-KOCHELSEE-MOORE: Zentrum für Umwelt und Kultur (ZUK), www.zuk-bb.de

Die Gründung des Klosters erfolgte durch Karl Martell im Jahr 725. 729 wurde die Kirche durch Bonifatius geweiht. Benediktbeuern ist damit das älteste Kloster Bayerns. Die Goldschmiedekunst und die Buchmalerei erreichten dort einen Höhepunkt. Die Klosterbibliothek umfasst rund 250 Handschriften, u. a. die „Carmina Burana“ (Liedersammlung aus Benediktbeuern) aus dem 13. Jh. Ende des 15. Jh. entstand durch den Bau der Kesselbergstraße ein reger Fracht- und Reiseverkehr. 1669 wurde die heute barocke Klosteranlage mit dem herrlichen Festsaal errichtet. Viele bekannte Künstler haben sich hier eingebracht. 1803 wurde der Besitz verstaatlicht und J. v. Utzschneider errichtete in den Mauern eine optische Glasfabrikation. J. v. Fraunhofer arbeitete ebenfalls dort als Forscher. 1930 erwarb der Salesianerorden Don Bosco die Klosteranlage.

SEHENSWERT: Ehemalige Klosterkirche St. Benedikt, Baumeister K. Feichtmayer, mit Deckenfresko von G. Asam und Altarbild von M. Knoller; Kreuzgang mit Renaissancestuck; an der Nordostecke die Anastasiakapelle, ein einzigartiges Rokokojuwel (J. M. Fischer, I. Günther, J. J. Zeiller) • an der Nordostseite davor die Leonhardisäule (17. Jh.) • Bibliothek im Konventgarten • Maierhof von 1710, restaurierter Vierseithof mit Zentrum für Umwelt und Kultur (ZUK) und Trachten-Informationszentrum, das auch oft als Open-Air-Konzertkulisse dient; hier auch das Klosterbräustüberl mit dem Biergarten (täglich ab 9.30 Uhr geöffnet) • historische Fraunhofer-Glashütte in einem Gebäude neben dem ehemaligen Waschhaus des Klosters (täglich 9–16 Uhr geöffnet)

FREIZEIT: Alpenwarmbad mit Wasserrutsche, großer Liegewiese, Kiosk und Restaurant (Mai–Mitte September täglich 10–13.30, 15–18 Uhr bei schönem Wetter); Wildbachlehrpfad am Lainbach, OT Gschwendt, 4 km; Moorpfad mitten im Moor am Moosmühlweg, 2,5 km; Barfußpfad, 400 m, westlich des Klosters; Kräutergarten mit Kräutererlebnisladen, Zellerweg 2; Meditationsgarten am Maierhof mit Rosenlaube

Von der Unterauer Straße biegen wir links auf die Kocheler Straße ein, die dann eine lange Linkskurve beschreibt und aus dem Ort hinausführt; rechts verläuft ein Radweg, der nach der Loisachbrücke auf die linke Seite wechselt. Wir treffen wieder auf den Bodensee-Königssee-Radweg, der hier auf unsere Route einbiegt.

Zur Linken haben wir jetzt 3 km lang das weite Moor, zur Rechten den Kochelsee und dahinter jäh aufsteigend den Herzogstand und den Heimgarten, weiter links die Benediktenwand. Mauerstümpfe im Moorboden links rühren von der ehemaligen Materialseilbahn aus dem Großweiler Kohlebergwerk her (siehe Tour 12).

Nach knapp 3 km endet der Radweg und wir queren den Ausfluss der Loisach aus dem Kochelsee in zwei Etappen. Gleich danach rechts geht’s zur Kristalltherme trimini, die direkt am See liegt. Wir wollen aber noch nach **Kochel** hineinradeln und uns umsehen.

Kloster Schlehdorf in idyllischer Lage am Kochelsee

SCHLEHDORF

INFORMATION: Tourismusverein Schlehdorf-Unterau e. V., Unterau 41, 82444 Schlehdorf, Tel. 088 51/51 65, www.schlehdorf.de

763 war Gründungsjahr des Klosters Schlehdorf-Scharnitz, das 772 nach Schlehdorf verlegt wurde. Vermutlich 907 wurde es durch die Hunnen verwüstet, danach aber als Kollegiatsstift und ab 1140 als Augustiner-Chorherrenstift neu belebt. 1803 wurde die einstige Klosterkirche verstaatlicht und dient seitdem als Pfarrkirche. Das Kloster selbst wurde von den Dominikanerinnen für die Missionsarbeit erworben, im Jahr 2019 jedoch verkauft. Außerdem wird im Kloster eine Mädchenrealschule unterhalten.

SEHENSWERT: Ehemalige Klosterkirche St. Tertulin, • Schlehdorfer Kreuz in der Heilig-Kreuz-Kirche mit lebensgroßer Christusfigur von 970 • Seestraße, nordseitig nach Brand von 1846 auf Anordnung der Regierung neu mit zwölf annähernd gleichen Bauernhäusern bebaut (Ensemble-Schutz); Seestraße 8: reich geschnitzte Tür; Mittelstraße, beidseitig bebaut, ähnlich wie Seestraße • Ghf. Klosterbräu mit Stichbogenfenstern; vormals häufige Absteige König Max II. und König Ludwigs II., großer Garten

FREIZEIT: Baden im Eichsee oder Kochelsee (Badeplatz „Gmoala“ mit schattiger Liegewiese, WC, Umkleide, Steg)

Herrliche Landschaft südlich von Penzberg

KOCHEL AM SEE

INFORMATION: Touristinformation Kochel am See, Bahnhofstr. 23, 82431 Kochel, Tel. 088 51/338, www.kochel.de

1200 v. Chr. schon wohnten vorkeltische Fischer an Kochel- und Walchensee. Im 8. Jh. entstanden die Klöster Benediktbeuern und Schlehdorf. Als 1495 die Kesselbergstraße ausgebaut wurde, florierte nicht nur der Handel mit Italien, sie brachte auch Angst und Schrecken durch die Einfälle der Tiroler. Mitten im Spanischen Erbfolgekrieg, als die Habsburger München eingenommen hatten, plante Balthasar Mayer, der „Schmied von Kochel", mit seinen Mannen die Stadt zu befreien. Sein Plan wurde verraten und er und seine Männer starben den Heldentod. Anfang des 20. Jh. zogen die Seen zahlreiche Künstler an: Lovis Corinth und Franz Marc mit seinen Kollegen des Kreises „Blauer Reiter". In dieser Zeit entstand auch das Walchenseekraftwerk nach Plänen O. von Millers.

SEHENSWERT: Katholische Pfarrkirche St. Michael, Ende des 17. Jh. von Grund auf erneuert, stuckiert 1725/30 von F. Doll, Deckenfresken, mit klassizistischer Kanzel; auf dem sie umgebenden Friedhof (Südseite) das schlichte Grab Franz Marcs und seiner Frau Maria • Schmied-von-Kochel-Denkmal an der zentralen Kreuzung; dort auch der Ghf. Zur Post mit Lüftlmalerei • Franz-Marc-Museum, Kunst im 20. Jh., mit Ausstellung Lovis Corinth u.v.a., mit Gastronomie, Franz-Marc-Park 8–10, Di–So/F 10–18 Uhr geöffnet • Erlebniskraftwerk Walchensee, Hochdruck-Speicherkraftwerk mit Oberbecken Walchensee; die gut 200 m Höhenunterschied werden durch sechs Rohrbahnen zur Stromgewinnung genutzt; Ausstellung Wasserkraft mit interaktiven Terminals, Info-Zentrum Walchenseekraftwerk – anschauliche Erklärung von Idee und Technik, Besucherkino, Bistro und Biergarten, Altjoch 21, 4 km südlich von Kochel, Tel. 088 51 77/225.

FREIZEIT: Kristalltherme trimini, Thermalsolebad mit Saunen, Fitnessinsel und Restaurant, direkt am Seeufer mit Blick aufs Alpenpanorama, Seeweg 2, Tel. 088 51/53 00, www.trimini.de; Kunstspaziergang vom Bf durch das Fischerviertel zum See mit Tafeln (Flyer bei der Touristinformation); Schifffahrt auf dem Kochelsee, Tel. 088 51/416; Badeplatz mit weiterer Liegewiese am Parkplatz Kristalltherme; Vogellehrpfad zu den Lainbachwasserfällen mit 14 Tafeln und Vogelstimmenabruf

KARTENHINWEIS **UK 50-52 Tölzer Land – Starnberger See 1:50 000 (LDBV)**

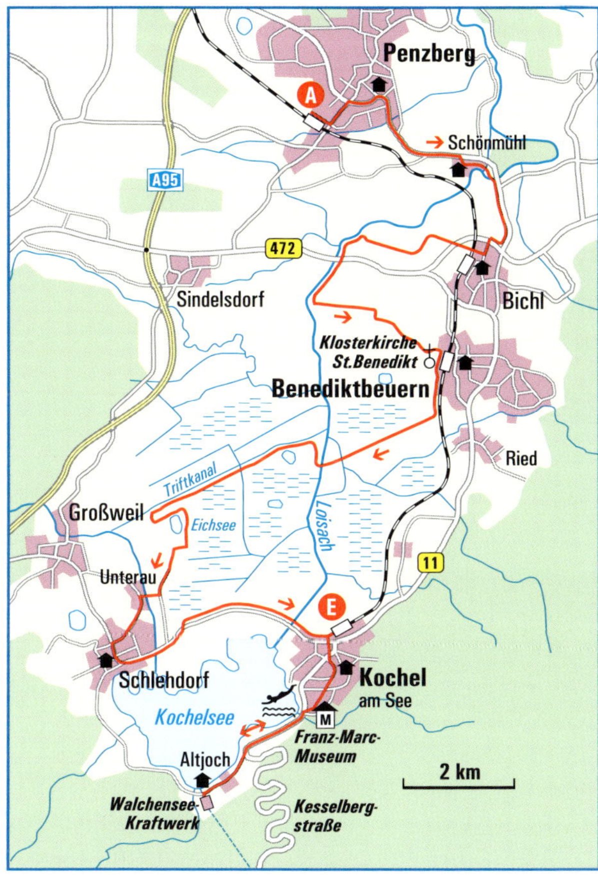

TIPP: Seehotel **Grauer Bär** mit Biergarten, seit 100 Jahren, direkt am See, regionale Produkte. „Wo der Gaumen Freudensprünge macht" – gehobene Küche, auch vegetarisch, aber auch einfache Brotzeiten, kein Ruhetag, Mi ab 15 Uhr geöffnet

Vom Schmied-von-Kochel-Platz aus haben wir die Möglichkeit, entweder das Franz-Marc-Museum zu besuchen oder das Walchenseekraftwerk näher anzuschauen.

zum Franz-Marc-Museum:

Wir radeln auf der B 11 südwärts etwa 150 m, dann halblinks in den Herzogstandweg. Diesen verfolgen wir, bis er wieder zur B 11, der Mittenwalder Straße, zurückführt. Dort links 100 m, dann erneut links in den „Erlengrund" und wieder links in den Franz-Marc-Park (gut 1 km einfach).

zum Walchenseekraftwerk:

Wie oben bis zur Einmündung in die Mittenwalder Straße, dann aber auf ihr weiter, vorbei am Biergarten des Hotels Grauer Bär, ca. 2 km. Dann geht es etwas bergauf und beschildert rechts weg nach Altjoch und zum Walchenseekraftwerk (4,5 km einfach). Sie können auch mit dem Schiff zurückfahren – Fahrplan beachten!

START: Penzberg Bf

ZIEL: Kochel Bf

ANFAHRT MIT BAHN: RB oder S-Bahn bis Tutzing, weiter mit RB

ANFAHRT MIT AUTO: A 95 bis Penzberg/Iffeldorf (8), dort links nach Penzberg, an der Kreuzung in der Stadtmitte (Karl-/Bahnhofstr) rechts zum Gleis und zum P

RÜCKFAHRT ZUM AUTO: RB (drei Haltestellen)

STRECKE: 35 km; mit Walchenseekraftwerk 44 km

SCHWIERIGKEIT: leicht

CHARAKTER: ebene klassische Moortour, ein Blumen- und Vogelparadies; am Ende mit künstlerischem und/oder technischem Highlight; im zweiten Teil sehr sonnig; keine Steigungen

WEGWEISER: teilweise WW des Bodensee-Königssee-Radwegs und des Prälaten-Radwegs

E-BIKE-LADESTATIONEN: keine

EINKEHREN: *Benediktbeuern*: Klosterbräustüberl mit Biergarten; Ghf. Herzogstand mit Biergarten im Ort (Mi Ruhetag); *Schlehdorf*: Landgasthof Fischerwirt mit Biergarten; *Kochel*: Hotel Zur Post mit Biergarten; Ghs. Waldtraud am Bf mit Biergarten (Di Ruhetag)

ÜBERNACHTEN: Waldtraud, Zur Post, Schmied von Kochel

28 ÄHNDL UND BERGGEIST

Das Ähndl ist ein Wirtshaus mit Biergarten direkt am oberen Rand des Murnauer Mooses, des größten Moors Mitteleuropas, eines Rückzugsgebiets für viele Tiere und Pflanzen, die auf der Roten Liste stehen, und mit Gratisausblick auf das Estergebirge. Daneben steht der Namengeber, das Ramsachkircherl, das älteste Kircherl in der Region. Von dort bewegen wir uns hinein in die vielfältige Welt. Mittendrin sind die harten Köchel, die vielfach zu Bahnschotter verarbeitet worden sind, zu finden. Wir treffen auch auf den Bohlenweg durch den Langen Filz (nur für Fußgänger, eine kleine Unterbrechung für uns Radler). In Grafenaschau belebt uns ein Café, und dann begleiten wir den Lindenbach nach Bad Kohlgrub hinein. Hier steigt unser Weg an auf die Höhe, die das Moos vom Staffelsee trennt. Unser Radweg bewegt sich auf Murnau zu. Aber wo bleibt der Berggeist? Sehen Sie selbst nach.

Das Ramsachkircherl am Murnauer Moos, im Volksmund Ähndl (Ahn aller Kirchen) genannt

Aus dem Bf Murnau hinaus schieben wir zum Bahnhofplatz und fahren über den Kreisel rechts in die Seehauser Straße. Sie bringt uns zur Ampel, dort rechts und gleich wieder links. Wenn Sie der guten Stube Murnaus einen Besuch abstatten wollen, nehmen Sie links die Griesbräustraße zum Obermarkt und kehren auf der Postgasse wieder zurück (Info zur Stadt S. 54). Sonst bleiben Sie auf der Bahnhofstraße, die ab der Touristinformation Burggraben heißt. Wir fahren über die B 2 geradeaus in die Mühlstraße und dann über die Bahn. Die Mühlstraße endet an der Ramsachstraße; dort biegen wir rechts ins Moos ein – am Rande finden wir einige Info-Tafeln. Der Weg bringt uns an der sehr informativen Biologischen Station vorbei zum Parkplatz und zum Wirtshaus Ähndl.

Gleich beim Gasthof überqueren wir die Ramsach und radeln an ihr entlang südwärts. Sie ist der längste Bach im Moos. Entlang dem Moosweg wird die Ramsach nur vom Lindenbach gespeist. Bitte bleiben Sie auf den Wegen und pflücken Sie keine Pflanzen!

Nach einiger Zeit entfernen wir uns von der Ramsach und landen am Lindenbach, den wir ebenso begleiten. Die Vegetation dort – Großseggenriede und Nasswiesen – müssen regelmäßig gemäht werden, sonst werden schutzbedürftige Arten verdrängt. Streckenweise begleiten wir hier den alten, trocken gefallenen Bachlauf des Lindenbachs. Zur Rechten haben wir das Hohenboigenmoos, und hier sehen wir auch die noch bestehenden Köchel fast direkt zur Linken.

RAMSACHKIRCHL

Die Kirche ist dem St. Georg geweiht und wurde 1740 von A. Bernhard aus Murnau mit dem Martyrium Georgs bemalt. Auch die barocke Zwiebel stammt aus dieser Zeit. Sehenswert sind zwei Glaslüster und die Federblumen aus der Glashütte Grafenaschau. Eine 60 cm große Handglocke aus dem 8. Jh. vom Kloster Iona in Schottland steht rechts vom Altar.

MURNAUER MOOS

Links von der Kirche erstreckt sich über einige Kilometer das größte zusammenhängende Moor Mitteleuropas, eine vielfältige Landschaft mit Streuwiesen, Nieder- und Übergangsmooren, Quelltrichtern, Altwassern und voll ausgebauten Mooren. Viele Lebewesen, die auf den Roten Listen stehen, sind hier noch anzutreffen, z. B. Wachtelkönig und Kreuzotter, mehrere Orchideenarten, die sibirische Schwertlilie, Moorbinse, Wollgras, Heidelbeerweide und Strauchbirke. Betreten der Brutgebiete ist bis Juli verboten!
Ein großer Teil des Gebiets ist NSG. Es zeichnet sich durch eine geologische Besonderheit aus: die mitten drin liegenden lang gestreckten Köchel aus hartem Glaukoquarzit. Sie wurden zum Teil in den Hartsteinwerken abgebaut und als Straßenpflasterung und Bahnschotter verwendet.

TIPP: Rechts drüben im **Langen Filz** (Bohlenweg, für Radler gesperrt!) wurde bis in die 1980er-Jahre Torf abgebaut. Stichkanten, Gräben und verfallene Torfhütten zeugen davon. Hier wurde mit der Wiedervernässung begonnen. Wir können den Moosrundweg Nr. 5 nach rechts ein Stück dorthin begleiten. Dazu lassen wir die Räder an einem Rastplatz und einer Schranke zurück. Ein Stück durch den Wald, dann beginnt ein 1,5 km langer Bohlen- und Bretterweg durch den Langen Filz bis zum Mooshof. Unterwegs treffen wir auf eine Schutzhütte. Auf demselben Weg kehren wir auch wieder zurück zu den Rädern. Der Ausblick auf das Estergebirge auf dem Rückweg entschädigt uns zusätzlich für jeden Schritt.

Unser Moosrundweg, den wir mit dem Rad geradeaus weiter befahren (WW Grafenaschau), läuft in Kurven westlich, dreht dann aber auf Nord, taucht in den Wald ein, immer noch am Lindenbach entlang. Hier lagert der Bach große Mengen an Schutt und Geröll vom Hörnleabhang, dem deutlich sichtbaren Rißgraben, am Eingang ins Moos ab. Der dann folgende Weiher ist eine ehemalige Müllkippe der Stadt Murnau, die aus Umweltgründen aufgelassen und saniert wurde. An der Straße (Radweg) biegen wir nach links ein und erreichen bald **Grafenaschau**.

TIPP: Im **Café Habersetzer** mit Panoramaterrasse genießen wir einen faszinierenden Blick auf das Estergebirge und das Murnauer Moos! Angeboten werden deftige Brotzeiten oder Kuchen und Torten aus der eigenen Konditorei, die ohne Fertigmasse hergestellt sind (Mo/Di Ruhetag).

An der Kirche, dem Café und dem Seniorenheim vorbei radeln wir auf der Aschauer Straße zur Angerstraße, dort rechts. Beim Trafohäusl biegen wir nochmals rechts ab und in die Flur hinaus. Unser Weg führt zuerst nach Norden zu einer Kastanienallee (dort treffen wir wieder den Bodensee-Königssee-Radweg), dann in den Wald und dreht langsam nach links, also westlich. Wir queren den Lahnegraben, dann kehren wir zum Lindenbach zurück und radeln auf die Nordseite,

Sommerstimmung am Staffelsee

stetig leicht ansteigend. Nach 1200 m überqueren wir den Bach erneut und sind wieder auf der Südseite. An der Teerstraße links aufwärts über die **Unter**- und **Obermühle** und die Siedlung **Lindachthal** kommen wir nach **Bad Kohlgrub**, das wir auf der Mühlstraße erreichen. Die Hauptstraße führt uns links ins Zentrum (rechts geht's zum Bf).

Auf dem Rückweg vom Kirchplatz zweigen wir von der Hauptstraße links auf die Steigrainer Straße ab, queren die Bahn (Murnau–Oberammergau) und treten nach **Steigrain** hinauf. Oben an der Weggabel rechts und nach Hairer (Hoara) hinunter geht der Weg weiter und zum Gasthof Jägerhaus. Dort auf Kies weiter, an den beiden folgenden Gabelungen jeweils rechts halten. Wir unterqueren schließlich die Bahn und landen an der St 2062, dort links. Nach 1600 m, wenn die Straße die Bahn unterquert, gibt es links einen Radweg. Nach weiteren 800 m zieht rechts ein Weg weg; dort haben wir einen weiten Blick ins Moos. Wir kommen nach **Westried** (HP Grafenaschau) und bleiben auf dem Radweg. Leicht auf und ab erreichen wir **Hermannswiese**, kurze Zeit darauf **Berggeist**, eine Siedlung rund um ein Naturfreundehaus, das aber links liegen bleibt.

Links zweigt der Weg zum **Schloss Seeleiten** ab (1904 von E. v. Seidl erbaute Villa im barockisierenden Jugendstil). Wir bleiben aber auf unserem Weg Richtung Murnau, der an der Klinik Hochried vorbeiführt. Am Marie-Antonien-Weg endet der Radweg und wir folgen der Straße weiter. Die Kohlgruber Straße, wie sie in **Murnau** heißt, bringt uns vor dem Haltepunkt Murnau-Ort nach links, dann unter der Bahn durch zum Kreisel, dort nach links und zum Bahnhof.

KARTENHINWEIS UK 50-49 Pfaffenwinkel – Ammergauer Alpen Nord 1:50 000 (LDBV)

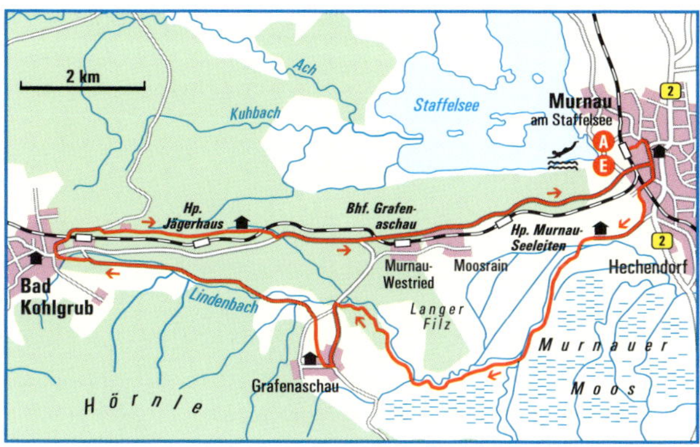

BAD KOHLGRUB

INFORMATION: Kur- und Tourist-Information Bad Kohlgrub im Haus der Gäste, Hauptstr. 27, 82433 Bad Kohlgrub, Tel. 088 45/742 20, www.bad-kohlgrub.de

Die erste neuzeitliche Ansiedlung gab es um 800; damals entstand auch der Ortsname „Grube der Köhler“. 1074 waren die Welfen die Herren, später die Klöster Rottenbuch und Ettal. 1731 wurde eine Glashütte in Aschau gegründet. Ab 1835 wurden in der optischen Glasschleiferei Gagers Fernrohre gebaut. 1870 entdeckte man Stahlquellen und Moor als Heil- und Kurmittel (Bergkiefern-Hochmoorbäder). Dank dem zähen Einsatz einiger Einwohner wurde Gagers 1878 „Bad“, 1948 der gesamte Ort.

SEHENSWERT: Pfarrkirche St. Martin, Ende 14. Jh. ursprünglich ein romanischer Steinbau, J. Schmuzer (Wessobrunn) erweiterte die Kirche; innen Stuck mit Bändern, Gitterwerk und Rosetten, „schmerzhafte Mutter“, 18. Jh. • Pfarrhof von 1735 • Haus zum Fuchs von 1735, Haus Schatzloch mit Fresken, Haus zum Jägergörgl mit Fresken • Gotthelflinde • St.-Rochus-Kapelle 17. Jh. (Schmuzer) mit Deckenfresko • Torfstiche im Nordwesten des Ortes • Moorlehrpfad

START: Murnau Bf

ZIEL: Murnau Bf

ANFAHRT MIT BAHN: RB

ANFAHRT MIT AUTO: A 95 bis Murnau/Kochel (10), dann auf St 2062 links über Schwaiganger nach Murnau. Vorbei an der Unfallklinik zur B 2 und rechts. Am Rechtsknick halblinks in die Seehauser Straße, dann links in die Bahnhofstraße und zum Bf

STRECKE: 31 km

SCHWIERIGKEIT: mittel, ab Grafenaschau Steigungen

CHARAKTER: eine Moostour, die in die Hügel übergeht. Hierzu gibt es bei der Touristinformation Murnau, Kohlgruber Str. 1, 82418 Murnau, Tel. 088 41/614 10 die naturkundliche Wanderkarte „Murnauer Moos“. Anfangs sehr sonnig.

WEGWEISER: immer wieder mal der Bodensee-Königssee-Radweg

E-BIKE-LADESTATIONEN: *Bad Kohlgrub:* Kur- und Tourist-Information, Hauptstr. 27; *Bad Bayersoien*: Seeweg 104, am Kiosk (5 km nordwestl.)

EINKEHREN: Ghs. Ähndl mit Biergarten (Mo/Di Ruhetag); *Bad Kohlgrub*: Kurpark-Restaurant „La Portavecchia“ mit Biergarten (Di Ruhetag); evtl. Guggenbergalm an der Hörnlebahn; *Murnau*: Griesbräu mit Biergarten (eigenes Bier); Schlossgarten im Schloss mit Biergarten (Mo Ruhetag); Zum Beinhofer (Do/Fr ab 17, Sa/So/F ab 11 Uhr geöffnet)

ÜBERNACHTEN: Angerbräu, La Strada. Haus am Gries

Durch das Murnauer Moos

29 DREI-SEEN-TOUR IM „BLAUEN LAND“

Den Namen gaben die Maler des beginnenden 20 Jahrhunderts diesem Landstrich. Und gerade die Seen tragen auch zu einem blauen Naturerlebnis bei. Heute zieht es uns zuerst östlich über Schloss Neu-Egling zum Riegsee. Von Aindling haben wir einen grandiosen Blick über den See, das Murnauer Moos, Estergebirge und Zugspitze, auch einen Alpakahof finden wir dort. Schöne Badeplätze bietet auch der Froschhauser See, immer mit dieser Traumkulisse. Und wenn wir noch nicht genug haben von dem intensiven „Blau“, kurven wir über das nördliche Murnau zum Staffelsee mit seinen Inseln und über Uffing, vorbei am einsamen Tannenbachfilz, hinauf nach Sprittelsberg. Dort oben haben wir einen schönen Blick auf Bad Kohlgrub, die drei Hörnlegipfel und über das Murnauer Moos. Unten in Bad Kohlgrub können wir die Tour beenden oder nach Murnau zurückradeln.

Bootshütten und Boote am Staffelsee in Seehausen

Aus dem Bf Murnau hinaus geht's geradeaus zum Kreisel, darüber hinweg in die Seehauser Straße, die uns in einem rechten Bogen zur Ampel bringt. Dort rechts und gleich wieder links in die Bahnhofstraße bis zur Griesbräustraße. Wir biegen links ein und kommen rechts zum Obermarkt. Hier rollen wir bis zur Johannisstraße (Info zur Stadt S. 54). Wir folgen der Johannisstraße, die in die Sollerstraße übergeht. Sie bringt uns zur Froschhauser Straße. Am Ortsende haben wir den besten Blick auf Riegsee und Froschhauser See. Schon geht's nach **Froschhausen** hinunter. Die St.-Leonhard-Kirche steht auf der rechten Seite der Straße. Die Straße führt danach ganz nah an den See und zu einem Badeplatz.

Aber eigentlich wollten wir ja gleich gegenüber der Kirche in die Leonhardistraße einbiegen. Sie bringt uns zum Schloss **Neuegling** von 1910 und danach zu einer Einmündung. Dort fahren wir rechts nach **Egling** und geradeaus durch. 300 m nach dem Ort geht rechts ein Feldweg zum Campingplatz, und wir rollen zum Seeufer hinunter. Vom Biergarten zieht links die Seestraße hinauf Richtung **Hofheim**. Vor der Staatsstraße rechts und unten durch, dann biegen wir gleich rechts in die Wettersteinstraße ein.

Kurz bevor die Wettersteinstraße auf die Staatsstraße mündet, drehen wir nach links auf einen Weg, der in einem langen Rechtsbogen zu einer Unterführung unter der St 2038 zugeht. Danach zieht er zur Nordspitze des Riegsees (Vogelschutzgebiet) und trifft auf die Straße nach Aidling. Etwa 300 m, dann biegt rechts eine Straße nach Riegsee weg. Wenn wir ihr kurz folgen, haben wir einen prächtigen Blick über den See und die Berge.

RIEGSEE

Der flache und warme Badesee ist bekannt für seinen Fischreichtum; auch große Fische wie Hechte und Welse werden dort geangelt. Das Vogelvorkommen ist am Riegsee beachtlich. Deshalb ist im Norden des Sees ein Vogelschutzgebiet ausgewiesen. Er ist heute im Besitz der Familie Poschinger-Camphausen, die im Schloss Egling wohnt.

Zurück zur Kreisstraße und rechts nach **Aidling**. Nach einer Links- und einer Rechtskurve folgen wir der Dorfstraße bis zur Gabelung. Dort geht's links auf die **Aidlinger Höhe**. Ca. 800 m anstrengender Weg nach oben, dann aber bei der Weggabel eine traumhafte Aussicht auf das Alpenpanorama! Wer mag, kann bis zum höchsten Punkt hinaufwandern und drüben einen Abstecher zum Forsthaus Höhlmühle unternehmen, 3 km, und daran denken, dass hier früher über den Kamm die Salzhandelsstraße verlief, weil's im Tal drunten zu feucht war.

Wir lassen es heute dabei bewenden, rollen wieder zurück und drehen in die „Steinbreiten“ nach links ein. Die Straße macht eine Rechtskurve und endet an der Ortsverbindungsstraße von Aidling nach Riegsee; dort weiter links nach **Riegsee**. Hier finden Sie den Alpakahof Schmid (Dorfstraße). Nach dem Dorfende kommen wir an den Südspitz des Sees und landen alsbald wieder in **Froschhausen**. Von dort treten wir auf dem Radweg hinauf nach Weindorf. Wenn Sie meinen, für heut reicht's, kehren Sie hier nach Murnau zum Bf zurück.

Mit dieser kleinen Riegseerunde fühlen sich die meisten aber nicht ausgelastet. Wir fahren also neben der Riegseer bzw. Froschhauser Straße auf dem Radweg zurück nach **Murnau**. Im Ortsteil Weindorf, nach dem Ende des Radwegs, geht es das Bergerl hinauf, und wenn die Straße eine Rechtskurve beschreibt, kurven wir mit und drehen gleich am Längenfeldweg rechts ein. Er führt uns oberhalb des Umspannwerks vorbei, und an der Adalbert-Stifter-Straße radeln wir links zur B 2 und gegenüber in die „Straßäcker“, ein Industriegebiet. Die Straße dreht sich nach rechts und an der T-Kreuzung radeln wir links aufs Feld hinaus. Wir landen auf dem Brunnenanger, dort links, und dieser bringt uns zur Straße „Am Fügsee“, auch hier links. An der Mauritiusstraße rechts zur Seehauser Straße, dort wieder rechts, unter der Bahn durch und links ab auf die „Sinkäcker“. Hier zweigt rechts der Reindlweg ab, der uns zum Auweg bringt. Danach rechts kommen wir zur Seestraße in **Seehausen**. Wenn wir das Bilderbuchdorf näher anschauen wollen, drehen wir eine Runde über die Dorfstraße, wobei wir die Dampferlände und das Strandbad nicht auslassen.

Direkt am Strandbad geht es links in die Straße „Roßpoint“, dann rechts herum („Am Arnbach“) und zur Staatsstraße. Dort links etwa 1 km mit lebhaftem Verkehr über eine Anhöhe, dann rechts ab nach **Oberrieden**. Links unten über der Staatsstraße liegt das Schloss **Rieden.** Wir aber biegen rechts ein Richtung Waltersberg. An einer Rechtskurve vor der Bahn wechseln wir auf den Radweg links daneben und unterqueren die Bahn. Der Weg bringt uns nach oben, wir lenken am Bahndamm entlang und bleiben auch eine Zeit dort bis zum Bahn-km 70,4 – dann wieder über die Bahn und auf **Uffing** zu.

Strandbad Alpenblick in Uffing

Dort kommen wir auf der Galveigenstraße an, reihen uns in den Verkehr der St 2372 ein, die zur Ortsmitte führt. Wenn Sie wollen, lenken Sie nach einem halben Kilometer für einen **Abstecher** in die Seestraße links ein. Links das Bad, dahinter die Insel Mühlwörth und am anderen Ufer das Schloss Rieden, rechts haben wir die Ach und ihren Ausfluss aus dem Staffelsee, dahinter ein Naturschutzgebiet. Wenn Sie noch 500 m weiter (laufen) möchten: links die Buchau, geradeaus die Wörth mit Schlossgut, Kirchlein und Gasthaus und die Kleine und die Große Birke. Und natürlich immer gratis darüber das Alpenpanorama: halbrechts die Hörnle-Aufackergruppe, geradeaus entfernter der Wetterstein, halblinks das Estergebirge, im Vordergrund Herzogstand und Heimgarten, daneben links der Jochberg. Und jetzt kehren wir auf der Seestraße wieder nach Uffing zurück.

Wir kommen an die Vorfahrtstraße und lenken nach links in die Ortsmitte. Wenn rechts die Hauptstraße abzweigt, rollen wir geradeaus und überqueren die Ach auf der Schöffauer Straße. Gleich nach der Brücke biegen wir links ein in die Harberger Straße. Nun erwartet uns ein einsames Stück Land. Links von uns liegt der Tannenbachfilz, ein Naturschutzgebiet. An ein paar Bildstöcken und Kapellen vorbei kommen wir nach **Harberg** und haben dabei immer wieder schöne Ausblicke auf das Moorgebiet. Weiter radeln wir nach **Brand**, das an der Ach liegt.

Wir biegen links ab, fahren durch das Sägewerk, über den Bach und tauchen auf hügeligem Kiesweg in den Obernacher Wald ein. Eine Zeit lang begleiten wir in respektvoller Entfernung den Kühbach, dann verlassen wir das Holz. Vor **Sprittelsberg** steigt der Weg auf Teer an. An Grub vorbei ist der nächste Ort **Steigrain**. Hier haben wir einen ziemlich umfassenden Blick auf Bad Kohlgrub. Wenn wir hier etwa 1,5 km links radeln, können wir einen Blick auf das Murnauer Moos mit seiner Bergumrahmung werfen. Von dort können wir weiter wie bei Tour 28 nach **Murnau** fahren. Alternativ bleiben wir auf der Straße von Sprittelsberg und rollen abwärts nach **Bad Kohlgrub** und beenden dort die Tour. Gleich nach der Schranke führt links ein Weg zum Bahnhof.

KARTENHINWEIS UK 50-49 Pfaffenwinkel – Ammergauer Alpen Nord 1:50 000 (LDBV)

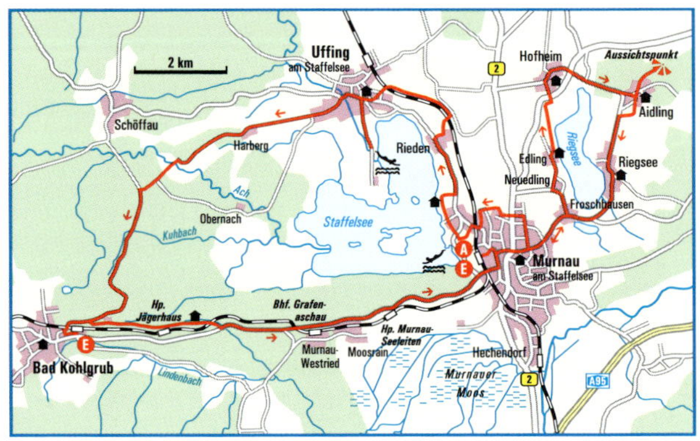

START: Murnau Bf

ZIEL: Murnau Bf

ANFAHRT MIT BAHN: RB

ANFAHRT MIT AUTO: A 95 bis Murnau/Kochel (10), dann auf St 2062 links über Schwaiganger nach Murnau; vorbei an der Unfallklinik zur B 2 und rechts, am Rechtsknick halblinks in die Seehauser Straße, dann links in die Bahnhofstraße

RÜCKFAHRT ZUM AUTO: von Bad Kohlgrub nach Murnau mit RB

STRECKE: um den Riegsee 19 km, bis Bad Kohlgrub 40 km, bis Murnau 52 km

SCHWIERIGKEIT: mittel

CHARAKTER: Wasser, Berge, viel Natur

WEGWEISER: verschiedene

E-BIKE-LADESTATIONEN: *Bad Kohlgrub:* Kur- und Tourist-Information, Hauptstr. 27; *Bad Bayersoien:* Seeweg 104, am Kiosk (5 km nordwestl.)

EINKEHREN: *Aidling*: Zur Post mit Biergarten (Mi/Do Ruhetag); *Riegsee*: Seestube mit Biergarten (Mo Ruhetag); *Uffing*: Seerestaurant Alpenblick mit Biergarten; *Bad Kohlgrub:* Kurpark-Restaurant „La Portavecchia" mit Biergarten (Di Ruhetag); Guggenbergalm an der Hörnlebahn mit Biergarten (Mi Ruhetag); *Murnau*: Griesbräu mit Biergarten (eigenes Bier); Schlossgarten im Schloss mit Biergarten (Mo Ruhetag); Zum Beinhofer (Do/Fr ab 17, Sa/So/Fei ab 11 Uhr geöffnet)

ÜBERNACHTEN: Angerbräu, La Strada

30 DER RÖMERRADWEG IM „BLAUEN LAND“

Wir verfolgen heute ein Stück weit die „Roestra“, die Römerstraße, die vom Brenner nach Augsburg führte. Info-Tafeln weisen unterwegs auf interessante Einzelheiten hin, und gut ausgeschildert ist der Weg auch. Vom Obermarkt treten wir auf historischem Boden nach Hechendorf und zum Moosbergsee, einer ehemaligen Tagebaugrube, die heute Badegelegenheit bietet. Rundum liegt das Moos mit seiner seltenen Vegetation. An der Loisach entlang kommen wir nach Eschenlohe und zum 3 km langen Naturerlebnispfad. Der Rückweg führt am Hang des Heubergs entlang, wo wir immer noch die Spuren der alten Handels- und Kriegsstraße ausmachen können. Nach einer Schleife über den Isenberg landen wir wieder in Murnau.

Blick über die Loisach auf den Kalvarienberg von Eschenlohe

Unser Radweg folgt den Spuren einer alten Handels- und Truppenstraße schon aus der Zeit vor den Römern. Mit der Eroberung des Landes nördlich der Alpen durch die Römer gehörten auch Murnau und Umgebung zu einer römischen Provinz. Der Moosberg wie auch die Insel Wörth im Staffelsee waren zwischen 250 und 400 n. Chr. besiedelte Befestigungsanlagen. Auf dem Römerweg können wir noch weitere Spuren aus dieser Zeit entdecken.

Am Kultur- und Tagungszentrum Murnau beginnt unser Radweg. Also aus dem Bahnhof hinaus, über den Kreisverkehr auf die Seehauser Straße, die uns nach einem Rechtsbogen zur Ampel bringt. Dort rechts und gleich halblinks in die Bahnhofsstraße, die zum Kulturzentrum führt (Info-Tafel). Hier nehmen wir östlich die Postgasse und kommen zur guten Stube von Murnau, dem Obermarkt (Fußgängerzone). Wir folgen rechts dem Untermarkt, bis schräg links die Seidlstraße abgeht. Sie bringt uns zuletzt als Fußweg (schieben!) unter der Bahn durch auf die Straße nach **Hechendorf**.

Das Dorf queren wir auf der Murnauer/Partenkirchener Straße und landen an der Ramsachbrücke. Dort zieht ein Weg links weg (WW Ohlstadt), nach 500 m rechts ab und über die B 2. Die Straße bringt uns an den See, der durch den Abbau des Moosbergs, eines Quarzitköchels, entstanden ist. Köchel gibt es mehrere im Moos; das sind längliche Erhebungen, die meist bewaldet sind. Einige wurden in den letzten 50 Jahren abgebaut und das Gestein meist als Bahnschotter verwendet. Die Grube des abgebauten Moosbergs lief mit Wasser voll; das ist der heutige herrlich gelegene **Moosbergsee**. Zur Römerzeit befand sich auf dem Moosberg eine befestigte Siedlung (Info-Tafel).

ESCHENLOHE

INFORMATION: Verkehrsamt Eschenlohe, Murnauer Str. 1, 82438 Eschenlohe, Tel. 088 24/82 28, www.eschenlohe.de

Im Tal zwischen Ammer- und Estergebirge, wo um 200 n. Chr. die Römerstraße ausgebaut wurde, erhob sich auch die Burg der Grafen von Eschenlohe, und zwar auf dem Vestbicherl am südwestlichen Ortsrand. Ihre Besitztümer erstreckten sich weit nach Süden hinaus bis ins Ultental in Südtirol und nach Norden bis zum Staffelsee. Nach mehreren Besitzwechseln fiel das Gebiet an das Kloster Ettal. Heute steht an Stelle der Burg (der Burggraben ist noch sichtbar) die St.-Nikolaus-Kapelle, von der man einen herrlichen Blick ins ganze Loisachtal hat.

SEHENSWERT: Pfarrkirche St. Clemens, 1782 nach Plänen von J. M. Fischer erbaut, mit Werken von J. Zeiller (Chorfresko), I. Paur (Deckenbild), J. B. Schmon (Altarbild) • Industriedenkmal Hartsteinwerk Werdenfels, unter der Autobahn-Unterführung der ehemaligen Materialseilbahn; Dauerausstellung über die 70-jährige Geschichte des Quarzitabbaus im Murnauer Moos, frei zugänglich, täglich geöffnet (2 km vom Bf, auf der Murnauer Straße zur B 2, dort 100 m links, dann rechts, nach der Stromleitung halbrechts) • Loisachbrücke von 2006 (trägt den häufigen Hochwassern Rechnung), mit Holzdach

Wir radeln an den Seen entlang (Badegelegenheit!) und schwenken dann direkt auf Süd durchs Moor mit seiner außergewöhnlichen Vegetation. Bevor man in den Wald einfährt, links über den Fürgseegraben. Der Weg, schlecht befahrbar, schwenkt wieder auf Süd, dann gelangen wir zu einem Querweg rechts aus dem Wald hinaus. Der nächste Weg (ca. 400 m) nach links bringt uns ganz aus dem Moor hinaus zur B 2 mit Blick auf die Brücke der A 95.

Gegenüber mündet die St 2562 von Ohlstadt ein. Auf dieser Straße lenken wir zur Loisach (unterqueren vorher die A 95) und drehen vor dem Fluss nach rechts. Der Weg zieht an der Loisach entlang, vorbei an einer Kläranlage, unter der Bahn durch, dann durch ein Industriegebiet. Wir bleiben am Fluss oder in seiner Nähe bis zur Brücke in **Eschenlohe**. Im Ortszentrum befindet sich der historische Gasthof Alter Wirt direkt neben der Kirche (Haus mit Lüftlmalerei, in dem schon König Ludwig II. abgestiegen ist; gutbürgerliche Küche, Spezialität Spanferkel am Wochenende; Mi Ruhetag).

TIPP: Naturerlebnispfad am Bichl, 3,2 km, Start Höllensteinstraße oder Garmischer Straße, mit 20 Stationen. Am Rundweg ein stiller finsterer Tunnel, der „Fledermausstollen“, der der Bevölkerung im Zweiten Weltkrieg als Luftschutzbunker diente; es handelt sich dabei um die ehemaligen Produktionshallen der Fa. Messerschmitt-Bölkow, in denen Flugzeugteile gefertigt wurden. Er liegt an der Garmischer Straße. Sie können das Radl mitnehmen, aber ohne tun Sie sich leichter. An der Höllensteinstraße geht es dann rechts zurück zum Dorfplatz und zur Brücke.

Wir queren die Loisach auf der neuen Brücke und fahren links in die Heubergstraße, dann radeln wir über die Eschenlaine und links weiter an der Loisach auf Kies. Wenn der Bahnkörper herüberkommt, lenken wir rechts daran entlang. Auf der rechten Seite begleiten wir den Heuberg. – Die Römer waren durch die vielen Überschwemmungen gezwungen, eine Alternativroute zur Moosdurchquerung zu suchen. Die Auffahrts- und Abstiegsrampen für diese Trasse sind am Heuberg und Isenberg heute noch sichtbar. – Nach etwa 1,5 km zieht unser Weg halbrechts weg, überquert den Einödbach und den Kropfbach und landet in **Buchenried** an der Heubergstraße. An der St 2562 fädeln wir uns rechts ein (Partenkirchner Straße) und kommen 1 km später in der Ortsmitte von **Ohlstadt** an.

Wir treten um die Halblinkskurve herum und fahren auf der Schwaigangerstraße weiter. Nach

KARTENHINWEIS UK 50-49 Pfaffenwinkel – Ammergauer Alpen Nord 1:50 000 (LDBV)

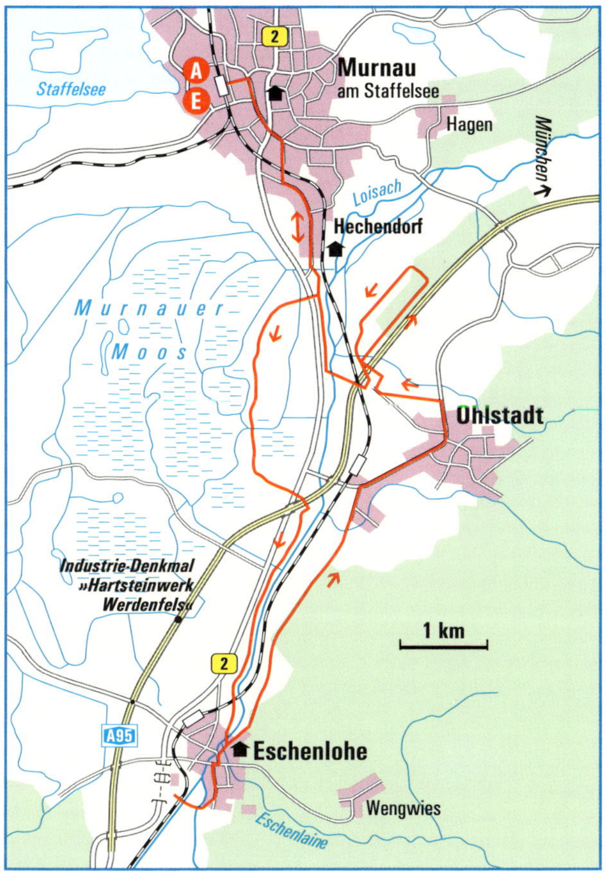

dem Ortsende kurven wir gleich links in einen Wiesenweg, der uns zur Wetzsteinlaine bringt. Wir setzen rechts drüber, um 100 m weiter links unter der A 95 durchzufahren. Dort geht es nach rechts und langsam ansteigend wieder auf Kies. Nach zwei Schuppen führt der Weg links in den Wald hinein; dort kommen wir holprig steil abwärts auf die andere Seite des Isenbergs und sehen unten den Haarsee.

Zuerst geht es am Bach entlang, dann an der Bahn südwärts und am Kircherl von **Weichs** vorbei und unter der Autobahn durch in den Ort. An einer Querstraße radeln wir rechts unter der Bahn und erneut rechts unter der Autobahn durch; auch der Bach ist wieder da. Unsere Straße zieht zur Loisach, die wir auf einer Brücke überqueren. Hier können wir wieder am Fluss entlang nach **Hechendorf** fahren. Von hier geht's zurück durch **Murnau** wie gehabt (Info zum Ort S. 54).

START: Murnau Bf

ZIEL: Murnau Bf

ANFAHRT MIT BAHN: RB

ANFAHRT MIT AUTO: A 95 bis Murnau/Kochel (10), dann auf St 2062 links über Schwaiganger nach Murnau; vorbei an der Unfallklinik zur B 2 und rechts, am Rechtsknick halblinks in die Seehauser Straße, dann links in die Bahnhofstraße und zum Bf

STRECKE: 37 km

SCHWIERIGKEIT: mittel; einige Aufstiege

CHARAKTER: auf den Spuren der Römer – mit Info-Tafeln

WEGWEISER: 40 Wegweiser in Form einer Römermünze, die Kaiser Konstantin zeigt; zudem Info-Tafeln bei der TI in Murnau, am Moosbergsee, in Eschenlohe und vor Ohlstadt

E-BIKE-LADESTATIONEN: *Eschenlohe*: Fahrrad Center Oberland, Oberau, Ettaler Str. 18c (5 km südlich)

EINKEHREN: *Eschenlohe*: Tonihof mit Sonnenterrasse und Panoramablick ins Estergebirge und in den Wetterstein (Di/Mi Ruhetag); Ghs. Zur Brücke (Di Ruhetag); *Murnau*: Griesbräu mit Biergarten (eigenes Bier); Schlossgarten im Schloss mit Biergarten (Mo Ruhetag); Zum Beinhofer (Do/Fr ab 17, Sa/So/Fei ab 11 Uhr geöffnet)

ÜBERNACHTEN: Angerbräu, La Strada. Haus am Gries

Prachtvolle Bauerngärten am Wegrand

31 SÜDLICH DES AMMERSEES

Vom zentralen Punkt Weilheim wenden wir uns nördlich an den Dietelhofer See und weiter nach Pähl mit seinem Hochschloss und der Schlucht mit dem Wasserfall. Links sind die Parabolspiegel der Erdfunkstelle Raisting zu sehen. An ihnen vorbei zieht es uns nach Stillern und durch den Wald stetig aufwärts nach Wessobrunn. Dort ist noch der „Graue Herzog“ mitten im Klosterareal zu finden, ein Überrest des romanischen Klosters, das im 13. Jh. abbrannte. Wessobrunn gilt als Wiege des Barocks mit einer Schule von über 600 Künstlern. Teile der Baulichkeiten wie Theater- und Tassilosaal sind zu besichtigen. Eine 3 km lange Schussfahrt zum Zellsee hinunter entschädigt uns für den mühsamen Aufstieg. Der Paterzeller Eibenwald mit seinen etwa 200 Bäumen noch aus dem Mittelalter liegt am Weg. Vor dem Gebirge steht der „Bayerische Rigi“, der Hohenpeißenberg. Über die Moosmühle radeln wir durch das Weilheimer Moos wieder auf Weilheim zu.

Vom Bf Weilheim geht es geradeaus an den Bushaltestellen vorbei hinaus zur Münchener Straße; dort 100 m nach links, dann rechts in die Kaltenmoserstraße. Sie bringt uns zur B 2 (Ampel) und weiter zur Römerstraße. Dort biegen wir links ein. Wir queren den Narbonner Ring durch eine Unterführung (WW Dietlhofer See) und radeln auf dem Dietlhofer Seeweg weiter nach Norden. Die Stadt liegt hinter uns und bald sehen wir zur Rechten den See. Am Gasthof wenden wir uns nach rechts, kommen zum Bad und an eine Straße, in die wir nach links einbiegen. Wir überqueren die Bahn, überqueren die B 2 und radeln rechts.

Am Ortsbeginn von **Wielenbach**, am Feldkreuz, drehen wir halbrechts in die Peter-Kaufinger-Straße, links in die Gorigasse, dann rechts. Die Rudolf-Seeberger-Allee bringt uns auf die Pähler Straße, der wir folgen. An der St 2056 setzen wir halbrechts darüber mit WW Pähl/Herrsching, am Ende des Feldes halten wir uns links – und bald sind die Raistinger Parabolspiegel zu sehen. Weiter geht es über den Kinschbach, an einem Gehöft vorbei und links weiter.

In **Pähl** treffen wir auf die Kreisstraße, dort geradeaus, dann links in die Hesseloher Straße. An der Kurve drehen wir halblinks mit WW Herrsching in die Ortsmitte zu Schule und Kirche.

PÄHL

INFORMATION: Gde. Pähl, Kirchstr. 7, 82396 Pähl, Tel. 088 08/920 40, www.gemeinde-paehl.de

SEHENSWERT: Hochschloss Pähl, hoch über dem Dorf und weithin sichtbar, ein Traum von einem Schloss, 1885 neu errichtet, umwachsen von Bäumen sind nur die oberen Gebäudeteile zu sehen (Privatbesitz) • Pähler Schlucht des Burgleitenbachs mit Wasserfall (16 m); Trittsicherheit und wasserfeste Schuhe für die Wanderung dorthin erforderlich!• Aussichtspunkt Hirschberg mit unvergleichlichem Panoramablick über das Ammertal und die Alpenkette • Pfarrkirche St. Laurentius, Neubau von 1724 durch J. Schmuzer, Deckenbilder von J. B. Bader, schöner Stuck von J. M. Merck • sehenswertes Kupfermuseum in Pähl-Fischen (3 km nördlich), Herrschinger Str. 1, geöffnet Mi–Sa 10–16 Uhr; für Gruppen wird um Voranmeldung gebeten, Tel. 088 08/92 17 21, www.kupfermuseumfischen.de

ERDFUNKSTELLE RAISTING

Gegründet wurde die Anlage als eine der ersten Erdfunkstellen der Welt bereits 1963 durch die Deutsche Bundespost. Die Deutsche Telekom führte die Telekommunikationsdienste zum Zweck von weltweiten Telefonverbindungen, Daten- und Fernsehaustausch bis Ende 2005 durch. 2006 wurde die Erdfunkstelle an „Emerging Markets Communications, Inc. (EMC)" verkauft. Das Geschäftsfeld entspricht etwa dem der Deutschen Telekom. Derzeit sind sieben Großantennen im Einsatz mit Spiegeldurchmessern von 7 bis 32 m. Die Anlage ist ein technik- und industriegeschichtliches Denkmal von außergewöhnlicher Bedeutung. Besichtigungen: www.radom-raisting.de

Nun radeln wir hinunter zur Ammerseestraße, dort fahren wir rechts, und wenn die Straße nach rechts abbiegt, halblinks auf die Raistinger Straße. Sie bringt uns sehr sonnig an die Ortsumgehung und geradeaus weiter über die Ammer. Dann geht es links (WW Raisting) und nach 500 m rechts. Die kleine von Birken gesäumte Teerstraße bringt uns schnell ins Weichbild von Raisting, das durch die nahe gelegene Erdfunkstelle überregional bekannt wurde. Halbrechts ist die Klosterkirche von Dießen zu sehen, rechts drüben können wir den Turm von Andechs ausmachen. Vor dem Bahndamm geht's rechts, dann am Sendeturm über die Bahn. Wir fahren geradeaus am Landschaftsweiher entlang, dann links zur Erdfunkstelle Raisting.

Wir radeln nördlich zum Weiher zurück und an der Bahn entlang nach **Raisting** zur Pähler Straße, dort links. Die Pähler Straße geht nach rechts in die Herrenstraße über, an der Floßmannstraße fahren wir nach links und um ein paar Kurven herum über die Rott, dann auf dem Stillernweg nach **Stillern**, das wir auf gerader Straße erreichen.

RAISTING

INFORMATION: Gemeindeverwaltung Raisting, Kirchenweg 12, 82399 Raisting, Tel. 088 07/21 43 90, www.raisting.de

Raisting gilt als die Nachfolgesiedlung der römischen „Ulrusa" am Schnittpunkt der Römerstraßen Kempten–Salzburg und Augsburg–Brenner. 776 wurde Raisting erstmals urkundlich erwähnt. Der Geistliche Franz Sales Gailer wurde als Verfasser der „Vindelicia Sacra", einer Beschreibung der Diözese Augsburg, bekannt. Auch der Begriff „Pfaffenwinkel" geht auf Pfarrer Gailer zurück. Die Klöster Wessobrunn und Dießen waren bis zur Säkularisation die mächtigsten Grundherren im Dorf. 1898 wurde der Ort mit der Ammerseebahn an das bayerische Zugnetz angebunden, 1964 die Erdfunkstelle Raisting in Betrieb genommen.

SEHENSWERT: Pfarrkirche St. Remigius mit Rokokoausstattung • Kulturhaus der Otto-Hellmeier-Stiftung mit Ausstellung der Bilder des Malers, Wielenbacher Str. 13, geöffnet nach Bedarf ab 4 Personen, Tel. 088 07/918 57

Blick über Pähl und den Pfaffenwinkel

Die berühmte Tassilolinde nahe dem Kloster Wessobrunn

TIPP: Hof-Biergarten Grenzebach in Stillern, herrlich „stiller" Biergarten mit uriger Gemütlichkeit in traumhafter Lage am Waldrand. Speisen und Getränke aus ökologischer Erzeugung bzw. einer Biometzgerei, Bio-Bier: Neumarkter Lammsbräu, Riedenburger Weiße. Kinderspielplatz, Streichelgehege mit Schafen (geöffnet an Sa/So/Fei ab 12 Uhr).

1,5 km weiter, an einer Wegspinne, folgen wir halbrechts dem König-Ludwig-(Wander-)Weg. Durch den Stiller Wald und den Steingraben geht es stetig aufwärts. An einer stattlichen Eiche kommen wir aus dem Wald heraus und radeln rechts, wieder auf Teer, aber immer noch aufwärts.

Wessobrunn erreichen wir auf dem Tassiloweg. Dieser endet an der St 2067, in die wir uns halblinks einbringen (Zöpfstraße). Davor aber wollen wir noch dem Kloster einen Besuch abstatten, das links der Straße liegt.

Wir radeln halblinks die Zöpfstraße weiter, und nach dem Ortsende können wir auf dem Radweg links fast 3 km im Schuss zum **Zellsee** abfahren. Durch die Unterführung gelangen wir dort unten auf die andere Straßenseite, um vor dem See rechts abzubiegen. Im Wald geht es etwas aufwärts, an einer Kreisstraße links ab. Wir kommen in den Paterzeller **Eibenwald**, einen Wald mit 2300 Eiben, von denen viele noch aus dem Mittelalter stammen (NSG). Ein Rundweg von gut 1 km (gleich im Wald links, beschildert) führt uns an zehn Klapptafeln vorbei, die uns über die Eibe informieren.

Danach kommen wir in **Paterzell** an. Noch vor dem Gasthof, bei der Kirche St. Ulrich, biegen wir links auf einen steinigen Weg ein, zweigen unten rechts ab (WW Weilheim) und kommen zur **Moosmühle**. An der Teerstraße geht es links durch das Tal, am Schilfmeer der Zellsee-Südseite, an der Landepiste vorbei und am Bach entlang,

WESSOBRUNN

INFORMATION: Gemeindeverwaltung Wessobrunn, Zöpfstr. 1, 82405 Wessobrunn, Tel. 088 09/313 00, www.wessobrunn.de

Klosterführungen Di und Fr 13.30 Uhr ab 5 Personen, bei 1–4 Personen Miniführung (15 Min. Treffpunkt Klosterhof 4 Nähe Brunnen. Bei Gruppen ab 10 Personen voranmelden, Tel. 088 09/921 10

Das Kloster sollen die Benediktiner gegründet haben; der Stifter war Herzog Tassilo (753). Um 814 entstand eine Abschrift des „Wessobrunner Gebets", ein Gedicht in althochdeutscher Sprache. Das Kloster gilt als Heimat der „Wessobrunner Schule". Stuck und Malerei trugen mehr als 600 Künstler des Barocks in viele Länder Europas. Im 13. Jh. legte ein verheerender Brand fast das ganze Kloster in Schutt und Asche. Der „graue Herzog", ein Glockenturm, ist noch vom romanischen Bau erhalten. Die heutigen Baulichkeiten gehen großenteils auf 1680 zurück. Von 1913 bis 2012 lebten hier die Missions-Benediktinerinnen. 2014 wurde das ehemalige Kloster an ein Naturkosmetikunternehmen verkauft.

SEHENSWERT: Riesige Klosteranlage, eindrucksvoller Hof; der „Graue Herzog", der alte Glockenturm aus Tuffstein; Theatersaal, Tassilo- oder Jagdsaal, Fürstentrakt und Treppenhaus mit üppigem Stuck; die heutige Pfarrkirche St. Johannes mit Stuck von J. Schmuzer; bemerkenswertes Holzkreuz von 1253 aus der Vorgängerkirche, am linken Seitenaltar Gnadenbild „Mutter der schönen Liebe" (18. Jh.). Hinter der Kirche ist das barocke Quellhaus zu sehen, das später über den drei Quellen erbaut wurde, an denen Herzog Tassilo der Legende nach den Traum von der Himmelsleiter hatte, und wo ihn sein Jäger Wezzo fand. • Tassilolinde, im Osten des Ortes, nahe der Klostermauer, rund 1300 Jahre alt • „Wessofontanum" im Kloster, Info über das Kloster und die Künstler der „Wessobrunner Schule", Verkauf von Wein und Honig aus den historischen Ländereien des Klosters, geöffnet täglich 14–17 Uhr • Gedenkstein „Wessobrunner Gebet" gegenüber Ghf. Post

dann über die Brücke und den Berg hinauf. Der Blick schweift rechts ins Gebirge und bleibt dann am Hohenpeißenberg hängen.

Der Weg führt durch die Streusiedlung **Am Hahnenbühel** zur St 2057. Hier lenken wir nach rechts auf den Radweg. Achtung: Der Grund ist sehr uneben! Der Radweg mutiert nach der Abfahrt bei **Tankenrain** bald zu einer Straße neben der Straße, dann wieder zum Radweg und schließlich zum Fahrradstreifen, der uns nach **Weilheim** bringt. Nach der Ammerbrücke drehen wir rechts auf den Radweg neben der Lohgasse, und nach 100 m teilt sich der Weg.

Zum Bahnhof: Rechts herum an der Ammer entlang und unter der Straßenbrücke durch, nach 200 m rechts im spitzen Winkel zurück und an der Vorfahrtstraße links („Am Öferl"). Diese biegt vor der Bahn nach links und schon nach 200 m führt rechts ein Fußweg hinunter zur Unterführung unter den Gleisen.

Ins Zentrum: An der Wegeteilung radeln wir halbrechts an der Ammer entlang. Auf Höhe des Ammerstegs am Auwehr links, dann halblinks durch die Allee. Wir kreuzen eine Straße und schieben unter der Bahn durch. An der Schwaigerstraße geht's links und gleich wieder rechts in die Kormannstraße. Wir überqueren die Vorfahrtstraße geradeaus, fahren am Stadttheater vorbei und links herum zur Fußgängerzone. An der Kreuzgasse schieben wir 100 m rechts auf den Marienplatz (Info zur Stadt S. 25).

KARTENHINWEIS UK 50-49 Pfaffenwinkel – Ammergauer Alpen Nord 1:50 000 (LDBV)

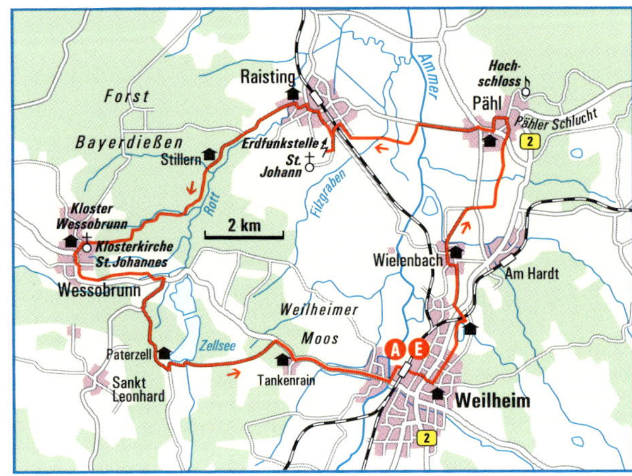

Ehemaliger Wehrturm am Kloster Wessobrunn

START: Weilheim Bf

ZIEL: Weilheim Bf

ANFAHRT MIT BAHN: RB

ANFAHRT MIT AUTO: A 95 bis Seeshaupt (7), rechts nach St. Heinrich und links nach Seeshaupt. Am Ortsende auf der St 2064 halblinks nach Weilheim. Am Ortsbeginn rechts auf den Narbonner Ring zum Kreisverkehr. Geradeaus weiter und beim nächsten Kreisverkehr die dritte Straße rechts (Münchener Straße); der Bf liegt dann rechts.

STRECKE: 45 km

SCHWIERIGKEIT: mittel, einige Steigungen

CHARAKTER: viel Sonne im Ammertal

WEGWEISER: verschiedene

E-BIKE-LADESTATIONEN: keine

EINKEHREN: *Dietlhofer See*: Seeblick mit Biergarten (Mo Ruhetag); *Pähl*: historischer Ghf. Alte Post mit Biergarten (Mo/Di Ruhetag); *Raisting*: Ghs. Drexl mit Biergarten, Spezialität Fisch aus eigenem Gewässer (Mo Ruhetag); *Wessobrunn*: Zum Löwen mit Biergarten (kein Ruhetag, Mo, Di erst ab 17 Uhr geöffnet); *Paterzell*: Zum Eibenwald mit großer Terrasse; *Weilheim*: Waldgaststätte Gögerl mit Biergarten; Ghs. Korfu mit Biergarten (nachmittags geschlossen); Ghs. Holzwurm mit Biergarten in Bf-Nähe (Sa und nachmittags geschlossen)

ÜBERNACHTEN: Altstadthotel Bachbräu mit Terrasse, Hotel Pöltnerhof im Zentrum mit Biergarten, Hotel Vollmann, Altstadt

32 PEITINGER „ROMANTISCHE RUNDE“

Die Begriffe „Pfaffenwinkel“ und „Romantische Straße“ stimmen uns auf unsere Tour ein. Sie führt uns zunächst an den konservierten Resten eines römischen Bauernhofs aus dem 2.–4 Jh. vorbei. Durch eine ganze Reihe von idyllischen kleinen Seen bewegen wir uns stetig auf die Gebirgskette zu. So erreichen wir Steingaden und sein berühmtes Kloster mit dem Welfenmünster. Und die Kunst lässt uns nicht los. Nicht weit entfernt treffen wir auf ein Rokokojuwel ersten Ranges, auf die Wallfahrtskirche Wies. Über den Schwaigsee kommen wir zu einem technischen Meisterwerk, der Echelsbacher Brücke, über die 76 m tiefe Ammerschlucht. Bald danach lenken wir nach Rottenbuch, wo sich alle Baustile in der Kirche Mariä Geburt vereinen. Zum guten Ende haben wir noch eine schneidige Abfahrt zur Schnaidbergalm, bevor wir den Bahnhof von Peiting ansteuern.

WIESKIRCHE

Die Wallfahrtskirche „Zum gegeißelten Heiland in der Wies“ wurde Mitte des 18. Jh. von den Brüdern Dominikus und Johann Baptist Zimmermann im Rokokostil errichtet. Sie ist UNESCO-Welterbe. Die Wallfahrt begann 1738; heute ist die Kirche auch Konzertsaal. Sehenswert ist sie als Gesamtkunstwerk, aber auch die Details sind eine genaue Betrachtung wert: Altarbild von dem Münchner B. A. Albrecht, der Tiroler Bildhauer A. Sturm gestaltete die Figuren Hieronymus, Ambrosius, Augustinus und Gregor den Großen. Das Orgelgehäuse stammt von D. Zimmermann. Das Barockgeläute schufen A. Brandtmair und F. Kern. In der Kuppel ist ein Trompe-l’oeil-Fresko zu sehen. Kirchenführungen sind im Pfarrbüro zu vereinbaren, Tel. 088 62/93 29 30.

Das prachtvolle Innere der Wieskirche bei Steingaden

Vom Bf Peiting lenken wir hinaus auf die Bahnhofstraße und dort rechts. Nach 800 m geht es links auf die Azamstraße, dann hinunter auf die Ammergauer Straße, dort biegen wir rechts ein. Schon nach 150 m, an der nächsten Brücke über den Bach, lenken wir nach links in die Meierstraße; sie bringt uns zur Füssener Straße (ehemalige B 17), dort links herum. Schon sind wir auf der Radroute „Romantische Straße“ und verfolgen sie bis zur „Wies“. An der Bachfeldstraße bleiben wir halblinks und nach den letzten Häusern ziehen wir rechts zur Füssener Straße zurück; zuvor links zur Unterführung. Wenn wir auftauchen, geht es links. Hier kommen wir an der **Villa Rustica** vorbei, der Ausgrabungsstätte eines römischen Bauernhofs, der vom 2.–4. Jh. bewohnt war.

Nach dem archäologischen Exkurs überqueren wir die Bundesstraße (mit Blick nach rechts zur Lechbrücke) und folgen ihr nach **Kreut**. An der Kurve drehen wir links ein, und im Wald geht's hinauf. 1 km später fahren wir rechts in den Wald und weiter abwärts am Ödenhof und Stieglhof vorbei, ebenso an den Höfen am Riesner See. An der Kreuzung bei **Riesen** geradeaus, 1 km später halblinks, links drüben liegt der Doldensee, dann der Deutensee. Wir folgen der kleinen Straße weiter nach **Steingaden**. Dort treffen wir auf die B 17. Hier radeln wir rechts, dann links zum Marktplatz und an der Welfenstraße rechts.

Das Ensemble der Wieskirche, seit 1963 UNESCO-Weltkulturerbe

STEINGADEN

INFORMATION: Touristinformation, Krankenhausstr. 1, 86989 Steingaden, Tel. 088 62/91 01 13; www.steingaden.de

Der Ort gehörte zum Kloster Steingaden, das 1147 von Markgraf Welf VI. gegründet und 1803 säkularisiert wurde. Kirchenführungen vereinbaren Sie am besten in der Touristinformation. Am Sonntag nach dem 4. 7. findet der St. Ulrichsritt vom Marktplatz zum Kreuzberg statt, eine Pferdeschau mit über 100 Reitern.

SEHENSWERT: Welfenmünster, ehemalige Prämonstratenserkirche St. Johannes der Täufer, 1176 erbaut. Außen romanisch, das Chorgestühl im Stil der Renaissance erneuert (an der Nordwand der Eingangshalle entstand später die Welfengenealogie); im 17. Jh. barock neu erstellt und später im Rokoko von F. X. Schmuzer umgestaltet, Fresken von J. G. Bergmüller. Die dreischiffige Pfeilerbasilika wurde nach der Säkularisation zur Pfarrkirche und blieb erhalten. Der romanische Kreuzgang (Tür im rechten Seitenschiff) ist teilweise noch vorhanden. Brunnenkapelle aus gotischer Zeit, die Johanneskapelle, ein romanischer Rundbau, rechts vor dem Münster • Klostermuseum im Pfarrhof, geöffnet Do 16–18 Uhr; Klostergarten, ein ökologisch bewirtschafteter Lehr- und Meditationsgarten mit gotischem Labyrinth, immer geöffnet • Welfenbrunnen auf dem Marktplatz; origineller Chorherrenbrunnen vor dem Käsestüberl

Nach der Kirchenbesichtigung radeln wir auf der Welfenstraße weiter, an der Graf-Dürkheim-Straße biegen wir links ein. Steil geht es hinauf nach **Gagras** und weiter bucklig dahin, links zuerst der Badweiher, dann am Waldrand der Sendemast. Nach **Litzau** sehen wir rechts den Gschwand-Filz, ein NSG, und treffen auf die St 2559, dort geht's rechts nach **Wies**.

Wir bewegen uns zurück mit den drei WW Romantische Straße, König-Ludwig-Radweg und Prälaten-Radweg. An der Linkskurve radeln wir geradeaus und kommen zu den Häusern von **Schwarzenbach**. Hier geht's rechts Richtung Schildschwaig und gleich links ab. Etwas aufwärts, dann ein Stück auf Kies und abwärts über die Illach. Wir steuern am NSG entlang, dann rechts aufwärts nach **Holz** und **Unterbauern**. An der Vorfahrtstraße links und in **Wildsteig** aufwärts zum Rathaus, dort rechts. Die Kirchbergstraße bringt uns in den Ort (Pfarrkirche St. Jakob mit Wessobrunner Stuck) zum Feuerwehrhaus und zum Gasthaus, daran rechts vorbei in den Ambrosius-Mößmer-Weg. In Wildsteig verlassen wir die Radroute Romantische Straße eine Zeitlang. Der A.-Mößmer-Weg fällt wieder hinunter ins Tal, dort links. Über **See** kommen wir zum Sportplatz und biegen links ein.

Wenn es in **Morgenbach** geradeaus nicht mehr weiter geht, biegen wir links und 200 m später noch mal links ab. Rechts unten tobt sich die Ammer in ihrer tiefen Schlucht aus, links von uns liegt dann das Bichlbauernfilz, ein NSG, und der **Schwaigsee**, ein Badesee mit gesundem Moorwasser, Liegewiese und einem Kiosk. Wir treffen auf die Fahrstraße von Wildsteig und biegen rechts ein. Auf der St 2059 fahren wir 1,3 km, die in eine Schussfahrt ausarten, dann erreichen wir die B 23 und rechts die **Echelsbacher Brücke** über die Ammerschlucht, die einst weitestgespannte Melan-Bogenbrücke der Welt. Ihre Spannweite beträgt 130 m, die Talsohle liegt 76 m darunter, die Bogenhöhe misst 32 m.

Es geht zurück an das linke Ufer der Ammer und auf den Radweg auf der rechten Straßenseite, der uns durch **Achen** bringt, immer die Schlucht zur Rechten. Nach 3 km sind wir am Abzweig rechts nach Rottenbuch hinein.

Wir kehren zur Bundesstraße zurück und unterqueren sie rechts. Oben biegen wir in den Postplatz ein, der in die Raiffeisenstraße übergeht. Sie bringt uns wieder zur B 23. Wir unterqueren sie erneut und fahren auf **Moos** zu, der Ammer-Amper-Radweg zeigt sich. Wir drehen eine lange

Freie Fahrt mit Bergblick

ROTTENBUCH

INFORMATION: Tourist-Info Rottenbuch, Klosterhof 42, 82401 Rottenbuch, Tel. 088 67/91 10 18, www.rottenbuch.de

1073 wurde Rottenbuch erstmals in einer Schenkungsurkunde von Herzog Welf IV. erwähnt. Schon im 10. Jh. gab es ein Kloster Raitenpuch über der Ammerschlucht. Um 1100 wurde die erste romanische Kirche erbaut; Gotisierung der Kirche 1470. Im 18. Jh. erlebte das Kloster eine neue Blüte. Die einzigartige Rokokoausstattung entstand. 1803 Aufhebung des Augustinerchorherrenstifts, 1804 Abbruch.

SEHENSWERT: Ehemalige Stifts- und heutige Pfarrkirche Mariä Geburt. Im 15. Jh. Umbau (dreischiffige Basilika mit Glockenturm). Hier sind Romanik, Gotik und Rokoko in Einheit zu bewundern. Vom spätgotischen Hochaltar stammt noch die „Muttergottesfigur", die heute am Augustinusaltar steht. Werke von J. und F. X. Schmuzer (Stuck), M. Günther (Fresken), F. X. Schmädl (Hochaltar), A. Sturm (Taufstein, Böden), B. Freiwiß (Orgeln) und G. Pröbstl/G. Fischer (Beichtstühle und Bänke). Ein Klosterrundweg mit 18 Tafeln erläutert die Geschichte des Klosters • geschlossenes Ensemble von Bauten im ganzen Dorf

KARTENHINWEIS **UK 50-49 Pfaffenwinkel – Ammergauer Alpen Nord 1:50 000 (LDBV)**

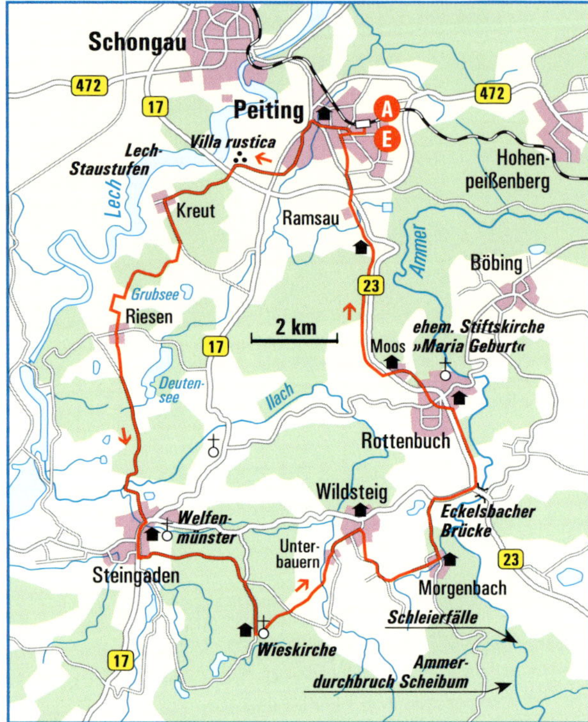

Linkskurve, dann geht es wieder unter der Bundesstraße durch. Hier links und in einer Kehre zur B 23 zurück. Wir nehmen die Straße nach **Voglherd** hinauf. Wenn die Straße wieder in die Bundesstraße hineinführt, wechseln wir links auf den Radweg. Bei **Krummengraben** weichen wir nach oben aus. Der Radweg endet an einer Straße, die wir in nördlicher Richtung nehmen. Bei einem Parkplatz müssen wir noch mal in zwei Etappen hinauf und haben dann eine sehr steile Abfahrt zur Schnaidbergalm. Ab dort läuft wieder der Radweg neben der B 23. So kommen wir nach **Ramsau** und zur Kreuzung mit der B 472. Hier radeln wir die Abfahrt rechts nach unten durch (WW Peiting-Mitte). 300 m später müssen wir uns entscheiden: Um ins Zentrum von **Peiting** zu gelangen (Info zum Ort S. 49), bleiben wir auf dem Radweg der Ammergauer Straße; wenn wir gleich zum Bahnhof wollen, wechseln wir 250 m später halbrechts auf die Untereggstraße, die uns zur Bahnhofstraße und rechts zum Ostbahnhof führt.

START: Bf Peiting-Ost

ZIEL: Bf Peiting-Ost

ANFAHRT MIT BAHN: RB nach Weilheim, dann umsteigen auf BRB

ANFAHRT MIT AUTO: A 96 bis Landsberg am Lech-Nord (25), dort rechts auf B 17 über Schongau nach Peiting-Südost (B 23), dann links auf die Ammergauer Straße bis zur Azamstraße, dort rechts, dann halbrechts in die Bahnhofstraße und zum Bf

STRECKE: 46 km

SCHWIERIGKEIT: mittel, dennoch einige knackige Steigungen

CHARAKTER: nicht nur romantisch, oft sogar „wildromantisch“

WEGWEISER: bis Wies Romantische Straße, dann auch König-Ludwig-Radroute und Prälaten-Radweg, ab Echelsbacher Brücke Ammer-Amper-Radweg

E-BIKE-LADESTATIONEN: *Steingaden*: Touristinformation; *Rottenbuch*: Campingplatz am Richterbichl

EINKEHREN: *Steingaden*: Ghs. Schönegger Käse-Alm (urige Kreuzgewölbe) mit Biergarten; *Wies:* Ghs. Moser mit Biergarten (Mi Ruhetag); Ghs. Schweiger mit Biergarten (Fr Ruhetag); Kiosk am *Schwaigsee*; *Peiting:* Ghs. Zechenschenke mit Biergarten; Brauereigasthof Keppeler mit Biergarten (Mo Ruhetag); Zum Buchberger

ÜBERNACHTEN: Zum Dragoner, Alpenhotel Pfaffenwinkel, Zum Buchberger, Zechenschenke

33 AMMERGAUER BERGRUNDE

Der Ausgangsort für diese Tour kann nur Oberammergau sein. Der Ort, in dem die Lüftlmalerei kultiviert oder sogar erfunden wurde, ist schon einen Urlaub wert. Die Ammer aufwärts kommen wir ins Quellgebiet, am Kofel vorbei und ins Graswangtal. Über das Kiesbett der Linder gelangen wir ins Elmaugries und radeln – oder schieben – meist sehr einsam stetig aufwärts bis auf 1200 m. Die Zugspitze steht genau gegenüber. Dann senkt sich der Weg hinunter zur Ochsenhütte an der Loisach und zieht rechts weiter nach Griesen zur Grenze. Die Stille hat uns wieder im Neidernachtal, herrliche Bergwelt ringsum! In Tirol geht es dann steil aufwärts und langsam zum Plansee hinaus. Dort ist es unter der Woche ebenfalls sehr still. Wir müssen nun wieder hinauf, diesmal zum Ammersattel (1116 m), und kommen zurück nach Bayern. Hinunter radeln wir zum Schloss Linderhof. Erneut treffen wir auf Graswang, aber diesmal wenden wir uns nach rechts ins Weidmoos mit seinen Orchideen. Ettal mit dem wunderbaren Kuppelfresko in der Kirche erreichen wir nach einem Abstecher. Und in Oberammergau endet die Ammergauer Bergrunde wieder.

Auf der Oberammergauer Bahnhofstraße ziehen wir nach links, fahren über die Ammerbrücke und rechts auf dem Ammerdamm entlang bis zur König-Ludwig-Straße. Dort wechseln wir auf die andere Seite der Ammer, gleich wieder links auf den Ammerdamm (Malensteinweg) – rechts der Kofel – und rollen unter der B 23 durch, dann auf der Armen-Seelen-Straße weiter. Schon sind wir im Ammerquellengebiet. Unter der Falkenwand entlang – hier können wir den Kletterern zuschauen – radeln wir nach Südwesten. 1700 m nach der B 23 sind links von der Straße Quelltrichter der Kleinen Ammer zu finden. Doch es gibt jede Menge Quellen hier im Naturschutzgebiet Weidmoos, insbesondere wenn wir rechts ins **Graswangtal** einschwenken. Vorher treffen wir auf einen Weg, der rechts nach Graswang führt, und zwar über den Sommerweg. Dieser ist ungeteert und hügelig, aber die ideale Alternative zur stark befahrenen Staatsstraße. Geradeaus vor uns steht die Notkarspitze (1889 m).

Wir treten 1,5 km weiter bis **Graswang**. Wo der Sommerweg auf die Dorfstraße trifft, stehen rechts zwei schöne alte Höfe. Wir radeln links zur Kirche und zur St 2060, überqueren diese, um gleich nach der Brücke rechts zu lenken. Rechts von uns haben wir das breite Kiesbett der Linder, das meist trocken ist. Der Weg beginnt zu steigen, verschwindet im Wald und mündet in einen anderen Forstweg, dem wir nach rechts folgen.

Blick über die Oberammergauer Pfarrkirche auf den Kofel

Eine kleine Lichtung um die Schattenwalddiensthütte durchqueren wir und landen 1,5 km später am **Elmaugries**, einem breiten Tal, das vom Elmaubach durchflossen wird; hier links (WW Rotmoosrunde). Unser Forstweg bewegt sich am Rande des Grieses im Wald und steigt weiter an. Wir radeln links im lockeren Bergwald weiter. In der Elmau (NSG) kommen wir auf 1200 m (WW Griesen-Plansee), nach der Rotmoosalm fällt das Gelände wieder. Achtung: Zum Teil lockerer Schotter – nicht laufen lassen! Schließlich sehen wir Deutschlands höchsten Gipfel, die Zugspitze, direkt vor uns. An der Ochsenhütte erreichen wir die B 23. Hier biegen wir links auf den Radweg ein. Nach 200 m kreuzen wir die Bahn und ziehen auf dem Radweg nach rechts weg.

3 km sind es bis zum Grenzkiosk von **Griesen**. Vor der Brücke über die Neidernach biegen wir rechts ein. Schon nach ein paar Metern sind wir wieder in der Stille. Unsere Forststraße läuft immer auf der rechten Seite des breiten Kiesbetts entlang, rechts der Schellschlicht (2052 m). **Bei den drei Wassern** laufen aus drei Richtungen Bäche in die Neidernach zusammen. Durch die **Tiefe Rinne** bewegen wir uns bis zur Bachbrücke. Dort gabelt sich der Weg. Wir fahren über die Brücke und links steil aufwärts (nun in Tirol) auf 1000 m hinauf, dann führt der Weg langsam zum Plansee hinaus. Beim Campingplatz kommen wir wieder auf eine Teerstraße, und an der Vorfahrtstraße lenken wir nach rechts.

Hier ist am Wochenende viel Verkehr anzutreffen. Unter der Woche ist es dagegen sehr still. Aber auch diese Straße, die am Torsäulenbach entlangläuft, steigt und steigt. An **Ammerwald** und **Ammerwaldalm** vorbei kommen wir zum Ammersattel (1116 m), danach erreichen wir wieder Bayern. Gleich nach der Grenze treffen wir auf zwei Bäche und auf das **Neualmgries**, das **Bei den 7 Quellen** beginnt. Wir radeln wieder auf der St 2060. Sie quert den Bach **Bei den drei Brünnlein** und zieht ins **Lindergries**. Schließlich geht es links ab im spitzen Winkel zum **Schloss Linderhof**. Der Weg dreht, zuerst über die Linder, nach rechts, etwas aufwärts, dann erneut rechts und auf holperigem Weg abwärts zum Schloss.

SCHLOSS LINDERHOF

Das kleine Schloss ließ König Ludwig II. in den Jahren 1869–86 Stück für Stück anstelle eines Jagdhauses erbauen. Es ist das einzige, das zu Lebzeiten des Königs fertig gestellt wurde. Dort hielt er sich auch am häufigsten auf. Die Fassaden wurden im Neorokokostil gestaltet. Eine reiche Ausstattung ist im Inneren zu finden. Vor dem Schloss wurde eine bis zu 25 m hohe Fontäne errichtet, die in einem weitläufigen Wasserbecken ruht. Im ganzen Park (C. v. Effner) sind Zierbauten zu finden: im Süden eine Terrassenanlage, die mit dem Venustempel gekrönt ist; der Maurische Kiosk, das Marokkanische Haus, die Hundinghütte und die Einsiedelei des Gurnemanz, die letzten beiden in Anlehnung an Szenenbilder in Wagneropern; auch eine künstliche Venusgrotte und eine Kapelle. Siehe auch www.schlosslinderhof.de. Geöffnet ist in der Saison täglich von 9–18 Uhr; die Fontäne ist halbstündlich zu bewundern; Ticketreservierung unter www.ticketshop-linderhof.de

Schloss Linderhof

Das ehemalige Benediktinerkloster Ettal

Wenn wir uns wieder aus der Märchenwelt losgerissen haben, rollen wir östlich an der Gaststätte vorbei und über die Linder, gleich darauf links zur Straße und versetzt rechts darüber. Der Weg bringt uns an die Straße zurück über einen Bach, dann geht es wieder in den Wald. Bei einem Parkplatz radeln wir rechts, beim nächsten Parkplatz halbrechts und wieder über eine Brücke, dann erneut rechts in den Wald. An der Wegkreuzung fahren wir geradeaus zur St 2060, wieder über eine Brücke, dann ein Stück an der Straße entlang, wieder rechts weg und dann links. Vor dem breiten Elmaugries links und rechts – links taucht **Graswang** auf. Am Ende des Weges biegen wir rechts ein, radeln aber diesmal geradeaus weiter zum Forsthaus **Dickelschwaig**. Die dortige St.-Gertrudis-Kapelle wurde 1694 unter Abt Romuald Haimblinger erbaut und durch J. Zeiler ausgemalt.

Im Wald nach dem Bachbett lenken wir links auf einen Weg, der vom Wasserfall kommt (2 km dorthin), und fahren über den Bach. Der Weg führt an den Großen Ammerquelltrichtern vorbei, deren Wasser sich alsbald zur Großen Ammer vereinen. Der Weg endet an der St 2060. Wir setzen über die Straße und eskortieren die junge Große Ammer bis zur Ammerbrücke im NSG **Weidmoos**, einem Kalkflachmoor. Das Moos zeichnet sich durch eine hohe Artenvielfalt mit zahlreichen seltenen Pflanzen aus. Neben mehr als ein Dutzend Orchideenarten ist dort das gelb blühende Karlszepter anzutreffen. Durch Förderung der Mahd versucht man heute, den Charakter des Mooses zu erhalten. Hier finden sich auch seltene Wiesenbrüter (Bekassine, Braunkehlchen, Wiesenpieper). Auch eine hohe Anzahl von Schmetterlingsarten ist dort anzutreffen. Hier wird der Mühlbach, der von den Kleinen Ammerquellen gespeist wird, mittels eines Dükers unter der regulierten Großen Ammer durchgeführt. Diese zieht nach Norden zur Bärenhöhle, wo sie sich mit der Kleinen Ammer vereint.

An der „Mühlbachunterführung" radeln wir rechts und kommen an der Ettaler Mühle vorbei, einem historischen Gasthaus mit Wasserrad, das vom Mühlbach angetrieben wird.

> **TIPP: Ettaler Mühle** mit Biergarten (Mi Ruhetag); zünftiges Wirtshaus in ehemaliger Mühle. Im schönen Gastgarten dreht sich noch ein Mühlrad. Regionale Küche, Spezialität Forellen und Bauernente (So).

Plansee mit Blick auf den Thaneller im Hintergrund

Nun läuft der Radweg auf der rechten Straßenseite weiter und an der B 23 leicht aufwärts bis ins Dorf Ettal hinein.

TIPP: Brauereimuseum im Kloster Ettal, Kaiser-Ludwig-Platz 10–12, Termine für Gruppenführungen Tel. (08822) 74219; Schaukäserei, Mandlstraße 1, Führungen Juni–Oktober Mo–Sa 11 Uhr, November–Mai Di–Sa 11 Uhr; Laden geöffnet Mo–Sa 11–18, So 12–17 Uhr (Mo geschlossen); Anmeldung zur Führung: Tel. 088 22/74 64 50

Wir rollen wieder zurück zum Radweg, nun auf der linken Seite, queren die Graswanger Staatsstraße und radeln weiter an der B 23. Dort laufen die beiden Ammerflüsse zusammen. Unser Weg begleitet nun die Ammer - rechts ein kleiner Abstecher zur „Bärenhöhle" - bis wir in den Dunstkreis von **Oberammergau** eintreten. Dort unterquert unser Radweg die B 23 und kehrt an die Ammer zurück. Wir landen an der Bahnhofstraße und der Ammerbrücke, dort setzen wir links hinüber und rollen rechts in den Bahnhof ein.

Wer noch Zeit und Muße hat, kann sich im Ort umsehen, der nicht nur für die Passionsspiele, sondern auch für seine malerischen Häuser mit Lüftlmalerei bekannt ist.

ETTAL

INFORMATION: Tourist Information Ettal, Ammergauer Str. 8, 82488 Ettal, Tel. 088 22/92 36 34, www.ammergauer-alpen.de

Führungen im Kloster, Basilika, Sakristei, Klosterdestillerie, Brauerei, Tel. 088 22/740, www.kloster-ettal.de

Kaiser Ludwig IV. der Bayer stiftete 1330 das Benediktinerkloster. Die Kirche wurde auf zwölfeckigem Grundriss in der Hochgotik erbaut. Das Gnadenbild, die Ettaler Madonna, hatte der Kaiser aus Italien mitgebracht. 1744 wurden durch einen Großbrand Kirche und Kloster zerstört und durch E. Zuccalli und J. Schmuzer mit dem atemberaubenden Kuppelfresko und einem prächtigen Innenhof wieder erbaut. Weitere Künstler waren J. B. Zimmermann, J. G. Üblhör, M. Knoller, J. Zeiller und J. B. Straub. 1803 wurde das Kloster säkularisiert. Um 1900 erwarb Kloster Scheyern die ehemaligen Klostergebäude, und die Benediktiner zogen wieder ein.

OBERAMMERGAU

INFORMATION: Touristinformation Ammergauer Alpen, Eugen-Papst-Str. 9 a, 82487 Oberammergau, Tel. 088 22/92 27 40, www.ammergauer-alpen.de, www.oberammergau.de

Bekannt ist Oberammergau für seine Häuser mit Lüftlmalerei, eine aus Italien stammende Hauswand-Malerei in Freskotechnik, die sich durch eine Oberfläche mit einer glasigen Schicht aus kristallinem Kalk auszeichnet. Der Name geht vermutlich auf F. S. Zwinck zurück, einen Fassadenmaler, der im Haus „Zum Lüftl" wohnte. 1633 gelobten die Oberammergauer, falls die Pest bald vorüberginge, regelmäßig ein Passionsspiel aufzuführen. Das Intervall wurde später auf zehn Jahre festgelegt.

SEHENSWERT: Pfarrkirche St. Peter und Paul, Rokokojuwel von J. Schmuzer, Stuck von F. X. Schmuzer, Decken- und Wandfresken von M. Günther • Passionsspielhaus, Theaterstr. 16, Führungen (mind. 10 Personen) unter Tel. 088 22/945 88 39 • Pilatushaus, Ludwig-Thoma-Str. 10, bedeutendstes Denkmal der Lüftlmalerei, Handwerkerladen, Hinterglasbildermuseum, lebende Werkstatt – Handwerker zeigen ihre Arbeitstechnik (Di–Sa 13–18 Uhr) • weitere Häuser mit Lüftlmalerei: Verlagshaus Lang sel. Erben (Geburtshaus L. Thomas), Dorfstr. 20; Geroldhaus, Sterngasse; Haus „Zum Lüftl", Lüftlmalereck; Judashaus, Judasgasse 2; Zum Kirchenbauer, Schnitzlergasse 16; Forsthaus Ettaler Str. 3, Kölblhaus gegenüber; Dedlerhaus, Ettaler Str. 8; Hänsel und Gretel Heim, Ettaler Str. 41 • Steinerne Kreuzigungsgruppe, gestiftet von König Ludwig II., auf dem Osterbichl (12 m hoch, 58 t schwer) • Oberammergau-Museum, 500 Jahre Geschichte der Schnitzerei und Bildhauerei, Dorfstr. 8, geöffnet Di–So 10–17 Uhr

KARTENHINWEIS **UK 50-49 Pfaffenwinkel – Ammergauer Alpen Nord 1:50 000 (LDBV)**

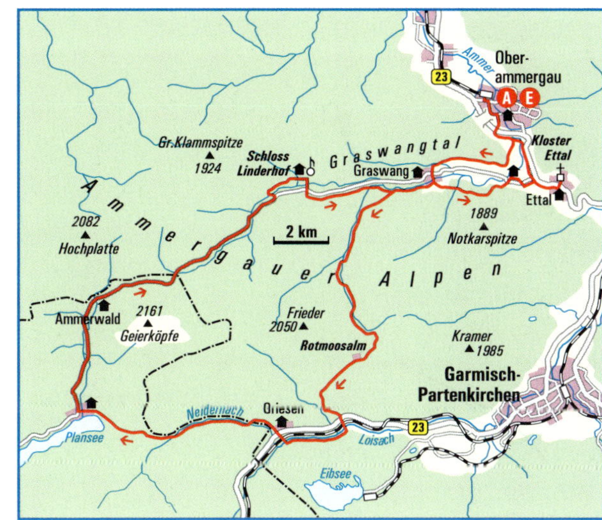

START: Oberammergau Bf

ZIEL: Oberammergau Bf

ANFAHRT: RB bis Murnau, dann mit der Ammergaubahn nach Oberammergau

ANFAHRT MIT AUTO: A 95 bis zum Ende und weiter auf der B 2 bis Oberau, dann rechts auf der B 23 über Ettal nach Oberammergau

STRECKE: 67 km; Abkürzung: von Graswang aus weiter auf dem Forstweg zum Schloss Linderhof und wieder zurück; dann weiter wie beschrieben; ohne die Bergstrecken 31 km

SCHWIERIGKEIT: ganze Tour schwierig, Mountainbike-Ausrüstung empfohlen; leicht für Erkundung des Graswangtals mit Ettal

CHARAKTER: herrliche Landschaft, viel Natur

WEGWEISER: nur lokale Ziele

E-BIKE-LADESTATIONEN: keine

EINKEHREN: *Graswang*: Fischerwirt mit Biergarten (Do Ruhetag); *Griesen*: Grenzkiosk mit Garten (Di, in den Sommerferien kein Ruhetag); *Schloss Linderhof*: Schlossgaststätte mit Biergarten; *Oberammergau*: Zum Stern mit Biergarten; historischer Ghf. Alte Post (550 Jahre alt) mit Terrasse; Ammergauer Maxbräu im Hotel Maximilian mit Biergarten

ÜBERNACHTEN: Zum Stern, Alte Post, Zum Kirchenbauer, Zur Rose

ORTE UND SEHENSWÜRDIGKEITEN